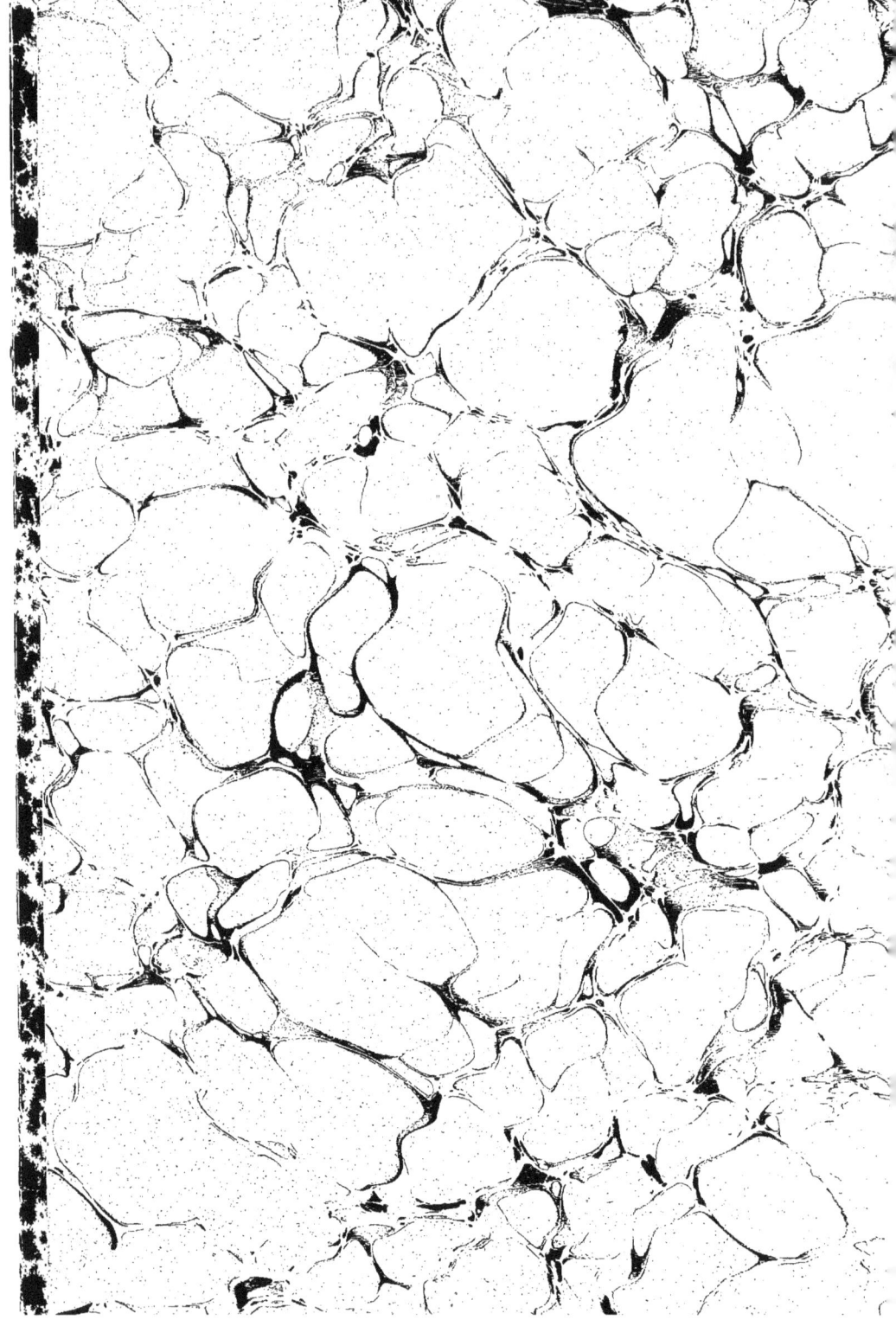

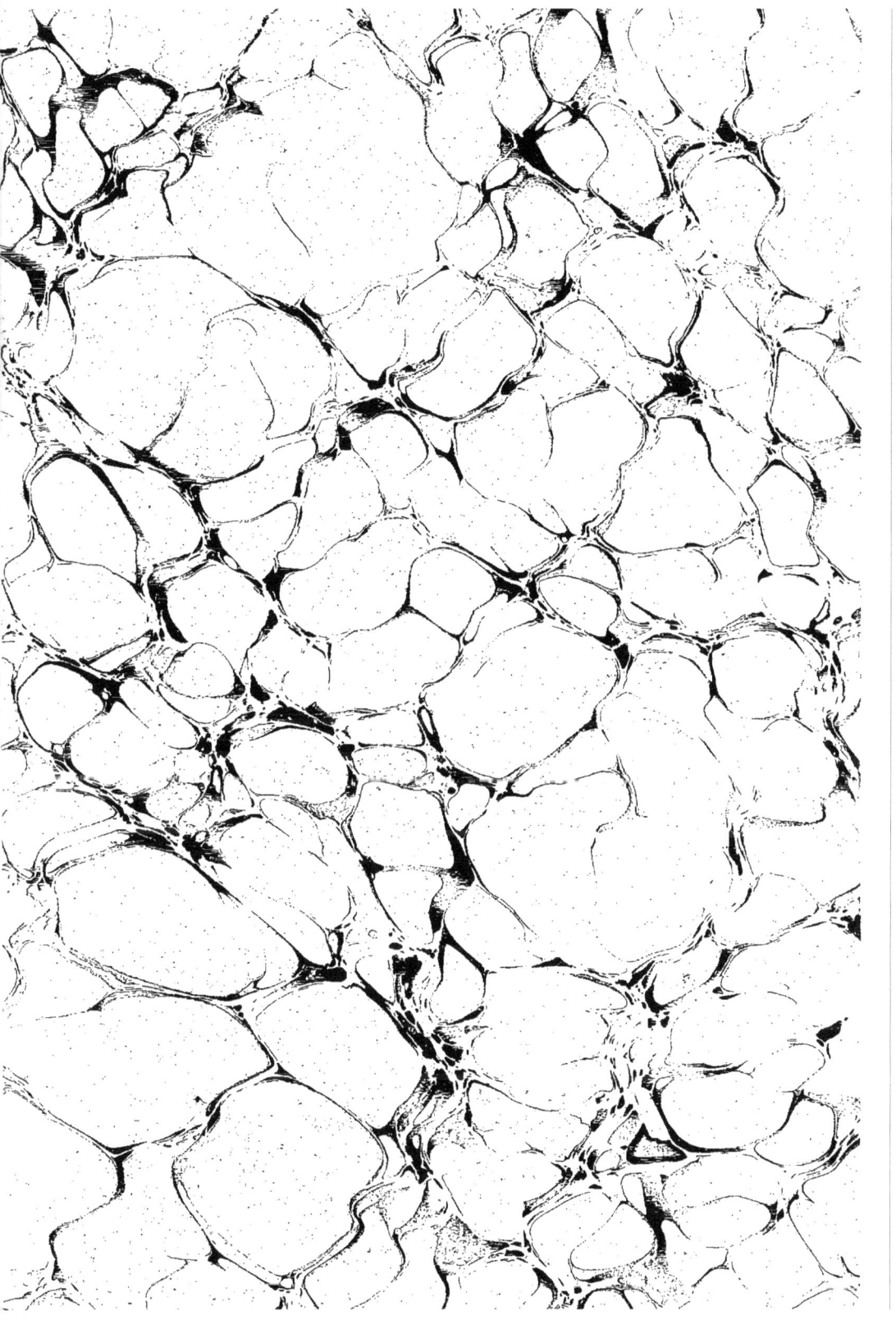

MÉMOIRES
DE
COURVILLE

PUBLIÉS

POUR LA SOCIÉTÉ DE L'HISTOIRE DE FRANCE

PAR

LÉON LECESTRE

—

TOME SECOND

1670-1702

A PARIS

LIBRAIRIE RENOUARD

H. LAURENS, SUCCESSEUR

LIBRAIRE DE LA SOCIÉTÉ DE L'HISTOIRE DE FRANCE

RUE DE TOURNON, N° 6

—

M.DCCC.XCV

MÉMOIRES
DE GOURVILLE

IMPRIMERIE DAUPELEY-GOUVERNEUR

A NOGENT-LE-ROTROU.

MÉMOIRES
DE
GOURVILLE

PUBLIÉS

POUR LA SOCIÉTÉ DE L'HISTOIRE DE FRANCE

PAR

LÉON LECESTRE

TOME SECOND

1670-1702

A PARIS
LIBRAIRIE RENOUARD
H. LAURENS, SUCCESSEUR

LIBRAIRE DE LA SOCIÉTÉ DE L'HISTOIRE DE FRANCE

RUE DE TOURNON, N° 6

M DCCC XCV

EXTRAIT DU RÈGLEMENT.

Art. 14. — Le Conseil désigne les ouvrages à publier, et choisit les personnes les plus capables d'en préparer et d'en suivre la publication.

Il nomme, pour chaque ouvrage à publier, un Commissaire responsable, chargé d'en surveiller l'exécution.

Le nom de l'éditeur sera placé en tête de chaque volume.

Aucun volume ne pourra paraître sous le nom de la Société sans l'autorisation du Conseil, et s'il n'est accompagné d'une déclaration du Commissaire responsable, portant que le travail lui a paru mériter d'être publié.

Le Commissaire responsable soussigné déclare que le tome II de l'édition des Mémoires de Gourville, *préparée par* M. Léon Lecestre, *lui a paru digne d'être publié par la* Société de l'Histoire de France.

Fait à Paris, le 24 décembre 1894.

Signé : A. DE BOISLISLE.

Certifié :

Le Secrétaire adjoint de la Société de l'Histoire de France,

NOËL VALOIS.

MÉMOIRES

DE GOURVILLE

CHAPITRE XIV.

Mon voyage d'Espagne. Le roi y tombe malade à l'extrémité. Je fais résoudre les grands à faire M. le duc d'Anjou qui vivoit alors roi d'Espagne. Je finis les affaires de Monsieur le Prince.

En arrivant à Madrid[1], j'allai mettre pied à terre dans une maison fort raisonnable que M. de la Nogerette[2], que j'avois envoyé devant[3], m'avoit fait meubler assez proprement, et assez grande pour y pouvoir loger M. le comte de Sagonne, fils de M. d'Hauterive[4], qui étoit fort de mes amis, le fils aîné de M. de Bayers[5],

---

1. Pour le voyage de Gourville à Madrid et les affaires qu'il y traita, il convient de se reporter aux sources indiquées dans notre tome I, p. 260, note 4.

2. Pierre Tissier ou Texier, sieur de la Nogerette, beau-frère de Gourville et employé par lui dans le recouvrement des tailles en Lomagne en 1660 et 1661 (arrêt du Conseil du 16 août 1683 : ci-après, appendice VI), entra peu après dans la maison de Condé ; en 1664, il avait un emploi dans la vénerie, et, en 1686, il était trésorier général du prince (Arch. nat., Z^{1a} 522).

3. De Vittoria (*Voyages en Espagne*, p. 37).

4. Philippe de l'Aubespine, comte de Sagonne, fils du marquis d'Hauterive, gouverneur de Breda, ci-dessus, t. I, p. 227.

5. Louis-François, fils de Louis-Antoine de la Rochefoucauld,

M. de Saint-Loup[1], M. de Champniers, fils de M. de Puyrobert[2], et M. Chauveau, secrétaire de Monsieur le Prince, avec mes domestiques. Ces quatre Messieurs[3] étoient mes camarades, suivant la façon de parler d'Espagne. J'avois mené de bons officiers, et j'y établis mon ordinaire d'un grand potage, quatre entrées, un grand plat de rôti, deux salades, deux plats d'entremets, avec du fruit aussi propre et aussi bon qu'on en peut avoir en ce pays-là, où il n'y en a pas beaucoup. Les melons s'y sèment dans les champs comme le blé ; il n'y en a presque point de mauvais. Cependant je n'en ai jamais trouvé d'aussi bons que j'en ai quelquefois mangé à Paris.

Tout ce qu'il y avoit de François établis à Madrid me vinrent voir, et, parmi ceux-là, j'en choisis deux, après les avoir tous entretenus, pour m'aider à m'instruire comme je désirois le faire. J'appris qu'il y avoit une prophétie qui prédisoit la mort du roi d'Espagne dans le mois de mai prochain, et l'on ne peut s'imaginer à quel point cette sottise faisoit impression à Madrid[4]. J'avois mené un carrosse, et M. de la Noge-

marquis de Bayers, né en 1650, page de la grande écurie en 1668, tué à Sinzheim en 1674. Il n'arriva pas à Madrid avec Gourville, mais le rejoignit plus tard (*Voyages en Espagne*, p. 10).

1. Henri-Louis le Page, seigneur de Saint-Loup, fils de cette dame de Saint-Loup dont il a été question dans notre tome I, p. 130-136 ; voyez aux Additions et corrections.

2. François Guy, d'abord titré seigneur de Champniers (Charente), puis du Breuil et de Puyrobert, baptisé le 25 avril 1651, devint lieutenant-colonel au régiment de Royal-Roussillon (*Mém. de Saint-Simon*, éd. Boislisle, t. I, p. 226). Son père était Jacques Guy, seigneur de Puyrobert et du Breuil. Un de ses ancêtres avait épousé, en 1566, une La Rochefoucauld-Bayers.

3. Les quatre premiers.

4. On peut voir, à ce propos, dans le vol. *Espagne* 58, les lettres

rette m'avoit acheté quatre mules. Ainsi, je commençai dès le lendemain à faire mes premières visites à M. le marquis de Castel-Rodrigo, à M. le duc de Veragua[1], à M. le comte de Molina[2] et à Don Augustin Spinola[3], ces deux-ci ayant été veadors[4] à Bruxelles, qui est proprement intendant. Je fus très bien reçu et accueilli de tous. Je m'adressai à Don Manuel de Lyra[5], pour lors introducteur des ambassadeurs, qui, quelques jours après, me marqua le jour et l'heure que j'aurois audience de la reine. J'y allai avec mes camarades, M. Chauveau, MM. de la Mothe et de la Nogerette, pour mon petit cortège. Aussitôt après, ayant pris la liste de tous les Messieurs de la Junte, je les visitai tous[6]. M. le marquis d'Aytona, qui étoit

de Gourville et de l'ambassadeur Bonsy à M. de Lionne, et spécialement celle du 26 avril : ci-après, appendice IX.

1. Ci-dessus, t. I, p. 222.

2. Antonio-Francisco Mesia de Tobar y Paz, né le 28 avril 1617, d'abord page d'Isabelle de Bourbon, femme de Philippe IV, puis veador à Bruxelles, comte de Molina depuis février 1664, par suite de la mort de son frère aîné, ambassadeur à Londres la même année, et à Paris en 1671 (communication de M. Morel-Fatio).

3. De la branche des marquis de los Balbasès.

4. L'éditeur de 1724 a imprimé *réactars*.

5. Manuel-Francisco de Lyra y Castillo, introducteur des ambassadeurs depuis 1667, envoyé à la Haye en 1671, secrétaire d'État pour les affaires d'Italie en 1679, secrétaire du *Despacho universal* de 1685 à 1691, mort en octobre 1693 (communication de M. Morel-Fatio).

6. D'après les termes du testament de Philippe IV, le pouvoir, pendant la minorité de Charles II, devait être exercé par la reine régente Marie-Anne, assistée d'une junte de gouvernement composée du président de Castille, du vice-chancelier d'Aragon, de l'archevêque de Tolède, du grand inquisiteur, d'un grand d'Espagne et d'un conseiller d'État. Le personnel de cette junte fut modifié plusieurs fois, par suite de la mort des titulaires. Au moment où Gourville arriva en Espagne, elle se composait

majordome de la reine[1], étoit en quelque façon regardé comme le premier ministre, à qui je m'attachai fort, et dans la suite me témoigna beaucoup d'amitié et de confiance. Mme la marquise de Caracène[2], à laquelle j'avois prêté de l'argent à son retour de Bruxelles, l'ayant visitée, me recommanda fort à M. le cardinal d'Aragon, archevêque de Tolède, son frère[3], qui étoit de la Junte[4] : ce qui fit qu'il me reçut très bien, et il a toujours depuis cherché à me faire plaisir. M. le mar-

des six personnages suivants : Don Pedro Nuñez de Guzman, marquis de Montalegre et de Quintana, président de Castille; don Cristobal Crespi de Valdaura, vice-chancelier d'Aragon; don Diego Sarmiento y Valladarès, inquisiteur général (Gourville ne parle pas de ces trois premiers); le cardinal d'Aragon, archevêque de Tolède (ci-dessous, note 4); le marquis d'Aytona (ci-dessous, note 1), grand d'Espagne, mort en mars 1670 et remplacé par don Iñigo-Melchior Fernandez de Velasco, duc de Frias, connétable de Castille; enfin, le comte de Peñaranda (ci-après, p. 5), conseiller d'État (communication de M. Morel-Fatio). — Dans son récit, Gourville confond les membres de la Junte et ceux du Conseil d'État. C'est ainsi qu'il place parmi les premiers le marquis de la Fuente et Don Vespasien de Gonzague, et qu'il donne le nombre de douze comme celui des membres de la Junte, qui, en réalité, n'étaient que six. Dans notre article sur *la Mission de Gourville en Espagne* (ci-dessus, t. I, p. 260), nous sommes tombé dans la même confusion.

1. Gourville écrit toujours *Ayetone,* qui était la forme francisée de ce nom. — Guillaume-Raymond de Moncade, quatrième marquis d'Aytona.

2. Doña Catalina Ponce de Léon, fille du quatrième duc d'Arcos et de Doña Ana-Francisca d'Aragon, sœur du cardinal d'Aragon, avait épousé Louis-François de Benavidès, marquis de Caracène (ci-dessus, t. I, p. 208), qui avait été gouverneur des Pays-Bas de 1658 à 1664 (communication de M. Morel-Fatio).

3. Oncle, et non frère, comme on vient de le voir.

4. Pascual d'Aragon de Cardone, vice-roi de Naples, grand inquisiteur, puis archevêque de Tolède en 1666, cardinal depuis 1660; il mourut en 1677.

quis de la Fuente[1], qui avoit été ambassadeur en France, fut nommé pour mon commissaire. M. de Peñaranda[2], ministre de grande réputation, me parla fort des grands services que Monsieur le Prince avoit rendus à Sa Majesté Catholique. M. de Gonzague[3], qui étoit de la Junte, me témoigna beaucoup de bontés; il étoit allié de Mme la princesse Palatine. Voilà ceux à qui je m'attachai le plus, du nombre des douze qu'ils étoient[4]. M. le duc de Veragua, avec M. le comte de Molina, étant venus pour dîner chez moi, m'amenèrent M. le duc d'Albe[5], qui étoit déjà vieux, mais de très bonne humeur. Il me disoit souvent qu'il n'avoit jamais voulu se mêler d'affaires. Je leur fis fort bonne chère, et ils s'en accommodèrent si bien, qu'ils y venoient souvent et m'y en amenèrent d'autres,

1. Gaspard Tello de Guzman, créé marquis de la Fuente en 1633, avait été ambassadeur à Vienne, puis à Paris en 1662 et en 1667 ; il était alors conseiller d'État et membre du Conseil des Indes. Il mourut en 1673.

2. Gaspard de Bracamonte, comte de Peñaranda par son mariage avec Doña Maria de Bracamonte, sa nièce, fut fait conseiller d'État par Philippe IV et envoyé comme plénipotentiaire à Münster ; il eut ensuite la vice-royauté de Naples, puis successivement la présidence du Conseil des ordres, de celui des Indes et de celui d'Italie. Il occupa une place prépondérante dans la junte de régence de Charles II et mourut en 1676 (Imhof, *Recherches... des grands d'Espagne*, p. 221).

3. Vespasien de Gonzague, vice-roi de Valence, mort en 1687 ; il avait épousé Marie-Louise Manrique de Lara, fille du comte de Paredès, dont il eut une fille unique, qui devint la marquise de la Laguña. Il n'était que conseiller d'État.

4. On a vu plus haut, p. 3, note 6, que la Junte ne comprenait que six membres. Voir ci-après, appendice IX, la lettre de Gourville à Monsieur le Prince, 24 décembre 1669.

5. Antoine Alvarez de Tolède, connétable et grand chancelier de Navarre, mort en 1690.

quoique cela fût tout à fait contraire à l'usage de ce pays-là.

Après avoir fait toutes mes visites d'affaires et de cérémonies[1], j'appris bientôt que l'argent étoit extrêmement rare en Espagne et que, pour soutenir la guerre qu'on avoit commencée contre le Portugal, on avoit fabriqué de la monnoie de cuivre pour six ou sept millions, qu'on lui avoit donné un prix de quatre ou cinq fois au-dessus de sa juste valeur, et qu'ainsi on y avoit trouvé un profit de vingt-quatre ou de vingt-cinq millions; que des gens de la nation et des environs, et surtout les Hollandois, y en avoient apporté une grande quantité et en avoient tiré la plus grande partie de leurs pistoles : en sorte que, dans toute l'Espagne, on ne voyoit que de cette monnoie, qu'on appelloit maravédis, à la réserve de la province de Catalogne, qui ne leur avoit point voulu donner de cours. On peut dire que cela avoit jeté l'Espagne dans un très grand désordre, qu'ils ont enfin peu à peu réparé en diminuant le prix de cette monnoie, en sorte qu'il n'y avoit plus de profit aux étrangers d'en apporter.

M'étant informé de la manière que se faisoient les

---

1. On pourra rapprocher des détails que va donner Gourville sur l'Espagne ceux que fournissent Mme d'Aulnoy dans sa *Relation du voyage d'Espagne*, éd. Carey (1874), l'abbé de Vayrac dans son *État présent de l'Espagne*, et les *Voyages faits... en Espagne*, etc., dont nous avons parlé ci-dessus, t. I, p. 260, note 4. — Aux archives de Chantilly, dans le carton intitulé *Espagne*, il y a des notes sur feuilles volantes, de la main de Gourville, contenant des renseignements sur l'Espagne, les revenus du pays, le commerce, les mœurs, etc. Ce sont très probablement ceux qu'il avait pris pendant son séjour à Madrid.

levées pour le roi, je trouvai qu'il ne s'y faisoit point d'impositions personnelles, mais seulement sur la consommation de tout ce qui sert à la nourriture, sans exception, et sur les entrées de Madrid, où il n'étoit pas trop malhonnête de faire entrer en fraude : ce qui les diminuoit assez. La marque du papier, qui y étoit introduite, pouvoit valoir deux millions. La dispense que les papes ont accordée au roi d'Espagne, au commencement sous le prétexte de la guerre qu'ils étoient obligés de soutenir contre les Infidèles, et dans la suite sous celui qu'il y a très peu de poisson, la dispense, dis-je, de manger, les jours maigres, les pieds et les têtes des animaux (j'appris cela à mon arrivée, parce qu'il me fallut acheter une bulle pour toute ma maison, qui alloit à environ un écu par tête[1]) ne valoit, disoit-on, que deux millions quatre ou cinq cent mille francs de revenu. Ils avoient fait une ferme des Maures que l'on menoit aux Indes pour travailler aux mines, qui pouvoit valoir environ deux millions. L'on faisoit état alors qu'il ne venoit tous les ans qu'environ six millions des Indes[2] pour le compte particulier du roi, et cela à cause des fraudes et malversations qui se commettent, quand les galions venoient de ces pays-là, sur les droits qui devroient se payer à Sa Majesté Catholique. Il y a une infinité de particuliers qui en tirent pour leur compte en droiture : ce qui fait que l'argent y est un peu plus commun.

Je n'eus pas de peine à découvrir l'extrême paresse

1. Comparez ce que dit Mme d'Aulnoy, p. 301.
2. Et non soixante millions, comme l'ont imprimé à tort les éditions, sauf celle de 1724. — Comparez les chiffres donnés par Mme d'Aulnoy, p. 418.

et la vanité de ces peuples. Il y a des ouvriers pour faire des couteaux; mais il n'y en auroit point pour les aiguiser, si une infinité de François, que nous appelons gagne-petit, ne se répandoient par toute l'Espagne. Il en est de même des savetiers et porteurs d'eau de Madrid. La Guyenne et d'autres provinces de France fournissoient un très grand nombre d'hommes pour couper leurs blés et les battre, et les Espagnols appellent ces gens-là des gavaches[1], pour lesquels ils ont un grand mépris. Ils emportent néanmoins la meilleure partie de leur argent en France[2]; mais souvent, quand ils s'en retournent, ils sont volés, s'ils ne prennent de grandes précautions. Cela fit qu'en sortant d'Espagne il y avoit cinquante ou soixante gagne-petit qui avoient donné à garder leur argent à ceux qui étoient auprès de moi, jusqu'à ce que nous fussions arrivés en France. L'Espagne, en général, est fort dépeuplée, non seulement par ceux qui vont aux Indes, mais encore par les levées qui s'y font pour envoyer des troupes à Milan, à Naples, en Sicile et aux Pays-Bas, où la plupart de ceux qui y vont se marient ou y meurent, et l'Espagne se peuple de François qui y vont, qui s'y marient et y demeurent; aussi on faisoit état, dans ce temps-là, qu'il y en avoit deux cent mille de répandus dans toute l'Espagne, et, dans la seule ville de Madrid, environ vingt mille.

J'ai toujours cru que la raison qui avoit empêché de faire des taxes personnelles en ce pays-là étoit que les habitants n'y ont aucuns meubles de tant soit peu

1. Canailles.
2. Voyez l'*État présent de l'Espagne,* par l'abbé de Vayrac, t. I, p. 71.

de considération, et qu'ainsi on ne sauroit les contraindre à les payer. Chacun n'y travaille qu'autant qu'il est nécessité pour vivre. Ils vivent de peu; l'été, la plupart du temps, ils mangent des légumes sans vinaigre et sans sel, parce que cela paye des droits. J'ai observé dans tout mon voyage que, dans tous les villages et bourgs où nous avons entendu la messe, tous les peuples y sont avec des souliers la plupart faits de cordes et que je crois qu'ils font eux-mêmes. Tous ont une épée, avec une grosse garde, au côté, même quand ils vont au travail. Lorsqu'un cordonnier, à Madrid, vous apporte des souliers, après vous avoir fait la révérence, il met son épée contre la muraille et vient vous chausser[1]. Je remarquai aussi que[2], dans bien des endroits, ils se mettent un nombre contre une muraille à couvert du vent : ce qu'ils appellent *tomar el sol*, prendre le soleil; et on dit que là ils parlent fort de politique[3]. Les peuples ne sont pas grands; mais ils paroissent tous avec un air fort délibéré. Il n'y a point dans toute l'Espagne ce que nous appelons des lieux communs; ils font tous leurs ordures dans de grands pots de terre élevés, et, la nuit, ils portent tout cela dans le grenier et le jettent sur un bois dont on a ôté une partie, et cela va tomber dans la rue. A la vérité, aussitôt que le soleil a donné dessus, cela ne sent point mauvais et est bientôt consommé[4]. J'ai souvent pensé que s'il n'y avoit point

---

1. *Relation du voyage d'Espagne*, par Mme d'Aulnoy, p. 428.
2. Le correcteur du manuscrit de M. le baron Pichon ajoute ici : « dans les beaux jours de l'hiver »; phrase qui se retrouve dans les éditions.
3. Mme d'Aulnoy, p. 428.
4. Ibidem, p. 441.

de lieux, c'est qu'il n'y avoit personne pour les nettoyer.

Après avoir pris une notion générale de tout cela, je n'eus pas de peine à me persuader que le roi d'Espagne avoit très peu de ressource pour rétablir ses affaires[1]. La terre y est assez bonne[2]; la plupart est un gros sable noir qui se laboure si aisément, qu'il y a très peu de fer à leurs charrues; le froment y vient parfaitement beau. Les vins blancs y sont assez abondants et ont une force extraordinaire; ils se charroient tous dans des peaux de bouc sur des mules, les autres voitures y étant peu en usage.

Après avoir principalement employé mon temps à toutes ces découvertes, j'en fis un mémoire à M. de Lionne[3] et je l'envoyai par M. de la Mothe, environ un mois après mon arrivée, qui s'en étoit aussi un peu instruit pour lui en rendre mieux compte. Mais tout ce que je pus découvrir des revenus ne passoit pas vingt-huit ou vingt-neuf millions[4]. J'appris par M. le comte de Fernan Nuñez[5], qui fut bientôt de mes

1. Dans le ms. de M. le baron Pichon, toute cette phrase a été biffée par le correcteur, et elle manque également dans les éditions.
2. Abbé de Vayrac, t. I, p. 69.
3. Voyez ce mémoire à l'appendice IX, à la date du 31 janvier 1670 et sous le titre : *État auquel j'ai trouvé les affaires d'Espagne à la fin de décembre 1669, que je suis arrivé à Madrid.*
4. Tout ce qui précède, depuis le commencement du paragraphe, a été biffé par le correcteur du manuscrit de M. le baron Pichon, ainsi que plusieurs autres portions de phrases dans les vingt lignes qui suivent.
5. Don Francisco Guttierez de los Rios, comte de Fernan-Nuñez, avait d'abord été page de la reine; il fit ses premières armes dans la campagne de 1667, devint plus tard gouverneur de l'escadre de l'Océan et remplit des missions en Allemagne, en Suède et en Pologne (Morel-Fatio, *Études sur l'Espagne*, t. II, p. 16).

amis (il se piquoit d'avoir toutes les inclinations françoises et étoit neveu de Don Martin de los Rios[1], président des finances), que la dépense excédoit toujours la recette, et que ce qui venoit des Indes étoit consommé par avance. Encore étoient-ils accoutumés à emprunter beaucoup de sommes des Génois et de deux banquiers qui étoient à Madrid, avec de très gros intérêts : ce qui ne me donnoit aucune espérance de pouvoir avoir quelque satisfaction en ce pays-là. M. de Lionne me loua fort, par sa réponse[2], des soins que j'avois pris, avouant qu'il ne commençoit que de ce temps-là à connoître l'Espagne. Cela fait, je me remis plus fortement que je n'avois encore fait à la poursuite des affaires de Monsieur le Prince. Mais, avec tout cela, je ne trouvois pas que je fisse de progrès[3], quoique je fusse tout à fait dans les bonnes grâces de M. le marquis d'Aytona, qui me faisoit souvent prendre du chocolat et me disoit quelquefois que je pouvois le prendre en toute sûreté, et que c'étoit sa femme qui avoit le soin de le faire. Me voyant dans ses bonnes grâces et, si j'ose dire, familiarités, j'entrai avec lui sur les sommes immenses que les Pays-Bas avoient coûté à l'Espagne, et que je savois, par la supputation qui en avoit été faite en 1663, qu'elles s'étoient trouvées monter à dix-huit cent soixante-treize millions d'argent venu d'Espagne, sans compter les revenus du pays : ce qui le surprit fort. Je lui dis

---

1. Don Martin Lopez de los Rios y Guzman, président *del Real hacienda* ou Conseil des finances.
2. Lettre du 2 mars 1670 : ci-après, appendice IX.
3. Sur les retards et atermoiements que Gourville eut à subir en Espagne, voir *la Mission de Gourville en Espagne,* dans la *Revue des Questions historiques,* juillet 1892.

que, s'il vouloit écrire au veador qui étoit en ce temps-là à Bruxelles, il en auroit bientôt la preuve, parce qu'il trouveroit cela tout fait par les officiers des finances[1]; que, n'étant plus en état d'y envoyer de l'argent, ils ne pouvoient les soutenir, et que la France s'en empareroit peu à peu : de quoi il ne pouvoit disconvenir, parce que, dans nos conversations, je lui faisois connoître quelquefois que j'étois bien instruit par le détail des revenus de Sa Majesté Catholique et du désordre dans lequel étoient ses affaires, et que les dépenses nécessaires montoient infiniment au delà de la recette; qu'ils pourroient, par un échange, avoir le Roussillon, qui donnoit entrée dans le Languedoc, au lieu que cela nous donnoit entrée dans la Catalogne, qui étoit fort susceptible de révolte; et que, présentement, le roi de France donnant un grand ordre dans ses affaires, ils avoient beaucoup à craindre de tous côtés; et que, si, avec le Roussillon, on leur donnoit une grosse somme d'argent, ils pourroient, non seulement rétablir leurs affaires en Espagne, mais encore s'en servir pour retirer des terres qu'ils avoient engagées au royaume de Naples pour la moitié de ce qu'elles valoient[2]. Il me demanda un jour si je croyois

---

1. Dans le manuscrit de M. le baron Pichon, le correcteur a ajouté ici : « M. de Castel-Rodrigo l'ayant fait faire, à ma sollicitation, pendant que j'étois à Bruxelles »; phrase qui se retrouve dans les éditions.

2. Sur ce projet d'échange, dont il était déjà question depuis quelque temps entre les deux pays (lettre et mémoire de Gourville à Lionne, 16 septembre 1668, dans le vol. *Espagne* 56), on peut voir à Chantilly, dans le registre de la correspondance d'Espagne, une lettre de Gourville du 12 février, et, aux Affaires étrangères, vol. *Espagne* 68, des lettres de M. de Bonsy, 5 et 19 mars,

qu'on leur voulût donner Bayonne et Perpignan en diminuant la somme que je disois qu'ils pourroient avoir; mais je lui remontrai que ce seroit leur donner deux entrées en France qui lui seroient plus nuisibles qu'elle ne tireroit d'avantage par la jonction des Pays-Bas. Il m'alléguoit souvent aussi que ce n'étoit que par les Pays-Bas qu'ils se pouvoient tenir en quelque considération vers l'Empereur, l'Angleterre et la Hollande. Enfin, après avoir souvent rebattu toute cette matière, je n'eus pas de peine à convenir avec lui que c'étoit une chose impossible de traiter cette affaire dans une minorité, avec une junte composée de douze personnes, la plupart désunies entre eux.

Au mois de mars[1], M. l'archevêque de Toulouse, depuis cardinal de Bonsy, arriva à Madrid en qualité d'ambassadeur[2]. Il me fut d'un grand secours et d'un

que nous donnons à l'appendice IX. Voici, en gros, en quoi consistait ce projet : l'Espagne aurait cédé les Pays-Bas à la France, qui lui aurait abandonné en échange le Roussillon, la Navarre, la partie française de l'Alsace et une somme de seize millions. De plus, Marie-Thérèse de France, fille de Louis XIV, née le 2 janvier 1667, aurait épousé le jeune Charles II (vol. *Espagne* 58, fol. 117). — Ce projet n'était pas encore abandonné quelques années plus tard; car Gourville écrivit, en 1677, un mémoire pour établir que l'Espagne n'avait aucun intérêt à conserver les Pays-Bas (Chantilly, carton d'Espagne). Déjà, pendant son séjour à Madrid, il avait rédigé un « Dialogue entre un Français et un Espagnol », contenant les raisons pour et contre l'échange ; mais M. de Bonsy ne lui permit pas de le publier (vol. *Espagne* 58, fol. 265).

1. Le 1er mars (Affaires étrangères, vol. *Espagne* 58, fol. 90).

2. Pierre de Bonsy, évêque de Béziers en 1659, fut chargé de diverses ambassades à Venise, en Pologne et en Espagne. En décembre 1669, il reçut l'archevêché de Toulouse, fut nommé grand aumônier de Marie-Thérèse en août 1670, cardinal à la nomination de Pologne en 1672, passa à l'archevêché de Narbonne en

très grand agrément par l'amitié qu'il me témoigna d'abord et me continua dans la suite. Cela donna aussi une grande joie à mes camarades, qui commençoient fort à s'ennuyer de la vie de Madrid. Ils trouvèrent de quoi s'amuser par les honnêtetés de Monsieur l'ambassadeur et de ceux qu'il avoit menés avec lui. Pour moi, je fus si touché de ses manières, que je me résolus de ne plus rien faire ni dire, non seulement dans ce qui regardoit les affaires du Roi, mais dans celles de Monsieur le Prince, sans lui en avoir communiqué, ou, pour mieux dire, sans ses ordres[1]. Je lui rendis un compte général de tout ce qui étoit venu à ma connoissance, et, par conséquent, de la prophétie, dont nous nous moquâmes fort dans ce temps-là ; mais, par la suite, elle nous causa bien du mouvement[2].

M. de Salcède[3], que j'avois assez connu à Bruxelles pour ne l'estimer guère, s'adonna à venir manger quelquefois chez moi les jours que je ne traitois pas ces Messieurs ; mais il avoit si fort la mine d'un homme qui étoit gâté[4], et nous lui en fîmes si fort la guerre, qu'il résolut de se faire traiter, et pria M. Martin, apothicaire de Monsieur le Prince, que j'avois mené pour mon médecin[5], de le vouloir faire. Celui-ci m'ayant

octobre 1673, reçut l'ordre du Saint-Esprit en 1688, et mourut le 11 juillet 1703.

1. Il semble cependant qu'il y eut entre eux, au début, quelque divergence de vues : ci-après, appendice IX, 5 mars 1670.
2. Ci-après, p. 16.
3. Ci-dessus, t. I, p. 221.
4. Comme la plupart des Espagnols (Mme d'Aulnoy, p. 400-401).
5. Bernardin Martin, auteur des *Voyages... en Espagne, etc.* (ci-dessus, t. I, p. 260, note 4), n'est inscrit comme apothicaire, sur les états de la maison de Condé, qu'après 1686 (Arch. nat., Z^{1a} 522,

demandé si je le trouverois bon, je lui dis que oui, mais qu'il n'y avoit pas de danger de le faire cracher un peu plus qu'à l'ordinaire, pour me venger du tour qu'il m'avoit fait en Flandre[1]. Je voyois souvent le P. Fresneda, jésuite, homme d'esprit et de grande intrigue, qui se piquoit d'être serviteur de Monsieur le Prince, en ayant été connu en Flandre[2]. J'en tirois assez de lumières, et lui faisois volontiers de petits présents, qui ne laissoient pas de lui faire grand plaisir.

Un jour que quatre ou cinq grands d'Espagne devoient dîner avec moi, je convins avec Monsieur l'ambassadeur qu'il viendroit un peu avant qu'on se mît à table, et que je le prierois, par la permission de ces Messieurs, de vouloir bien dîner avec eux sans aucunes cérémonies. Cela se passa fort bien[3]. Ces Messieurs, qui mangeoient seuls chez eux, et par conséquent un très petit ordinaire, comme c'étoit la coutume, prenoient grand plaisir à dîner chez moi, surtout de manger des ragoûts et des entremets qu'ils ne connoissoient presque point. Ces jours-là, j'augmentois mon

états de 1686 et de 1701). M. Allaire (*La Bruyère dans la maison de Condé*, t. I, p. 137) en fait un nouvelliste, poète à ses heures, et bibliothécaire de l'hôtel de Condé. Gourville lui laissa cinq cents livres par son testament.

1. Ci-dessus, t. I, p. 221.
2. Toute la phrase qui précède manque dans les éditions. — François-Xavier de Fresneda, né à Soria le 17 mars 1620, admis au noviciat des Jésuites en 1636, professa d'abord la théologie, puis fut envoyé à Bruxelles comme prédicateur de la cour viceroyale; revenu à Madrid, il y mourut le 7 juillet 1692 (C. Sommervogel, *Bibliothèque de la Compagnie de Jésus*, t. III, p. 966).
3. Gourville raconte longuement cet épisode de sa mission dans une lettre du 16 mai 1670 à Monsieur le Prince (Chantilly, reg. de la correspondance d'Espagne; Affaires étrangères, vol. *Espagne* 58).

ordinaire et leur donnois de grands pâtés de perdrix rouges, qui sont très bonnes en ce pays-là, mais un peu sèches[1]. Mes gens me disoient que c'étoit ce qu'il y avoit à meilleur marché, parce que l'opinion générale étoit à Madrid qu'elles étoient malsaines cette année-là, à cause qu'elles mangeoient de la langoste[2], qui est une espèce de grosse sauterelle qui vole souvent en l'air en si grande quantité que cela paroît comme des nuées et fait un très grand tort dans les endroits où elles tombent. Ces Messieurs disoient souvent qu'il y avoit de la honte de manger toujours chez moi, et qu'il falloit bien qu'ils me traitassent, mais qu'ils ne le pouvoient faire si je ne leur prêtois pas mes officiers, leur usage n'étant point de manger les uns chez les autres. Après dîner, ils prenoient des eaux glacées et passoient chez moi une grande partie du jour. Je leur donnois quelquefois une petite musique à bon marché, de deux voix seulement, dont l'une étoit d'une grande fille bien faite, et la seule blonde que j'aie vue en Espagne, avec un homme qui chantoit assez bien et se disoit son oncle.

Le jour que devoit arriver l'accomplissement de la prophétie approchoit; cela faisoit qu'on en parloit davantage et qu'on y ajoutoit moins de foi. Mais tout d'un coup on dit que le roi avoit la fièvre doubletierce, et qu'on soupçonnoit du pourpre. Cela fit une grande rumeur, et chacun disoit que la prophétie s'alloit accomplir. Aussitôt il se fit des assemblées des grands et des plus considérables, et, comme je savois qu'ils haïssoient fort la nation allemande, je proposai

1. Comparez la *Relation* de Mme d'Aulnoy, p. 94.
2. Espagnol : *langosta,* sauterelle.

de faire roi d'Espagne M. le duc d'Anjou qui étoit alors[1], et qui en devoit être en justice l'héritier; que, le faisant venir à Madrid, ils l'élèveroient à leur mode, et s'assureroient par là de n'avoir plus de guerre avec la France : ce qui les consommoit de temps en temps, et que ce seroit le salut des Pays-Bas. Cela ne fut pas sitôt proposé qu'il fut accepté, chacun regardant cela comme le salut de son pays et le sien particulier. M. de Fernan Nuñez se signala en cette occasion : il étoit fort familier avec ces Messieurs. Mais, par-dessus tous, M. le duc d'Albe et M. le duc de Veragua donnèrent le grand branle. Je ne manquai pas de dire à Monsieur l'ambassadeur ces bonnes dispositions, qui me chargea bien de suivre cette affaire, et, le quatrième jour de la maladie, qui paroissoit grande de plus en plus, sortant d'une assemblée avec cinq ou six de ces Messieurs, qui me portoient parole pour les autres, j'allai trouver Monsieur l'ambassadeur, qui travailloit à sa dépêche pour l'ordinaire. Après l'avoir entretenu, il mit à l'instant : « Gourville vient de m'assurer que tous les grands d'Espagne vouloient reconnoître M. le duc d'Anjou pour leur roi; » et, après y avoir ajouté un peu de détail, comment cela s'étoit fait, il dépêcha sur-le-champ un courrier à M. de Lionne[2]. M. le duc de Veragua, alors gouverneur de Cadix, où la flotte des Indes étoit nouvellement arrivée, et fort riche, y envoya, par mon avis, un courrier pour y prendre les mesures nécessaires en cas que le roi vînt à mourir.

1. C'est-à-dire le duc d'Anjou d'alors : Philippe de France, second fils de Louis XIV, né le 5 août 1668, et qui mourut le 10 juillet 1671.
2. Voir, à l'appendice IX, la lettre que M. de Bonsy écrivit à Lionne le 22 mai 1670, et qui confirme le récit de Gourville.

Je vis beaucoup de ces Messieurs, qui se savoient bon gré d'avoir si promptement choisi le seul bon parti qu'il y avoit à prendre. L'affaire demeura encore deux jours dans l'incertitude; mais, après, on commença à espérer de la guérison du roi, qui donna lieu à Monsieur l'ambassadeur de dépêcher un autre courrier; et M. de Lionne lui manda qu'encore que l'affaire n'eût pas réussi, il n'y avoit pas eu jusqu'à M. Colbert qui n'eût fort loué mon zèle[1].

Je voyois avec regret six mois passés sans être plus avancé dans les affaires de Monsieur le Prince que le premier jour : ce qui me fit prendre le parti de parler un peu librement de la Junte, dont la division étoit cause qu'aucune affaire ne pouvoit réussir par son mérite. Je fis semer quelques bruits que j'avois ordre d'aller faire visite à Don Juan, qui étoit à Saragosse[2]; par d'autres, que je discourois fort sur le misérable état de l'Espagne : la plupart des grands prenoient ce prétexte-là pour mal parler de ceux qui étoient de la Junte, peut-être parce qu'ils n'en étoient pas. Enfin j'appris par M. le marquis d'Aytona et M. le marquis de Castel-Rodrigo que l'on commençoit à dire qu'il seroit à propos de me faire sortir de Madrid,

---

1. Mignet, dans ses *Négociations relatives à la succession d'Espagne,* et M. Legrelle, dans le tome I de *la Diplomatie française et la succession d'Espagne,* ont parlé de la maladie du jeune Charles II et des projets qu'on forma à cette époque à l'occasion d'une succession qui ne devait s'ouvrir que trente ans plus tard. On peut voir, sur le même sujet, notre *Mission de Gourville en Espagne* et les lettres conservées aux Affaires étrangères, vol. *Espagne* 58; mais il n'y a point de lettre où Lionne fasse parler ainsi Colbert.

2. Où il s'était retiré par suite de dissentiments avec la régente.

et qu'on avoit proposé de me donner quelque chose sur la flotte qu'on disoit devoir arriver sur la fin de septembre[1].

Il y avoit à Madrid une petite marchande françoise[2] qui avoit bien de l'esprit. Elle vendoit de tout ce qui venoit de Paris, et qui étoit fort au gré des Espagnols. Je la chargeai de dire à la femme d'un ministre[3] que, si elle pouvoit apprendre quelque chose de particulier de ce qui se passoit dans les affaires de Monsieur le Prince, pour me le faire savoir, elle lui feroit volontiers des présents de tout ce qu'elle estimeroit le plus de sa boutique, et que ce seroit même servir l'Espagne que de contribuer à faire faire quelque justice à Monsieur le Prince, qui l'avoit si bien servie. Le ministre étoit vieux, et la femme, qui étoit jeune, parut d'assez bonne volonté pour vouloir rendre service à Monsieur le Prince. Elle reçut quelques petits présents de ma part, qui lui firent plaisir. Je la fis instruire par la petite marchande qu'il falloit quelquefois, quand je la ferois avertir, et que le bonhomme lui voudroit parler, faire la rêveuse et le prier de lui dire quelque chose des affaires de Monsieur le Prince, parce qu'elle entendoit tous les jours dire à des dames de sa connoissance que le prince de Condé avoit parfaitement bien servi le roi ; et qu'après qu'il lui auroit

1. D'après les lettres mêmes de Gourville à Monsieur le Prince, des 12 et 25 février 1670, la flotte des Indes et les galions du Mexique arrivèrent, à quelques jours de distance, en février, et non pas en septembre.

2. Elle s'appelait Mlle Jollivet et conserva des relations de correspondance avec Gourville, au moins jusqu'en 1678 (Chantilly, carton d'Espagne).

3. Le marquis de la Fuente : ci-après, p. 20, note 1.

répondu sur cela, elle parût avoir une conversation plus enjouée avec le vieillard. J'appris bientôt que l'on parloit de me donner quelque chose; et, comme je rendois compte de tout ce que je faisois à Monsieur l'ambassadeur, il me dit que la voie que j'avois prise étoit très bonne, et qu'après que j'aurois fait mes affaires, il pourroit bien se servir de cette ouverture dans quelque occasion des siennes[1].

Je passois mon temps avec Monsieur l'ambassadeur, mes camarades et ses domestiques dans les promenades ordinaires, et souvent, le soir après souper, nous montions à cheval pour aller promener dans les champs et goûter le bon air, que nous y sentions d'une fraîcheur à faire plaisir. Je m'étois avisé d'acheter quatre chevaux isabelles assez forts pour être mis au carrosse, un peu vieux et dociles, dont le plus cher ne me coûtoit pas cent écus, et je me trouvai le seul particulier à Madrid qui eût des chevaux à son carrosse, le roi n'en ayant qu'un seul attelage[2]. Aussitôt M. le comte de Fernan Nuñez en fit acheter quatre à son oncle[3]; mais, comme on les avoit choisis plus beaux et plus jeunes, on avoit beaucoup de peine à s'en servir, parce que les chevaux de devant, qui sont fort loin de

---

1. Nous avons raconté toute cette intrigue dans notre article de la *Revue des Questions historiques* et nous avons exposé les raisons qui nous font croire que la femme de ministre dont il est question plus haut était la marquise de la Fuente. Les volumes *Espagne* 58 et 59, aux Affaires étrangères, contiennent de nombreuses lettres de Gourville et de M. de Bonsy où il est question de cet « espion; » nous en donnerons quelques-unes ci-après, à l'appendice IX.

2. Ce n'était pas en effet la mode d'avoir des chevaux à son carrosse; on employait plutôt des mules (*Mémoires de Saint-Simon*, éd. Boislisle, t. IX, p. 200 et note 6).

3. Don Martin de los Rios : ci-dessus, p. 11.

ceux de derrière, s'entrelaçoient dans les cordes qui les tiennent. C'est la manière de ce pays-là[1]; aussi ne va-t-on jamais que le pas. Le cocher est sur le cheval de derrière, comme l'on voit ici à nos coches. Les carrosses du roi étoient encore faits de la même façon. Il y avoit pourtant quelques carrosses à Madrid, des gouverneurs de provinces qui en avoient amené en revenant, mais en petit nombre. J'ai ouï dire, dans les derniers temps, qu'il y avoit plus de chevaux à Madrid que de mules. Nous allions souvent aux promenades publiques, qui se font tantôt d'un côté, tantôt d'un autre; mais, pour cela, les jours et les temps en sont marqués. L'usage est que, quand vous vous trouvez arrêté vis-à-vis d'un carrosse où il n'y a que des femmes, il leur faut dire quelque chose, et ce langage-là ordinairement est gaillard et un peu plus qu'à double entente. Elles répondent avec beaucoup de vivacité; mais, quand il y a un homme avec des femmes, que vous n'auriez pas aperçu, elles vous disent de vous taire, parce qu'elles sont accompagnées, et, en ce cas-là, on se tait tout court. Pendant la canicule[2], les promenades se font toutes dans la rivière, dont le lit est fort large et où, tout au plus, il y a un pied et demi ou deux d'eau. Cela n'empêche pas qu'il n'y ait un pont d'une extrême longueur et très beau, quand il la faut passer et qu'il y a beaucoup d'eau : ce qui arrive

1. Les traits en corde usités en Espagne étaient plus ou moins longs, suivant la qualité du possesseur de l'attelage (*Saint-Simon*, t. IX, p. 200-201; *Relation* de Mme d'Aulnoy, p. 187).
2. D'après le manuscrit de la Bibliothèque nationale, Gourville, peu au courant des termes scientifiques, avait mis d'abord *l'équinoxe;* un correcteur a biffé ce mot et mis *canicule* en interligne.

peu, parce que c'est la décharge d'un torrent. Cette rivière s'appelle le Mançanarès[1]. Il y a beaucoup de maisons de jeu, où l'on va assez; mais tous les spectateurs se croient obligés d'empêcher qu'on ne se trompe, et, sans qu'on le leur demande, ils disent tout ce dont ils s'aperçoivent. Tout cela se fait sans que, dans les assemblées, il y ait jamais aucunes femmes. On compte toujours qu'on y joue gros jeu; mais je ne l'ai pas vu une seule fois : aussi n'y ai-je guère été, parce que nous jouions toujours chez Monsieur l'ambassadeur, et quelquefois chez moi.

Je ne laissois pas, pendant tout ce temps-là, de faire tout ce que je pouvois m'imaginer pour l'avancement de mes affaires. Soit chagrin, soit politique, je m'émancipois un peu sur le gouvernement, et, soit mes importunités ou manèges, j'appris de M. le marquis d'Aytona que l'on étoit résolu de mettre une fin à mes affaires, et qu'il espéroit que ce seroit bientôt. Il y avoit un nombre de ceux de la Junte qui étoient toujours de son avis; d'autres étoient de celui de M. le comte de Peñaranda, et de ceux-ci étoit le bon cardinal d'Aragon. M. de Castel-Rodrigo fut toujours avec les meilleures intentions du monde pour servir Monsieur le Prince. Il étoit de ceux qui se rangeoient avec M. le marquis d'Aytona, qui n'oublioit rien pour faire réussir mes affaires; mais, par malheur, il tomba malade vers la fin de juillet et mourut le six ou septième jour[2] : ce qui me fâcha extrêmement, mais non pas jusqu'à me faire perdre courage. En écrivant cette

1. *Relation* de Mme d'Aulnoy, p. 386-387.
2. Le marquis d'Aytona mourut le 17 mars; on le crut empoisonné par Don Juan (Affaires étrangères, vol. *Espagne* 58, fol. 130).

mort à Monsieur le Prince, je lui mandai que je remettrois quand j'aurois l'honneur de le voir à lui conter les chagrins qu'elle m'avoit causés, mais que, bien loin de me rebuter, j'allois renouveler mon attention pour voir les nouvelles batteries que je pourrois avoir à faire.

J'appris par ma petite marchande que le mari de la dame avec qui elle avoit commerce étoit bien disposé, mais que M. de Peñaranda l'étoit mal. J'en parlai à M. le cardinal d'Aragon, qui avoit la meilleure volonté du monde, mais qui m'avoua franchement que, ne se trouvant pas assez de lumières pour déterminer par lui-même, il suivoit toujours l'avis de M. de Peñaranda, à qui il croyoit plus de lumières et de connoissances qu'à pas un des autres, et qu'ainsi, par scrupule, il étoit toujours de son avis. Dans la conversation, je lui dis qu'au commencement il[1] m'avoit paru plus persuadé que pas un des autres des grands services que Monsieur le Prince avoit rendus à la couronne. Il me dit qu'il se pourroit bien faire que les soins que j'avois pris de ménager MM. les marquis d'Aytona et de Castel-Rodrigo avoient un peu éloigné M. de Peñaranda, et qu'il eût été peut-être bien aise qu'on lui eût plus d'obligation qu'aux autres. Je lui représentai, après avoir loué ses pieuses intentions, qu'il ne s'agissoit pas, dans l'affaire dont j'étois chargé, de faire injustice à quelqu'une des parties, comme cela se pouvoit rencontrer quelquefois, mais qu'il savoit assurément, par ce que lui en avoit dit M. de Caracène son beau-frère[2], combien Monsieur le Prince

---

1. M. de Peñaranda.
2. Son neveu par alliance : ci-dessus, p. 4.

avoit bien servi et gardé religieusement les engagements qu'il avoit pris avec Sa Majesté Catholique, et qu'il ne s'agissoit que d'entrer en payement sur de grosses sommes légitimement dues, et même fixées par un compte général. Il en demeura d'accord avec moi; mais il me parla aussitôt de la difficulté de l'argent comptant; que cependant il parleroit tout de son mieux à M. de Peñaranda, étant persuadé qu'il y avoit raison de faire justice à Monsieur le Prince autant qu'on le pourroit.

Je m'avisai, pour ramener M. le comte de Peñaranda, de prier M. le marquis de Castel-Rodrigo, après lui avoir confié ce que j'avois su de M. le cardinal d'Aragon, de marquer quelque indifférence sur les affaires de Monsieur le Prince et de se contenter de suivre les mouvements de M. de Peñaranda, pour peu qu'il parût qu'il eût meilleure volonté qu'il n'avoit eu jusque-là. Il m'assura fort, après avoir loué le tour que je voulois donner à mon affaire, qu'il feroit tout de son mieux pour faire croire à M. de Peñaranda que, depuis la mort de M. le marquis d'Aytona, il ne paroissoit plus si favorable à Monsieur le Prince; que, dans le fond, S. A. sauroit par moi que ce seroit à lui à qui il en auroit la principale obligation. Il me dit qu'il seroit fort aise que je pusse être content, de quelque manière que les choses tournassent, et qu'il croyoit que le projet que je lui faisois pouvoit réussir, et que, quand M. de Peñaranda paroîtroit favorable, il se contenteroit de suivre les avis de ceux qui étoient de sa cabale, autant par son silence que par ses discours. Je tournai donc mes pensées du côté de M. le comte de Peñaranda. Je commençai par dire à M. le cardinal d'Aragon que la mort de M. le marquis d'Aytona m'avoit si fort désorienté, que je ne savois plus de quel côté me tourner; que, au commencement que j'étois arrivé, il m'avoit paru mieux persuadé que personne des importants services que Monsieur le Prince avoit rendus à Sa Majesté Catholique; cependant, qu'étant question présentement de lui donner quelque satisfaction sur des sommes considérables si légitimement dues et convenues, j'étois persuadé qu'il n'y avoit que lui capable de déterminer tous les autres à faire quelque justice à Monsieur le Prince; que ce qu'ils ne pourroient pas faire en argent, on pouvoit convenir par d'autres moyens de le satisfaire du côté de la Flandre, soit par quelques terres ou des bois, dont ils ne tiroient aucun secours[1]. A tout cela, Monsieur le Cardinal paroissoit persuadé de mes raisons, et qu'il n'oublieroit rien pour tâcher de porter M. de Peñaranda à entrer dans les moyens qu'on pourroit trouver pour me satisfaire. Et, lui ayant donné deux ou trois jours pour savoir la disposition où il auroit trouvé M. de Peñaranda, j'appris qu'il avoit paru touché de tout ce qu'il lui avoit dit, et qu'il étoit persuadé qu'il seroit d'avis qu'on entrât tout à fait en conférence avec moi pour entendre mes propositions et voir ce qu'on pourroit faire.

Je fus voir aussitôt après M. de Peñaranda et n'oubliai rien pour lui faire connoître que j'attendois tout de ses suffrages, et que Monsieur le Prince lui seroit obligé de la justice qu'on voudroit lui faire. Il me dit qu'il falloit que je continuasse à faire mes diligences, et

---

1. Ci-après, p. 27 et 29.

surtout auprès de M. le marquis de la Fuente, qui avoit été nommé pour mon commissaire ; que je pouvois assurer Monsieur le Prince qu'il feroit ce qu'il pourroit pour sa satisfaction. Sur cela, je commençai à avoir quelques espérances, étant bien persuadé que M. le marquis de Castel-Rodrigo ne manqueroit pas au besoin. J'appris bientôt par lui que M. de Peñaranda paroissoit mieux disposé qu'il n'avoit fait jusque-là, et que, quand il seroit embarqué à bien faire, lui[1] et deux ou trois de ceux qui étoient les plus attachés à M. le marquis d'Aytona suivroient ses mouvements sans aucun empressement. Je n'ai point encore parlé de Don Fernandez del Campo[2], qui étoit le secrétaire qu'ils appellent *universel*, qui dépêche seul à genoux tout ce que S. M. doit signer, et ne laisse pas d'avoir sa considération dans la Junte, encore que je l'eusse vu fort souvent sans avoir pu pénétrer en aucune façon ses sentiments. C'étoit un petit vieillard, qui avoit beaucoup d'esprit et savoit bien parler un langage sans faire connoître ses intentions. Il m'avoit souvent parlé des services de Monsieur le Prince pour le Roi Catholique ; mais il y ajoutoit aussi le besoin qu'on avoit d'argent pour des affaires très pressées et d'une grande conséquence. Je redoublai mes sollicitations en général et je fis un mémoire de ce que je pourrois demander, espérant qu'à la fin on en viendroit à vouloir écouter quelques propositions.

1. M. de Castel-Rodrigo.
2. Don Pedro Fernandez del Campo, secrétaire du *Despacho universal* en 1669, créé marquis de Mejorada en 1673, fut mis à la retraite par Valenzuela en 1676, et mourut le 4 mars 1680 (communication de M. Morel-Fatio).

Quelques jours après, j'appris de la petite marchande que l'on me devoit demander un mémoire, et, ayant été voir M. le marquis de la Fuente, il me dit de lui en donner un de mes prétentions, mais qu'il doutoit fort qu'on pût me donner de l'argent sur la flotte qui devoit arriver, parce que tout ce qui en devoit revenir étoit consommé par avance. Je lui dis que j'en savois assez pour lui pouvoir dire qu'il ne tiendroit qu'à Messieurs de la Junte de m'en faire donner une partie, en donnant pour cela une assignation de ce qu'on me voudroit donner à ceux pour qui elle étoit destinée, sur la petite flotte qu'on disoit devoir venir au mois d'avril[1]. Je donnai donc un mémoire, dans lequel je commençois à établir ce qui étoit dû, qui montoit environ à six millions[2]. Je demandois soixante mille pistoles comptant, le Charolois pour cinquante mille écus, pour quatre cent cinquante mille livres de bois à prendre sur la forêt de Nieppe[3], la prévôté de Binche[4] sur le pied du denier trente de ce qu'elle se trouveroit valoir de revenu, et le surplus payable en quatre années, soit en argent, en terres ou en bois aux Pays-Bas. En le donnant à M. le marquis de la Fuente, il se récria fort sur la grandeur de mes prétentions; mais il ne laissa pas de s'en charger, me répétant encore qu'on auroit de la peine à me donner de l'argent. Et moi, je lui dis que je ne pourrois me

1. On a vu ci-dessus, p. 19, note 1, que la flotte et les galions étaient arrivés en février. Sur la petite flotte ou flottille, voyez les *Mémoires de Saint-Simon,* éd. Boislisle, t. VIII, p. 54.
2. Dix-huit cent mille livres seulement : ci-après, appendice IX, mémorial du 7 janv. 1670, dans lequel se trouve le détail de la dette.
3. Aujourd'hui commune du dép. du Nord, arr. d'Hazebrouck.
4. Dans le Hainaut, à trois lieues de Mons.

résoudre à m'en retourner, si je n'avois pas une somme considérable. Quelques jours après, je recommençai mes sollicitations, et je trouvai un autre air dans les visages que je n'y avois pas encore vu. Il n'y eut pas jusqu'à Don Pedro Fernandez del Campo qui me dit qu'il croyoit qu'on me donneroit un million à prendre sur les Pays-Bas, en terres ou en bois, ainsi que j'en conviendrois avec M. le comte de Monterey, qui en étoit pour lors gouverneur[1], mais que, pour de l'argent, on ne pouvoit point m'en donner. Je lui répondis que, si cela étoit, je ne pouvois pas me contenter du reste. Je crus donc, après que ces autres Messieurs m'eurent dit la même chose, devoir bien remercier M. le comte de Peñaranda, en lui remontrant que ce qu'on me vouloit donner étoit peu, eu égard à la dette, et que, comme je le croyois auteur du changement qui étoit arrivé, je le suppliois d'y ajouter, pour quelque satisfaction à Monsieur le Prince, qu'on me donnât au moins cinquante mille pistoles. Il me dit qu'il ne croyoit pas que cela se pût, mais que, pour ce qui regardoit l'argent comptant, cela ne pouvoit venir que de la facilité que je pourrois trouver avec Don Martin de los Rios, président des finances. M. le marquis de Castel-Rodrigo me conseilla de tourner toutes mes pensées de ce côté-là, et qu'il savoit l'amitié que j'avois faite avec M. le comte de Fernan Nuñez, son neveu, qui pouvoit fort m'y servir. En effet, par ce chemin-là, je m'assurai d'avoir trente

1. M. de Monterey, Jean-Dominique de Haro y Guzman, était gouverneur des Pays-Bas depuis le 12 juillet 1670; on peut voir une note biographique sur ce personnage dans la nouvelle édition des *Mémoires de Saint-Simon*, t. VIII, p. 209.

mille pistoles d'argent comptant. Monsieur l'ambassadeur étant persuadé, comme moi, qu'il s'en falloit contenter, je ne parlai plus que d'une prompte expédition et de convenir de ce qu'on me donneroit en Flandre. Il fut arrêté qu'on donneroit à Monsieur le Prince le comté de Charolois pour cent cinquante mille livres, et deux cent cinquante mille livres sur les bois de Nieppe; qu'on lui donneroit la prévôté de Binche, dont on feroit l'évaluation sur le pied du revenu au denier trente[1], dont on envoieroit les ordres à M. le comte de Monterey. Ayant paru content, cela m'attira beaucoup de visites, et, si j'ose dire, des amitiés de tous ceux avec qui j'avois eu l'honneur de faire connoissance; mais plusieurs doutoient encore qu'on pût me donner de l'argent. Après que j'eus commencé d'en toucher, ne doutant plus qu'on ne me satisfît entièrement, je commençai à faire mes adieux et mes remerciements à tous ces Messieurs de la Junte. Pendant ce temps-là, j'achevai de recevoir mes trente mille pistoles, ce qui donna une grande joie à mes camarades, qui croyoient qu'ils ne sortiroient jamais de Madrid.

La seule peine qui me restoit étoit de quitter Monsieur l'ambassadeur, de qui j'avois reçu tant de marques d'amitié et de bons conseils dans mes affaires.

1. Une lettre sans date et une autre du 20 septembre 1670, qui sont copiées dans le registre de Chantilly et par lesquelles Gourville annonçait à Monsieur le Prince le résultat de sa mission, donnent les conditions réelles du traité, qui sont un peu différentes de celles qui viennent d'être énoncées : 54,000 écus en espèces et 46,000 en lettres de change sur Anvers (ce qui fait bien 300,000 livres ou 30,000 pistoles), 200,000 écus de bois dans la forêt de Nieppe, l'engagement du Charolais, enfin un titre de rente sur les salines de Franche-Comté jusqu'à extinction de la dette.

Il avoit autant d'esprit et aussi souple qu'on en puisse avoir, agréable dans le commerce, fort libéral, et n'avoit jamais de volonté que de pénétrer celle des autres pour s'y accommoder. Je donnai le carrosse que j'avois amené de Paris à un ami de M. le duc de Veragua, et une belle montre d'or que j'avois à celui qui m'amena un très beau cheval de la part de la reine[1]. Je me mis en chemin, avec M. le marquis d'Estrées[2], qui étoit venu de la part du Roi faire compliment au roi d'Espagne[3], dans un carrosse que nous prêta M. le cardinal de Bonsy[4] jusqu'à Pampelune, ayant préféré de prendre ce chemin-là dans l'intention d'en reconnoître le terrain et le pays, qui me parut plus beau que la route de Vittoria, et les cabarets un peu mieux fournis. Mais on ne peut pas exprimer combien les chemins sont mauvais et affreux pour venir depuis Pampelune à Bayonne, où je trouvai une chaise roulante qui me mena jusqu'à Paris[5].

1. De l'aveu même du marquis de Fuentès, grand écuyer, ce cheval était le seul bon des écuries royales (Arch. nat., K 1398, lettre du 10 septembre).
2. François-Annibal III d'Estrées, marquis de Cœuvres et gendre de M. de Lionne, dont il avait épousé la fille Madeleine le 10 février 1670, devint duc d'Estrées et gouverneur de l'Ile-de-France en 1687, à la mort de son père.
3. Sur le rétablissement de sa santé (*Gazette*, p. 748).
4. Le correcteur du manuscrit de M. le baron Pichon a biffé ces cinq mots pour les remplacer par « Monsieur l'ambassadeur », et les éditions ont adopté cette leçon. — M. de Bonsy ne fut en effet promu au cardinalat que plus tard, en 1672.
5. Voici, d'après les *Voyages faits... en Espagne*, etc. (p. 155-164), l'itinéraire du retour : départ de Madrid le 10 septembre, Alcala-de-Hénarès, Porto-Agrada, Pampelune, Portomaya, Bayonne, Saint-Vincent, Bordeaux, Barbezieux, Angoulême, la Rochefoucauld, Poitiers, Amboise, Orléans et Paris, où Gourville arriva le 4 octobre. — Dès le 25 mai, Louvois lui avait adressé un ordre

Quelque temps après mon retour, et que M. de Louvois m'eut témoigné qu'il seroit bien aise que je lui parlasse des pensées que je pouvois avoir, je lui racontai que j'étois revenu de Madrid par la Navarre avec intention de connoître le pays de ce côté-là, et que, depuis Madrid jusqu'à Pampelune, il n'y avoit aucune ville fermée ni aucune rivière à passer jusqu'à celle d'Èbre; que, le pays qui étoit entre cette rivière et Pampelune étant d'environ quinze ou seize lieues, les villages sont aussi près les uns des autres qu'ils peuvent être aux environs de Paris, et la terre fort fertile; que Pampelune ne valoit rien du tout; que la citadelle qu'on y avoit faite, qui étoit la seule forteresse que j'eusse trouvée, étoit bâtie sur le modèle de celle d'Anvers, et que, de Pampelune pour venir à Saint-Jean-Pied-de-Port, il y avoit encore deux lieues de plaine, mais qu'après cela c'étoient des montagnes et des chemins très difficiles. Il m'assura, quelque temps après, qu'on y avoit travaillé et qu'on les avoit rendus assez praticables.

Dans le fort de la guerre, je lui proposai que j'étois persuadé que le plus sûr moyen de faire la paix seroit si le Roi vouloit donner à Monsieur le Prince une armée de dix-huit mille hommes de pied et six mille chevaux, et qu'aussitôt que Pampelune seroit prise et qu'on se seroit posté dans Calahorra[1], qui étoit une ville sans fortifications, on se trouveroit dans le cœur

---

aux maîtres de poste de lui fournir des chevaux pour son voyage de retour (Dépôt de la guerre, vol. 247, n° 45).

1. Ville de la Vieille-Castille, avec un évêché suffragant de Burgos. — Ce nom manque dans le manuscrit de la Bibliothèque nationale.

de l'Espagne et en état d'en faire contribuer une bonne partie, et qu'avec trois ou quatre mille chevaux, l'on pourroit aller, si l'on vouloit, jusqu'à Madrid, n'y ayant pas pour lors, dans toute l'Espagne, deux ou trois mille hommes sur pied, encore étoient-ils dans la Catalogne; mais que, si on pouvoit obliger le roi de Portugal à faire la moindre démonstration de vouloir faire quelque chose sur ses frontières, les Espagnols seroient obligés d'y envoyer le peu qu'ils avoient de troupes, et qu'ainsi il n'y en auroit point pour s'opposer à Monsieur le Prince, qui se trouveroient à cent cinquante lieues de l'entreprise. Après l'avoir examiné sur une carte, il ne me proposa aucune difficulté, me louant même de ce que, partout où j'avois été, j'y avois apporté une grande curiosité de m'instruire; mais, après cela, il laissa tomber la proposition et me parla d'autres choses. Je n'ai jamais pu pénétrer ce qu'il avoit pu penser pour ne pas entrer dans cette proposition, que je vis néanmoins qui lui avoit paru fort belle. Je soupçonnai cependant que ce pouvoit bien être qu'il ne seroit pas bien aise que la paix se fît par les progrès que Monsieur le Prince pourroit faire en Espagne.

Chapitre XV.

Mon retour à Paris. Je fais des mémoires de l'état où étoient les affaires de Monsieur le Prince, qui étoient en grand désordre. J'entreprends de les accommoder, et enfin j'en viens à bout.

Monsieur le Prince et Monsieur le Duc me reçurent

avec beaucoup de témoignages de bonté et de satisfaction, de m'être si bien conduit que j'avois fait et d'avoir eu un succès, dans leurs affaires, beaucoup au delà de leurs espérances. Ils souhaitèrent que j'allasse bientôt à Bruxelles pour voir ce que je pourrois faire avec M. de Monterey, qui en étoit gouverneur[1] et qui m'avoit témoigné une amitié toute particulière dans le temps que j'étois en ce pays-là. M. de Lionne fut fort aise de me voir et de me faire discourir sur les affaires d'Espagne et sur tout ce que j'avois fait pour M. le duc d'Anjou, en cas que le roi d'Espagne fût mort, et sur la bonne intelligence que j'avois gardée avec M. l'ambassadeur d'Espagne. M. le Tellier me parla aussi de cela en louant mon zèle. M. Colbert, après m'avoir gardé plus d'une heure et demie, me témoigna être aussi bien content de ma conduite à Madrid et me fit plus de questions que n'avoient encore fait les autres. Tous convenoient qu'ils n'avoient connu l'Espagne que par moi : aussi avois-je pris grand soin de leur faire voir ce pays-là sans aucune ressource pour les affaires générales, et que je n'avois connu sur les lieux personne capable de travailler à les rétablir, et encore moins la Junte, en général plus propre

1. Le 28 septembre 1670, la reine d'Espagne avait adressé au comte de Monterey l'ordre de laisser le prince de Condé couper du bois dans la forêt de Nieppe (Arch. nat., K 1398); mais il y eut des difficultés, car l'ordre fut renouvelé le 9 décembre (Ibid.). Gourville dut aller à Bruxelles dans le courant du même mois : il s'y trouvait le 10, mais en était déjà revenu le 18. Le règlement de la créance de Condé fut difficile : en 1681, il était encore en instance auprès du parlement de Dijon pour être mis en possession du Charolais (Chantilly, correspondance, lettre de Gourville du 25 juin); ci-après, p. 34.

par sa division à gâter les affaires qu'à les accommoder.

Après m'être un peu fait rendre compte de la recette et dépense qui avoit été faite en mon absence par le trésorier de S. A., je me disposai pour aller à Bruxelles, où je trouvai M. le comte de Monterey avec beaucoup d'honnêtetés sur mon chapitre, mais peu disposé à vouloir exécuter ce qu'on m'avoit promis à Madrid. Il me dit qu'on lui avoit mandé de ce pays-là de ne statuer sur rien sans de nouveaux ordres, surtout depuis qu'on avoit appris que le Roi étoit armé et avoit commencé une affaire pour le siège de Marsal; que l'on parloit fort de l'ambition du Roi et du désir qu'il avoit de se signaler. Dans la conversation, il me dit qu'on lui avoit écrit qu'on avoit eu beaucoup plus de facilité à me promettre ce que j'avois pu souhaiter, plutôt dans le dessein de me faire sortir de Madrid que d'exécuter ce qu'on m'avoit promis; néanmoins, que si on voyoit que le Roi n'eût pas envie de faire la guerre, qu'il écriroit volontiers à Madrid dans l'intention de faire plaisir à Monsieur le Prince; que, pour le Charolois, il pourroit bien faire ce qu'on désiroit là-dessus.

A mon retour à Paris, je donnai toute mon application à pénétrer le fond des affaires de Monsieur le Prince, et, pour en dresser des mémoires, je me donnai beaucoup de peine. Enfin, je trouvai que Monsieur le Duc les croyoit en si méchant état qu'il n'avoit pas jugé à propos d'employer l'argent qui étoit venu à Madame la Duchesse par la succession de la reine de Pologne[1] au payement des dettes de sa maison, en

---

1. Ci-dessus, t. I, p. 241-242.

préférant l'acquisition de Senonches¹, qu'il avoit porté beaucoup au-dessus de sa valeur. Mme la princesse Palatine me dit qu'elle avoit aussi préféré de faire des acquisitions qui lui étoient à charge, n'ayant point cru aussi de sûreté à payer les dettes de Monsieur le Prince. Elle avoit acheté le Raincy² cinq cent cinquante mille livres, dont le revenu à peine suffisoit pour les charges et les entretiens, et il a été seulement vendu, après sa mort³, cent soixante mille livres. Elle avoit encore acheté la terre de Lignières⁴ quatre cent mille livres et quarante mille livres de pot de vin, qui étoit beaucoup plus qu'elle ne valoit; mais, depuis, ils reconnurent qu'ils n'avoient pas été bien conseillés de faire cette acquisition. Il est vrai que l'état des dettes, comme elles paroissoient alors, montoit à plus de huit millions. Il étoit dû à une partie des domestiques de Monsieur le Prince des cinq et six années d'appointements, le surplus ayant été touché par des remises qu'ils faisoient, et M. de Saint-Mard⁵, qui étoit

---

1. Seigneurie du Thimerais, avec une belle forêt, qui avait été possédée du xive au xvie siècle par les vicomtes de Dreux.

2. Sur cette terre que la princesse acheta de Jacques Boyer, conseiller du Roi, et qui fut revendue aux Sanguin de Livry, on peut voir Piganiol de la Force, *Description de Paris*, t. VIII, p. 162, et l'abbé Lebœuf, *Histoire de la ville et de tout le diocèse de Paris* (édit. Cocheris), t. II, p. 592.

3. Arrivée le 6 juillet 1684.

4. En Berry, élection d'Issoudun.

5. Ici le correcteur du manuscrit de M. le baron Pichon a ajouté : « Premier gentilhomme de la chambre de S. A., » et les éditions ont inséré cette addition. — Alexandre de Piédefer, baron puis marquis de Saint-Mard, était chambellan de Monsieur le Prince avec 2,000 livres d'appointements, selon l'état de 1664 (Arch. nat., Z¹ᵃ 522 et E 1834, 30 mai et 10 juin 1686).

la plus grosse partie, n'ayant jamais voulu remettre aucune chose, avoit été neuf années sans rien recevoir. Monsieur le Prince étoit accablé d'un grand nombre de créanciers, qui se trouvoient souvent dans son antichambre quand il vouloit sortir. Ordinairement il s'appuyoit sur deux personnes, ne pouvant marcher, et, passant aussi vite qu'il pouvoit, il leur disoit qu'il donneroit ordre qu'on les satisfît. Il m'a fait l'honneur de me dire depuis que ç'avoit été une des choses du monde qui lui avoit le plus fait de plaisir, lorsqu'il s'aperçut, quelque temps après que je fus entré dans ses affaires, qu'il ne voyoit plus de créanciers.

Je me proposai de traiter avec tous les marchands, qui la plupart, lassés de ne rien toucher, quoiqu'ils eussent fait des saisies, entrèrent volontiers avec moi à faire des traités, en leur donnant un peu d'argent comptant, et convenant avec eux des termes pour les payements du surplus, dont nous faisions un écrit par lequel je consentois que, faute de payement quinze jours après les termes, ils pourroient saisir de nouveau. Je leur donnois des assignations en leur disant de venir à moi à chaque échéance, et que je les ferois payer par le trésorier de S. A. Les fermiers de l'étang de Montmorency[1] devoient quinze mille livres, pour trois années qu'ils n'avoient pu payer à cause des saisies. Je priai M. Ravière, avocat de S. A.[2], qui étoit très riche, de vouloir bien être caution pour payer dans trois mois

1. Aujourd'hui le lac d'Enghien.
2. Charles Ravière est porté dans l'état des officiers de la maison de Condé en 1686, comme faisant partie des gens de conseil (Archives nationales, Z[1a] 522).

cette somme sur l'indemnité que je lui donnai, et je la fis toucher au trésorier de Monsieur le Prince[1] ; les saisies faites dessus étoient au nombre de soixante-seize.

Le premier terme de ceux avec qui j'avois commencé de traiter étant échu, je les fis payer précisément à l'échéance, et cela me donna beaucoup de crédit et d'aisance avec les autres. Ainsi j'eus bientôt dégagé les terres de Chantilly, de Dammartin[2] et de Montmorency, sur lesquelles il y avoit aussi des saisies pour des sommes immenses, à cause de la proximité de Paris, et quasi par les mêmes qui avoient saisi l'étang de Montmorency[3].

Le mois d'avril étant venu, le Roi, devant aller sur la frontière[4], promit à Monsieur le Prince de venir coucher à Chantilly et d'y séjourner un jour[5]. Je n'avois point songé jusque-là qu'il étoit nécessaire de prendre des lettres d'abolition ; mais, les ayant fait dresser, je les obtins aussitôt, et, ayant seulement vu M. le Premier Président[6] et M. de Harlay, procureur

---

1. Le trésorier général de la maison de Condé était Pierre Bocaud, depuis 1666 (Z¹ᵃ 522).
2. Dammartin-en-Goelle, Seine-et-Marne, arrondissement de Meaux.
3. Ce dernier membre de phrase a été biffé par le correcteur du manuscrit de M. le baron Pichon.
4. Pour faire en Flandre ce voyage militaire, ou plutôt cette démonstration contre la Hollande, qui fut comme le prélude de la guerre de 1672.
5. Louis XIV vint en effet coucher à Chantilly le 23 avril ; il y séjourna le 24 et en partit le 25. La *Gazette*, p. 433-435, donne un récit de son séjour au château.
6. Ici, le correcteur du manuscrit de M. le baron Pichon a ajouté : « de Lamoignon, » ce qui a passé dans les éditions.

général[1], je m'en allai à Chantilly. Monsieur le Prince me présenta à S. M., et, six jours après, j'eus nouvelle que mes lettres avoient été vérifiées au Parlement, sans que je me fusse présenté, ni qu'il eût été fait aucunes cérémonies à mon égard, et l'on disoit qu'il n'y avoit point d'exemple de pareille chose[2]. Monsieur le Duc, qui avoit plus d'esprit et plus d'imagination qu'homme que j'aie jamais vu[3], avoit ordonné et m'avoit chargé de l'exécution de ce qu'il y avoit à faire à Chantilly, où le Roi et toute la cour devoient être nourris et tous les équipages défrayés. Pour cela, j'avois envoyé des gens dans différents villages les plus proches, avec des provisions pour les hommes et pour les chevaux; et, à mesure qu'ils arrivoient à Chantilly, on leur donnoit un billet pour le village où ils devoient aller loger. On avoit fait tendre quantité de tentes sur la pelouse de Chantilly, où on servoit toutes les tables qui avoient accoutumé de se servir chez le Roi[4], et, dans d'autres endroits, encore plusieurs tables que l'on faisoit servir à mesure qu'il y avoit des gens pour les remplir, y ayant du monde destiné dans chaque tente pour y porter les viandes et y donner à boire;

1. Achille II (ci-dessus, t. I, p. 182), qui devait mourir le 7 juin suivant.
2. Ces lettres d'abolition sont datées de Saint-Germain, le 22 avril; elles furent enregistrées au Parlement le 24. Elles existent aux Archives nationales, dans le registre coté X^{1a} 8668, fol. 397 v°. On les trouvera ci-après, à l'appendice VII.
3. Comparez ce qu'en dit Saint-Simon (*Mémoires*, éd. Boislisle, t. V, p. 71, et VII, p. 53, et de 1873, t. VI, p. 337, Addition au *Journal de Dangeau*, t. XII, p. 374 et 376).
4. Sur le nombre et la composition des tables servies chez le Roi, voir Spanheim, *Relation de la cour de France*, p. 150-151.

la plupart étoient des Suisses qu'on avoit demandés pour cela.

Vatel[1], qui étoit contrôleur chez Monsieur le Prince[2], homme très expérimenté qui devoit avoir la principale application, voyant, le lendemain à la pointe du jour, qui étoit un jour maigre[3], que la marée n'arrivoit point comme il se l'étoit imaginé, s'en alla dans sa chambre, ferma sa porte par derrière et, ayant mis son épée contre la muraille, se tua tout roide. Après qu'on eut enfoncé la porte, on me vint avertir dans la Canardière[4], où je dormois sur de la paille, de ce qui venoit d'arriver. La première chose que je fis, ce fut de dire qu'on le mit sur une charrette et qu'on le menât à la paroisse, à une demi-lieue de là, pour le faire enterrer, et je trouvai que la marée commençoit à arriver[5]. Monsieur le Duc ayant fait venir des maîtres d'hôtel, des contrôleurs et tous les officiers qui suivoient le Roi au voyage, je priai ces Messieurs de vouloir bien faire la distribution, non seulement de ce qu'il falloit pour la table du Roi, mais encore pour toutes les autres, et j'eus soin d'en envoyer dans les villages pour les

---

1. Ci-dessus, t. I, p. 215.
2. Dans les états des officiers de la maison de Condé qui existent aux Archives nationales, Z¹ª 522, Vatel ne figure ni comme contrôleur ni comme exerçant aucune autre fonction.
3. Le vendredi 24 avril.
4. M. G. Macon a bien voulu examiner pour nous les anciens plans conservés au château de Chantilly; on appelait au XVIIᵉ siècle *la Canardière* la partie de la vallée de la Nonette située à l'extrémité ouest du canal, le long de la route de Creil, qui, aujourd'hui, ne fait plus partie du domaine.
5. Sur la mort de Vatel, voir les *Lettres de Mᵐᵉ de Sévigné*, t. II, p. 186-189, et l'article du *Dictionnaire* de Jal, p. 1297-1301.

gens des équipages. Monsieur le Duc, s'étant levé aussitôt qu'on lui eut appris la mort de Vatel, donna de si bons ordres partout, que l'on ne s'aperçut pas que Vatel eût été chargé de rien[1]. On avoit fait venir de Paris tout ce qu'il y avoit de musique, de violons et de joueurs d'instruments, et les carrosses qui les avoient amenés de Paris leur servoient pour aller dans les endroits où étoient leurs logements, et où ils étoient fort bien servis. La cour y fit quatre repas et s'en alla le samedi coucher à Compiègne[2]. Toute cette dépense, ayant été arrêtée par ordre, se trouva monter à cent quatre-vingt et tant de mille livres[3].

Le Roi s'en alla ensuite à Dunkerque[4], qu'il faisoit fortifier avec toute la diligence possible, ce qui donna lieu d'appeler ce voyage la campagne des Brouettes. Le Roi y fit assez de séjour, et ce fut là que l'on commença à se disposer pour la guerre de Hollande. On y fit venir M. de Croissy[5], qui étoit ambassadeur à Londres, et M. de Pomponne, qui l'étoit à la Haye[6].

1. Mme de Sévigné (t. II, p. 189) dit que ce fut en effet Gourville qui remplaça Vatel et pourvut à tout.

2. Louis XIV ne fit que passer à Compiègne; il coucha au château de Liancourt (*Gazette* de 1671, p. 435).

3. Les registres de comptes de Chantilly ne commençant qu'en 1676, il est impossible de vérifier si ce chiffre est exact.

4. Il y arriva le 3 mai, après avoir passé par Amiens, Abbeville, Montreuil et Boulogne.

5. Charles Colbert, marquis de Croissy, était ambassadeur à Londres depuis 1668; il succéda à Pomponne comme secrétaire d'État des affaires étrangères en novembre 1679.

6. Simon Arnauld, marquis de Pomponne, ambassadeur en Hollande depuis 1668, allait, quelques mois plus tard (septembre 1671), remplacer M. de Lionne dans le poste de secrétaire d'État. Disgracié en 1679, il fut rappelé au Conseil à la mort de Louvois.

M. de Louvois commença là à vouloir dire son avis sur les affaires étrangères; cela donna lieu à M. de Lionne de demander par ordre du Roi à MM. de Croissy et de Pomponne des mémoires. Il me fit l'honneur de m'en demander un aussi[1], pour savoir particulièrement s'il étoit à propos de faire alliance avec quelques princes étrangers pour avoir des troupes[2], ou si l'on prendroit ses mesures pour n'avoir que des Suisses avec ce que l'on pourroit lever de François[3]. Il fut bien question de ce que je prétendois avoir découvert, que toute la cavalerie de Hollande n'étoit composée que des bourgeois de chaque ville, qui achetoient les places quand les officiers avoient permission de changer de garnison, et de la manière que les officiers d'infanterie étoient établis par faveur, comme je l'ai dit ailleurs[4]. M. Colbert n'étoit point encore à Dunkerque, parce qu'il avoit fait quelque voyage en France[5] et qu'il étoit tombé malade à son arrivée. M. Rose[6], qui m'avoit vu dans quelque mouvement et entendu dire du bien de moi à M. de Lionne,

La lettre qui le mandait à Dunkerque est du 24 avril (vol. *Hollande* 91, n° 71).

1. Le volume *Hollande* 91 ne contient pas ces mémoires.

2. Il fut alors question de renvoyer Gourville auprès des princes de Brunswick (*Voyages faits en divers temps en Espagne*, etc., p. 198-200).

3. Le correcteur du manuscrit de M. le baron Pichon a ajouté ici : « comme le proposoit M. de Louvois, » addition adoptée par les éditions.

4. Ci-dessus, t. I, p. 257-258.

5. A la place de ces deux mots, le correcteur du manuscrit de M. le baron Pichon et les éditions ont mis : « du côté de la Rochelle. » — Colbert était allé à Rochefort; mais il en était revenu le 19 avril, avant le départ du Roi (*Gazette* de 1671, p. 412).

6. Ci-dessus, t. I, p. 126.

avec qui il étoit fort familier, se proposa, pour me faire tout le mal qu'il pourroit, de dire à M. Colbert à son arrivée que, sur le bruit de sa maladie, on avoit songé à me faire avoir sa place, et que M. le Tellier et M. de Louvois y seroient entrés, s'il en avoit été besoin[1]. Il dit en même temps à M. de Louvois que M. le marquis de Sillery[2] et moi faisions une liaison étroite de Monsieur le Prince et de M. de Turenne, pour qu'ils fussent d'un même avis dans les conseils où il se parloit des affaires de la guerre : ce que M. de Louvois auroit fort craint[3]. Cette méchante volonté de M. Rose contre moi venoit de ce que, Monsieur le Prince voulant faire des routes dans la forêt de Chantilly, il étoit nécessaire de traverser un petit bois qui appartenoit à M. Rose et faisoit partie de la terre de Coye[4], qui étoit située au bout de la forêt. Je fus chargé de lui parler de vouloir bien vendre à Monsieur le Prince l'espace que tiendroit cette route dans ces bois et de la lui payer deux fois plus qu'elle ne seroit estimée. Il me pria de me servir de l'envie que Monsieur le Prince avoit de faire cette route dans ses bois pour lui faire acheter sa terre, qui d'ailleurs étoit encore à sa bienséance, disoit-il; mais il la vouloit vendre plus du double de ce qu'elle lui avoit coûté, disant que Monsieur le Prince ne la pouvoit trop acheter, tant elle lui convenoit et lui étoit nécessaire.

1. Sur la rivalité de Colbert et de Louvois, on peut voir le chapitre XXXII de l'*Histoire de Colbert,* par P. Clément.
2. Ci-dessus, t. I, p. 19.
3. C. Rousset, *Histoire de Louvois,* t. I, p. 352-353.
4. Oise, arrondissement de Senlis. Rose avait acheté cette terre des Bouthillier en 1656; il la fit ériger en marquisat en janvier 1697 (Archives nationales, X^{1a} 8691, fol. 120 v°).

Monsieur le Prince, voulant faire sa route et ne pas acheter sa terre si cher, me chargea de lui proposer de lui payer trois fois la valeur de la terre qu'on emploieroit pour la route, ou le double de ce que valoit son petit bois, suivant l'estimation qui en seroit faite. Mais, comme tout cela ne venoit pas à la fin qu'il s'étoit proposée, il refusa toutes ces propositions, en disant qu'il savoit bien le respect qu'il devoit à Monsieur le Prince, mais qu'en France chacun étoit maître de son bien, pour en disposer à sa fantaisie. Monsieur le Prince, qui s'étoit contenté jusqu'alors de faire suivre sa route jusqu'aux deux bouts du bois de M. Rose, voyant qu'il ne pouvoit convenir de rien avec lui, ordonna que l'on continuât la route au travers des bois de M. Rose, dont il fut au désespoir. Il parla même sur Monsieur le Prince beaucoup plus librement qu'il ne l'auroit dû. Cela fit un démêlé qui a duré plus de trente ans, et jusqu'à sa mort, que Monsieur le Prince a acheté cette terre de ses héritiers, de gré à gré, à sa juste valeur. Pendant un assez long temps, cela donna lieu à des plaisanteries sur le compte de M. Rose, qui lui déplaisoient fort. Entre autres, un jour que les gardes de Monsieur le Prince avoient pris à un homme de M. Rose des faisans qu'il lui apportoit de sa terre, ce qui lui arrivoit assez souvent, M. de Louvois, le sachant et l'ayant trouvé, lui dit : « M. Rose, est-il vrai que le convoi de Coye a été battu[1]? » Il se mit dans une si grande colère, qu'il se plaignit fort du peu de justice que le Roi lui faisoit sur tout ce qui se passoit de Monsieur le Prince à lui.

1. Cette affaire des faisans est de 1681 (Chantilly, correspondance).

Mais, ne pouvant se venger de Monsieur le Prince[1], il avoit tourné toute sa fureur contre moi, et n'avoit pas mal pris son temps pour se venger[2].

M. de Louvois, bientôt après, trouva bon de me mettre dans sa confidence, et, si j'ose dire, dans son amitié, autant qu'il en étoit capable. Cela alla même plus loin que M. le Tellier ne le souhaitoit et donna lieu à M. de Louvois de s'éclaircir avec moi sur ce qu'on lui avoit dit, dont il ne voyoit aucune apparence de vérité. Je le priai de me nommer son auteur, parce qu'apparemment je connoîtrois d'où cela venoit. Il me dit que c'étoit M. de Seyron[3], maréchal de camp, et me conta comment il s'y étoit pris. Lui ayant dit aussitôt que cela venoit de M. Rose, il me dit qu'il en étoit persuadé, parce qu'ils étoient bons amis. Je lui en dis la raison. J'en parlai aussi à M. de Lionne, pour en faire des reproches à M. Rose, qui, en étant convenu, lui conta ce qu'il avoit fait en même temps auprès de M. Colbert pour me nuire, disant qu'il attendoit quelque occasion plus favorable pour s'en venger, et des injustices, disoit-il, qu'on lui faisoit. Mais, ayant conté à

---

1. Tout ce commencement de la phrase a été biffé dans le manuscrit de la Bibliothèque nationale.

2. Gourville fait erreur en plaçant ces anecdotes en 1671; celle des faisans, nous venons de le voir, est de 1681, celle des bois de Coye doit être postérieure à la mort du grand Condé. Il est possible que M. Rose ait rendu à Gourville auprès des ministres les desservices dont celui-ci se plaint ; mais la cause de cette inimitié ne pouvait être alors celle qu'il donne. Sur les démêlés de Rose et de Monsieur le Prince (Henri-Jules), on peut voir les *Mémoires de Saint-Simon*, éd. Boislisle, t. VIII, p. 26-30.

3. Le manuscrit de la Bibliothèque nationale porte : *M. de Siron;* les autres : *M. de Firon*. — Ce doit être Jean de Seyron, maréchal de camp en 1649, lieutenant général en 1655.

M. de Lionne les offres que je lui avois faites avant qu'on eût fait cette route dans son bois, il les trouva si raisonnables qu'il ne douta point qu'il ne nous accommodât en terminant l'affaire. Il n'eut pas de peine à voir le peu de justice des prétentions de M. Rose et son extrême emportement; mais, comme il ne fut pas possible qu'il se mît à la raison, nous en demeurâmes là. Néanmoins nous nous sommes toujours parlé, et souvent d'accommoder son affaire, sans jamais en pouvoir venir à bout.

Je m'en revins à Paris, où je m'appliquai tout le plus fortement qu'il me fut possible à donner une forme aux affaires de Monsieur le Prince. Pour y parvenir, je m'avisai de faire des mémoires particuliers de chaque espèce de dettes et des prétentions. Le premier fut des dettes incontestables, pour en faire payer très ponctuellement les arrérages du passé et continuer à les payer : ce que j'ai toujours fait, en payant une année avant qu'il y en eût deux échues ; un autre état, des dettes d'auparavant la disgrâce de Monsieur le Prince, avec les intérêts qui en avoient couru par les condamnations obtenues, dont la plupart des parties n'étoient pas arrêtées, mais seulement certifiées; et je me proposai d'accommoder celles-là du mieux que je pourrois. Entre autres, il étoit dû au sieur Tabouret, tailleur d'habits[1], tant pour Monsieur le Prince que pour M. le duc de Brezé[2], pour des façons d'habits et quelques fournitures, une

1. Le partisan Martin Tabouret, qui avait commencé par être tailleur, et que nous avons vu ci-dessus, t. I, p. 37.
2. Armand de Maillé, frère de Madame la Princesse, tué en 1646 devant Orbitello.

somme de trois cent mille livres, les intérêts compris. Mais, entre autres, je me souviens qu'il y avoit six cents livres pour la façon d'un habit de Monsieur le Prince. Celui qui s'en trouvoit héritier pour lors[1], et qui servoit actuellement auprès de la personne du Roi, me pria de vouloir accommoder cette affaire, et pour cela me remit toutes les parties qu'il avoit entre les mains. Après les avoir examinées, je trouvai que la plupart n'avoient point été arrêtées, et toutes ensemble dans une grande confusion. Nous convînmes à quatre-vingt-dix mille livres pour le tout, payables vingt-cinq mille livres comptant, et le surplus dans des termes avec l'intérêt, dont il me remercia fort. J'accommodai toutes les autres de cette classe, partie comptant, et avec des termes pour le surplus. Il y avoit deux hommes qui prétendoient des sommes très considérables[2] pour des fournitures de vivres aux armées de Monsieur le Prince, tant en Guyenne qu'à Paris; mais, comme il y avoit beaucoup de choses à dire à ces fournitures, la plupart n'étant arrêtées de personne, j'accommodai les deux affaires, l'une à quatre-vingt mille livres, et l'autre à soixante mille livres, toujours partie comptant et avec des termes pour le surplus[3]. La nature des dettes ou, pour mieux dire, les prétentions les plus embarras-

1. Héritier du tailleur Tabouret.
2. A la place des quatre derniers mots, le correcteur du manuscrit de M. le baron Pichon a mis : « qu'il leur étoit dû plus de six ou sept cent mille livres, » ce qui a passé dans les éditions.
3. Ici, le correcteur du manuscrit de M. le baron Pichon intercale la phrase suivante, reproduite par les éditions : « J'avois la satisfaction d'être toujours bien remercié par les gens avec qui j'avois à traiter. »

santes furent les obligations que M. Lenet avoit passées en vertu d'une prétendue procuration de Monsieur le Prince, qui se montoient à plus d'un million, à cause qu'il y avoit compris l'intérêt au denier quinze, suivant la coutume de Bordeaux : ce qu'il disoit avoir fait en partie par politique à plusieurs officiers de guerre, qui prétendoient qu'il leur étoit dû pour des levées et des quartiers d'hiver, dans la vue, m'a-t-il dit depuis, de les conserver, en cas que Monsieur le Prince se fût trouvé dans une autre guerre[1]. Toutes ces obligations se trouvoient datées de trois ou quatre jours avant l'amnistie de Bordeaux, M. le prince de Conti ayant un secrétaire qui les arrêtoit par ordre de M. Lenet, moyennant, à ce que j'ai ouï dire, quelques petits présents[2]. Il y en avoit une de quatre-vingt-dix mille livres à M. Balthasar[3], qui avoit fait condamner Monsieur le Prince, aux requêtes de l'Hôtel, au payement de cette somme. Mais, ayant remarqué que la procuration de Monsieur le Prince à M. Lenet n'étoit que pour l'acquisition de Brouage, j'appelai

1. Lenet, qui avait joui si pleinement de la confiance des princes, était, en 1670, en assez mauvais termes avec eux, par suite des « méchantes affaires » que leur attiraient ces obligations signées par lui pendant la dernière campagne de Guyenne. On lui fit dire de ne plus se présenter à l'hôtel de Condé, et on crut même qu'on serait obligé d'en venir aux voies judiciaires. Il semble qu'il n'était pas sorti les mains nettes de toutes ces affaires, et des erreurs en moins dans le compte des sommes qu'il avait reçues de l'Espagne pour Condé causèrent bien des ennuis à Gourville (Chantilly, reg. de la correspondance d'Espagne, lettres des 19 décembre 1669, 8 janvier, 15 février et 30 mars 1670).

2. M. de Chouppes, dans ses *Mémoires* (éd. 1753, 2 vol. in-12), accuse Lenet de vols et de dilapidations à Bordeaux.

3. Ci-dessus, t. I, p. 216.

au Parlement de cette sentence, et je la fis casser[1].

Après cela, j'envoyai M. de la Mothe pour me faire des mémoires exacts de tout ce qui étoit dû à Bordeaux de ces obligations, entre autres un mémoire de tous ceux qui avoient fourni la maison de Monsieur le Prince, soit pour vivres ou marchandises, pour convenir avec eux des temps dans lesquels ils seroient payés, soit de deux, trois ou quatre termes, selon les sommes dues, et à tous un peu de comptant ; comme aussi de me faire, autant qu'il pourroit, un autre mémoire de toutes les obligations faites par M. Lenet, en spécifiant la nature de chaque dette, parce qu'il s'y en pouvoit trouver qui auroient quelque raison de privilège, et je puis dire que c'est cette affaire-là qui m'a donné le plus de peine. Mais enfin j'en vins à bout avec le temps, en faisant avec la plupart des accommodements selon le mérite de leurs prétentions. En ce temps-là, Monsieur le Prince me dit qu'il n'auroit pu s'imaginer que j'eusse pu mettre autant de bon ordre que j'avois fait dans ses affaires, et qu'il m'avouoit bonnement que, quand j'avois entrepris de les accommoder, au commencement, il avoit été sur le point de perdre la bonne opinion qu'il avoit de moi, parce qu'il trouvoit qu'il y avoit trop de témérité à mon entreprise. Mais il accompagnoit cela, de temps en temps, de tant d'honnêtetés et de témoignages de bonté pour moi, que cela me récompensoit de toutes mes peines.

---

1. L'absence d'indication de date précise ne nous a pas permis de retrouver la sentence des requêtes de l'hôtel, ni l'arrêt du Parlement.

Monsieur le Duc, après m'avoir vu agir quelque temps dans les affaires de Monsieur le Prince, me chargea aussi des siennes particulières, et je fus assez heureux d'augmenter avec le temps les seuls revenus du Clermontois[1], dont il jouissoit, de plus de quatre-vingt mille livres. Monsieur d'Autun ne voyoit pas tout cela sans chagrin, parce qu'il avoit toujours voulu être regardé comme celui qui avoit le plus de crédit sur l'esprit de Monsieur le Prince et de Monsieur le Duc[2]. Il ne crut rien de plus propre à diminuer la confiance qu'ils avoient en moi que de leur dire et faire revenir par d'autres que l'on disoit que je les gouvernois absolument. Monsieur le Prince me fit l'honneur de me dire qu'il avoit répondu, à la deux ou troisième fois qu'il lui en avoit parlé, qu'il ne se soucioit pas qu'on dît que je le gouvernasse, parce qu'il trouvoit en ce cas-là que je le gouvernois fort bien, sentant avec plaisir la différence qu'il y avoit de l'état où étoient ses affaires d'avec celui où il les avoit vues. Monsieur le Prince et Monsieur le Duc connoissoient parfaitement bien M. l'évêque d'Autun et ses manières, et vouloient que le monde le crût. Ils faisoient même quelquefois des plaisanteries sur ce sujet; mais cela ne le rebutoit point[3].

Je ne vendis ma charge de secrétaire du Conseil que

---

1. Le comté de Clermont-en-Argonne; il en est question dans les articles LXIV et LXV du traité des Pyrénées.

2. Gabriel de Roquette, évêque d'Autun depuis 1666. Sur ses manèges auprès des princes, on peut voir les *Mémoires de Saint-Simon*, éd. 1873, t. V, p. 133.

3. Nous avons énuméré dans notre Introduction, d'après les archives des Condés, toutes les mesures prises par Gourville pour le règlement des affaires des princes.

quatre cent cinquante mille livres[1], qui m'avoit coûté un million du premier achat[2], et cinq cent mille livres que M. Foucquet avoit empruntées de chacun de nous et assignées sur une affaire des quatriennaux, dont MM. de Béchameil[3] et Berryer furent entièrement remboursés; et cette somme m'est demeurée en pure perte.

Monsieur le Prince, après m'avoir chargé de ses affaires, me dit qu'il voudroit bien que je lui fisse un fonds particulier de vingt-cinq mille livres tous les ans pour continuer le canal qu'il avoit commencé de faire à Chantilly, qui servoit beaucoup à l'amuser; mais, à mon retour d'Espagne, je trouvai que cette dépense avoit été à plus de trente-six mille livres, et il me dit, pour l'année suivante, qu'il voudroit bien y dépenser quarante mille livres pour chaque année; mais cela n'en demeura pas là[4]. Monsieur le Duc, qui a plus d'imagination que personne du monde, proposoit toujours des choses nouvelles à Monsieur le Prince, quoi qu'elles pussent coûter[5]; et enfin cette dépense

---

1. Dans le courant de 1661, Gourville avait écrit au Roi pour lui demander l'autorisation de vendre sa charge (*Archives de la Bastille*, t. III, p. 100). En 1670, Colbert avait été sur le point de faire de cette charge une commission (Chantilly, registre de la correspondance d'Espagne, lettre du 13 janvier).

2. Ci-dessus, t. I, p. 152.

3. Louis Béchameil avait eu en 1659 une charge de secrétaire du Roi, puis une autre de secrétaire du Conseil. Il devint, en 1685, surintendant de la maison de Monsieur et de celle de Madame.

4. Les comptes et la correspondance des princes de Condé, conservés à Chantilly, montrent Gourville chargé de la surveillance des travaux du canal.

5. Sur les goûts de dépense et de constructions de Henri-Jules, on peut voir ce qu'en dit Saint-Simon dans ses *Mémoires* (éd. 1873),

alla si loin, qu'elle se monta à environ deux cent mille livres par chaque année pendant un temps considérable ; mais, les deux dernières années de sa vie, cela diminua beaucoup, lui ayant représenté, aussi fortement que je l'avois osé, que, s'il n'avoit la bonté de se modérer sur ses dépenses, sa maison retomberoit dans le désordre d'où j'osois dire que je l'avois tirée. Je prenois quelquefois la liberté de dire à Monsieur le Duc que, par l'application qu'il avoit à proposer de nouvelles dépenses pour Chantilly, dont je marquois avoir quelque répugnance, il faisoit comme s'il avoit cru que ce fût mon argent qu'on y dépensoit.

Depuis que M. de Louvois m'eut admis à son commerce, il m'a toujours témoigné de l'amitié et de la confiance, même, si je l'ose dire, beaucoup de croyance sur tout ce que je lui disois ; et cela a duré jusqu'à sa mort. Un jour, m'entretenant avec lui dans son jardin, à Saint-Germain, du choix qu'il pourroit faire pour marier sa fille aînée[1], ou peut-être pour voir si je ne lui nommerois point M. de la Rocheguyon[2], je le fis naturellement, croyant que cela étoit également bon pour M. de la Rochefoucauld et pour lui. Je me souviens que, dans cette même promenade, il me dit qu'il lui sembloit que le Roi avoit quelque goût pour moi, et qu'il croyoit que, si je voulois me détacher de Monsieur le Prince et de Monsieur le Duc,

---

t. VI, p. 331 et 337, et dans une Addition au *Journal de Dangeau*, t. XII, p. 374 et 376.

1. Marie-Charlotte le Tellier, née le 23 juin 1665.

2. François VIII de la Rochefoucauld (ci-dessus, t. I, p. 207), fait duc de la Rocheguyon à l'occasion de son mariage avec la fille du ministre, le 23 novembre 1679.

je pourrois trouver à m'avancer avec le Roi, selon les occasions qui se présenteroient. Je le remerciai fort de sa bonne volonté; mais je lui répondis que j'avois borné mon ambition au service et à l'attachement que j'avois pour ces princes. M. Colbert, depuis mon retour d'Espagne, avoit toujours bien fait avec moi, et même peu à peu m'avoit témoigné beaucoup de confiance. Je vivois, dans sa maison et avec lui, dans une aisance très agréable, et je me suis vu toujours depuis parfaitement bien avec lui et avec M. de Louvois[1], sans que jamais ni l'un ni l'autre aient témoigné de la défiance de la familiarité avec laquelle les deux vivoient avec moi : ce qui m'a toujours paru une chose fort rare par l'humeur de ces deux ministres et leur antipathie naturelle. Tout le monde étoit surpris de me voir également bien venu à Meudon et à Sceaux[2].

Monsieur le Duc, après m'avoir remis la conduite de ses affaires, m'ordonna néanmoins de faire tenir deux registres séparés de celles de Monsieur son père et des siennes; mais, voyant que M. le duc de Bourbon[3] commençoit à faire de la dépense, qui couroit encore sur Monsieur le Prince, il m'ordonna de confondre entièrement ses revenus avec ceux de Monsieur son père, me disant qu'il vouloit seulement se réserver

1. Ici, le correcteur du manuscrit de M. le baron Pichon a ajouté l'incidente suivante, qui est passée dans les éditions : « quoiqu'il y eût beaucoup d'antipathie et de jalousie entre eux. »

2. Colbert acheta des Potier de Gesvres le domaine de Sceaux en 1670; mais ce fut seulement en 1680 que Louvois se rendit acquéreur de Meudon.

3. Son fils, Louis, duc de Bourbon, né le 11 octobre 1668 et mort avant lui, le 4 mars 1710. Il épousa en 1685 Louise-Françoise de Bourbon, fille de Louis XIV et de Mme de Montespan.

cent mille livres pour ses habits et menus plaisirs; et cela a duré jusqu'à la mort de Monsieur le Prince.

Comme je ne pouvois empêcher les dépenses, je cherchois de tous les côtés pour augmenter la recette, soit par des ventes de bois en Bretagne et en Berry, et tout ce qui pouvoit venir à ma connoissance. Je m'avisai qu'au lieu qu'il y avoit trois bailliages dans le Clermontois, de n'en faire qu'un et de l'établir à Varennes[1], avec les conseillers et autres officiers nécessaires qui ressortissoient au parlement de Paris, en remboursant ceux qu'on supprimoit, ce qui n'alloit qu'à très peu de chose. En ayant fait dresser la déclaration, quand M. Colbert en parla au Roi, S. M. dit qu'elle ne voyoit pas à quoi cela étoit nécessaire, et qu'apparemment c'étoit une imagination que j'avois trouvée pour faire venir de l'argent à Monsieur le Duc. M. de Louvois dit qu'il n'en doutoit pas, mais qu'il croyoit que cela n'étoit d'aucune conséquence pour le Roi[2]. L'affaire étant passée, Monsieur le Duc en tira environ vingt-cinq mille écus de profit. M. Colbert, de bonne amitié, me disoit quelquefois que je ferois bien de me résoudre à donner quelque somme d'argent au Roi, pour lui fournir un prétexte d'obtenir de S. M. un arrêt qui me déchargeât de toutes les affaires que

---

1. Varennes-en-Argonne, Meuse, arrondissement de Verdun.
2. « J'ai parlé à M. de Louvois de la réunion des justices du Clermontois; il m'a promis... de parler favorablement. » (Chantilly, lettre de Gourville à Condé, 28 novembre 1675.) Colbert et Pomponne avaient donné la même assurance. Le Roi fit d'abord quelques difficultés, parce qu'il craignait que cette nouvelle organisation ne fût incommode aux habitants du comté; mais il finit par consentir (lettre du 2 décembre).

j'avois eues; mais il ne trouvoit pas mauvais que je ne le fisse pas.

Quelque temps après mon retour d'Espagne, Mme du Plessis-Guénegaud[1], désirant obtenir quelque chose de M. Colbert, me chargea de lui en parler. Je le trouvai très mal disposé, et, prenant occasion de me parler de M. et Mme du Plessis comme de gens de qui il avoit méchante opinion, je pris la liberté de lui dire qu'il ne les avoit connus que par ce qui s'étoit passé à l'occasion de la charge de secrétaire d'État qu'avoit M. du Plessis et qu'il avoit désiré avoir[2] : ce qui pouvoit bien les avoir fait sortir de leur inclination naturelle[3]; mais que je l'assurois que, dans le fonds, ils étoient gens de bien; et, pour lui en donner un exemple, je lui citai ce qui s'étoit passé d'eux à moi : qu'il pouvoit se souvenir qu'au commencement de la Chambre de justice, on avoit voulu obliger tous ceux qui devoient de l'argent aux gens d'affaires de venir à révélation; qu'alors j'avois une obligation d'eux de cent soixante mille livres; qu'étant venu à Paris, je leur rapportai leur obligation en original et leur

---

1. Ci-dessus, t. I, p. 162.
2. Colbert voulait avoir la charge de secrétaire d'État de M. de Guénegaud; celui-ci refusait de s'en défaire. Pour l'y forcer, on entama contre lui un procès en restitution de sommes qu'on prétendait avoir été indûment reçues par lui pendant la surintendance de Foucquet. Guénegaud dut céder et envoya, le 11 février 1669, sa démission au Roi; Colbert fut immédiatement pourvu de la charge, moyennant six cent mille livres qu'il paya à M. de Guénegaud (*Journal d'Olivier d'Ormesson*, t. II, p. 563).
3. Dans le manuscrit de M. le baron Pichon, le correcteur a modifié la tournure de cette phrase, et les éditions ont adopté cette modification.

donnai cette somme en leur disant qu'ils pouvoient en toute sûreté de conscience jurer qu'ils ne me devoient rien; mais qu'après mon retour ils avoient voulu me payer les intérêts, et que, ne voulant point, ils m'avoient comme forcé à prendre des pierreries pour la somme à quoi ils pouvoient monter; et qu'ils avoient eu tort de n'avoir pas été au-devant de ce qu'il pouvoit souhaiter sur cette charge[1]; mais qu'à son égard je trouvois qu'il étoit tout naturel qu'il eût voulu avoir une charge qui pût demeurer dans sa famille; mais que, l'ayant, il devoit donner toute la consolation qu'il pourroit à cette famille, dans les occasions qui s'en présenteroient. Ainsi il accorda ce que Mme du Plessis demandoit de lui; il trouva même fort bon tout ce que je lui avois dit là-dessus.

Mme du Plessis, ayant perdu son mari, me chargea, en mourant, de l'exécution de son testament[2]. Ses deux fils aînés étoient morts l'un après l'autre[3]; celui qui venoit après est M. de Plancy[4]. Parmi les effets que le Roi avoit pris sur M. du Plessis, il y avoit une rente de quatorze mille livres sur la Bretagne. Ayant rendu compte à M. Colbert du mauvais état des affaires de cette maison, je le priai de faire avoir à M. de Plancy la rente sur la Bretagne, qui se montoit à quatorze

1. La charge de secrétaire d'État. Ce dernier membre de phrase a été biffé dans le manuscrit de M. le baron Pichon.
2. Mme du Plessis-Guénegaud mourut en août 1677; son mari était mort le 16 mars 1676.
3. Gabriel de Guénegaud, comte de Montbrison, mort le 9 décembre 1668 des suites d'une blessure reçue au siège de Candie, et Roger de Guénegaud, mort le 7 septembre 1672.
4. Henri de Guénegaud, marquis de Plancy, né en 1647, mort en 1722.

mille livres, qu'on avoit prise à son père. Il la demanda au Roi en pur don comme pour lui; elle fut mise sous mon nom, et je la remis à M. de Plancy, quand il le jugea à propos. Ses créanciers ayant fait décréter la maison qui est aujourd'hui l'hôtel de Créquy[1], et une autre maison que Mme du Plessis avoit fait bâtir derrière l'hôtel de Conti[2], on me vint dire à Saint-Maur[3] qu'elles avoient été adjugées à Priou, procureur, pour quarante mille écus. J'envoyai dans le moment faire une enchère de cinquante mille francs, et je sauvai par là ces deux effets. Peu de temps après, je convins avec M. le duc de Créquy[4] qu'il prendroit son hôtel à cinquante mille écus, à condition que je demeurerois garant des délégations portées par le contrat; et ensuite M. le prince de Conti[5] acheta l'autre quatre-vingt-dix mille livres. Apparemment que M. de Plancy m'a cru mort depuis longtemps, puisque je n'ai pas entendu parler de lui depuis huit ou neuf ans[6].

Chapitre XVI.

Comme le Roi déclare la guerre aux Hollandois. Monsieur le Prince est blessé au Tolhuys et mené à

---

1. Rue du Louvre, presque au coin de la rue Saint-Honoré, en face les Pères de l'Oratoire.
2. Ci-dessus, t. I, p. 162.
3. Ci-après, p. 63.
4. Charles III de Créquy.
5. François-Louis de Bourbon, second fils du frère du grand Condé, avait acheté l'hôtel de Guénegaud le 30 avril 1670.
6. Dans l'inventaire des meubles et papiers de Gourville fait après son décès, il se trouva une liasse de pièces relatives à ses affaires avec M. de Plancy.

Arnheim, où je me rendis auprès de lui. Je fais avec le Roi l'accommodement de M. de Marcin et l'établissement de son fils. J'entreprends l'embellissement de Saint-Maur. M. Foucquet, ayant été mis en liberté, m'écrit et me prie de remettre à sa famille environ cent mille livres que j'avois prêtées à sa femme. La bataille de Seneffe. M. le maréchal de Créquy est pris dans Trèves par MM. les ducs de Zell et de Hanovre; j'obtiens sa liberté pour cinquante mille livres. Je fais le traité de M. de Lionne avec M. Colbert, qui donne deux cent mille livres pour avoir le département de la Marine.

Le Roi, étant parti pour faire la guerre à la Hollande, fit des conquêtes, comme tout le monde l'a su, et tout ce que j'avois pénétré et rapporté du méchant état de leurs troupes se trouva très véritable. L'épouvante fut si grande, que les Juifs qui étoient à Amsterdam me firent dire qu'ils donneroient deux millions à Monsieur le Prince s'il vouloit sauver leur quartier[1]; mais Monsieur le Prince, ayant été blessé au passage de Tolhuys[2] (bien des gens ont prétendu que ç'a été en partie la cause de ce qu'on n'acheva pas la conquête de la Hollande), se fit porter à Arnheim[3]. Je partis aussitôt pour me rendre auprès de lui, et je m'en allai passer à Aubocq[4], maison de M. le comte d'Ursel[5],

1. Sans doute par l'intermédiaire du juif Mendez Florès, correspondant de Gourville à Amsterdam; ci-dessus, t. I, p. 240, note 3.
2. Le 15 juin (*Gazette*, p. 614 et 741).
3. Ville située sur le Rhin, dans la province de Gueldre (*Gazette*, p. 646). Il s'y trouvait encore le 11 juillet.
4. Ce doit être Bosch, comm. de Sempst, à 19 kil. de Bruxelles.
5. Ci-dessus, t. I, p. 215.

où il étoit avec sa famille, à côté du chemin de Bruxelles à Anvers. De là, j'envoyai à M. de Marcin[1] pour demander un passeport pour aller à Bruxelles et continuer mon chemin en Hollande, parce que je voulois aller voir Monsieur le Prince. Il me fit réponse que M. le comte de Monterey, quoiqu'il eût été bien aise de me voir, et lui aussi étoient d'avis que je continuasse mon chemin par Anvers, et qu'il m'envoyoit deux gardes pour me conduire jusqu'où je jugerois à propos.

Je trouvai à Aubocq le milord Arlington[2], depuis longtemps secrétaire d'État du roi d'Angleterre Charles II, que j'avois un peu connu à Paris et fort vu à Londres. En nous en allant seuls dans un carrosse à Anvers, il commença par me demander si le roi d'Angleterre ne s'étoit pas bien conduit pour profiter des avis que je lui avois fait donner par le milord Hollys sur ce qui regardoit M. de Witt[3]. Il ajouta qu'il n'y avoit pas longtemps que le roi lui disoit encore qu'il croyoit que c'étoit la source de tout ce qui étoit arrivé à la Hollande. Je lui dis que j'étois bien obligé à S. M. de la bonne opinion et de l'estime qu'elle avoit pour moi. Elle me témoigna que je lui ferois un fort grand plaisir si j'avois occasion d'aller faire un tour en Angleterre. Je crus m'être aperçu que les Anglois trouvoient que nous avancions bien nos affaires en Hollande, et que cela leur donnoit de la jalousie. En nous faisant des questions l'un à l'autre, je lui dis qu'il me sembloit que le roi d'Angleterre avoit autant d'esprit qu'on en pouvoit avoir, mais que je ne savois pas bien

1. Jean-Gaspard-Ferdinand : ci-dessus, t. I, p. 53.
2. Ci-dessus, t. I, p. 212.
3. Ci-dessus, t. I, p. 228-230.

sa portée sur les affaires. Il me dit que, quand on lui en proposoit quelqu'une, il voyoit tout d'un coup ce qu'il y avoit à faire et appuyoit son avis de très bonnes et solides raisons, mais que, quand on lui faisoit quelque difficulté, il ne se donnoit pas la peine de l'approfondir, et que souvent, quand on lui en parloit une seconde fois, il se laissoit aisément aller à l'avis des autres.

Ayant pris mon chemin pour aller passer à Boxtel, où devoit être le Roi[1], en sortant d'un bois, je me trouvai tout contre les troupes qui escortoient S. M. Je montai vitement à cheval. M. l'archevêque de Reims[2], qui me reconnut, me dit que c'étoit le Roi qui s'en retournoit à Paris[3]. S. M., ayant entendu nommer mon nom, tourna la tête et s'arrêta un moment jusqu'à ce que je l'eusse joint. Elle me demanda si j'avois passé à Bruxelles. Je lui répondis que les gens qui étoient en méchant état n'aimoient point à être vus de près, et je lui dis la réponse de M. de Marcin, mais que je n'en savois pas moins le pitoyable état où étoient les Pays-Bas ; qu'en ne laissant que très peu de troupes dans les places, ils n'avoient pu mettre ensemble que six mille hommes. Le Roi ayant cessé de me faire des questions, je repris mon chemin pour aller à Boxtel, où je trouvai M. de Turenne. En arrivant à Arnheim, auprès de Monsieur le Prince, je trouvai que sa blessure étoit en assez bon état : ce

1. Boxtel est un bourg de la province de Nord-Brabant, à quelques lieues au sud de Bois-le-Duc. Louis XIV y campa du 19 au 28 juillet (*Gazette,* p. 788).

2. Charles-Maurice le Tellier, frère de Louvois.

3. Le Roi rentra à Saint-Germain le 1er août.

qui me donna beaucoup de joie ; je n'en eus pas moins de la bonté qu'il eut de me dire que je lui avois fait grand plaisir d'entreprendre ce voyage.

Trois ou quatre jours après, on me vint dire que M. le comte de Montbas demandoit à me voir. Je fus fort surpris, parce qu'on m'avoit dit qu'on l'avoit arrêté prisonnier en Hollande. Il me conta comment il s'étoit sauvé, ayant appris que M. le prince d'Orange lui vouloit faire faire son procès[1]. Monsieur le Prince en ayant rendu compte à la cour, on lui manda qu'il pouvoit demeurer en France tant qu'il voudroit.

S. A. passant à Louvain[2], j'y trouvai M. de Marcin, qui avoit toujours été fort de mes amis, avec qui j'eus de grandes conférences, dans lesquelles il me témoigna qu'il n'étoit pas content ; que les Espagnols étoient d'étranges gens, et que je savois la peine qu'il avoit eue avec le marquis de Castel-Rodrigo. Il est vrai que, celui-ci ne faisant pas payer les appointements de M. de Marcin, il lui parla un jour un peu fortement. M. le marquis de Castel-Rodrigo lui ayant dit qu'il savoit bien qu'on avoit de la peine à trouver de l'argent pour payer les soldats, M. de Marcin trouva la réponse fort mauvaise. Ils en vinrent aux grosses paroles et se séparèrent comme gens brouillés. Aussitôt M. de Marcin me vint voir et conter ce qui se venoit de passer. Je lui dis bonnement qu'il me paroissoit qu'il avoit été un peu brusque ; qu'ils avoient tous

---

1. M. de Montbas se sauva du camp de Bodegrave, où le prince d'Orange l'avait fait arrêter : voir ci-dessus, t. I, p. 219, note 2.

2. Le 7 août (*Gazette*, p. 844). Condé s'était fait porter d'Arnheim à Grave, pour de là gagner Diest et Nivelle (*Gazette*, p. 813).

deux tort, et que je croyois qu'il étoit bon qu'on ne sût point ce qui leur étoit arrivé. Il me dit que je fisse ce que je voudrois là-dessus et qu'il s'en rapporteroit entièrement à moi. J'allai à l'instant trouver M. le marquis de Castel-Rodrigo. Je commençai par lui dire que, M. de Marcin m'ayant conté ce qui s'étoit passé entre eux, je l'avois prié très instamment de n'en parler à qui que ce soit au monde, et que je venois lui faire la même prière; que M. de Marcin étoit bien fâché et m'avoit chargé de lui faire des excuses, s'il lui avoit parlé avec un peu de chaleur; que c'étoit la nécessité dans laquelle il étoit qui avoit pu l'échauffer. Je trouvai M. le marquis de Castel-Rodrigo persuadé qu'il étoit bon que personne ne sût ce qui leur étoit arrivé; mais, sachant bien les besoins de M. de Marcin, je le priai de lui faire donner vingt mille florins : ce qu'il m'accorda. Après quoi, je lui dis que M. de Marcin viendroit le remercier, et que j'estimois qu'il ne falloit point du tout qu'ils se parlassent jamais de ce qui leur étoit arrivé : dont il convint. Je n'eus pas de peine à juger, par tout ce que me disoit M. de Marcin, qu'il auroit souhaité être hors de là et d'en être sorti honnêtement. Cela fit que je lui représentai que, s'il venoit à mourir, son fils[1] seroit bien à plaindre; et insensiblement nous vînmes aux conditions auxquelles il voudroit bien être sorti d'où il étoit. Je lui proposai d'en parler à la cour, aussitôt que je serois arrivé; mais j'ajoutai qu'il falloit que ces sortes d'affaires se finissent tout d'un coup sans négociation, et que je le priois de me dire ses intentions. M'ayant

1. Ferdinand, comte de Marcin, qui devait devenir maréchal de France en 1703.

répondu qu'il s'en remettoit à moi, je lui dis que je tâcherois de lui faire donner au moins cent mille livres d'argent comptant et un établissement pour son fils. Nous convînmes que ce pourroit être une compagnie de gendarmes, qu'on appelleroit les gendarmes de Flandres, qui seroient sur le même pied qu'étoient les autres; que, si je pouvois obtenir cela pour lui, je le lui ferois savoir par un homme exprès; qu'aussitôt après il s'en iroit chez lui, à Modave[1], et envoieroit un gentilhomme à Madrid pour le dégager le mieux qu'il se pourroit d'avec les Espagnols.

Aussitôt que j'en eus fait la proposition à M. de Louvois et à M. Colbert, ils m'en parurent tous deux fort aises et ne doutèrent point que le Roi ne souhaitât de l'avoir, étant regardé comme un très bon général d'armée et le seul que pouvoient avoir les Espagnols. Le Roi étant parti deux jours après pour aller à Compiègne[2], je me souviens que, devant dîner au Bourget et ayant mis pied à terre, il entra dans une écurie pour y faire de l'eau, et, m'ayant aperçu en sortant, il me fit signe de m'approcher, et me dit qu'il seroit fort aise que M. de Marcin se dégageât entièrement d'avec les Espagnols, de la manière dont ces Messieurs lui avoient parlé. Il me demanda à quelles conditions je croyois que cela se pourroit faire. Je lui dis que je pensois que, si S. M. avoit agréable de lui donner quarante mille écus et à son fils une compagnie de gen-

---

1. Seigneurie du pays de Liège. Sur la manière dont cette terre était venue aux Marcin et sur l'origine de cette famille, il faut voir les *Mémoires de Saint-Simon,* éd. Boislisle, t. IX, p. 29-31 et 354-355.
2. Le 1ᵉʳ mai 1673.

darmes, qu'on pourroit appeller gendarmes de Flandres, avec la disposition des bas-officiers, il en seroit content. Le Roi me dit qu'il le vouloit bien, et que je n'avois qu'à le lui faire savoir ; que l'affaire étoit faite, s'il le vouloit, à ces conditions ; et la chose eut toute son exécution[1].

Je demandai à Monsieur le Prince la capitainerie de Saint-Maur[2], où il n'alloit jamais pour lors, sans aucune autre condition. Me l'ayant accordée, avec la jouissance du peu de meubles qui y étoient, Mme de la Fayette[3], après y avoir été se promener, demanda d'y aller passer quelques jours pour prendre l'air. Elle se logea dans le seul appartement qu'il y avoit alors, et s'y trouva si à son aise, qu'elle se proposoit déjà d'en faire sa maison de campagne. De l'autre côté de la maison, il y avoit deux ou trois chambres que je fis abattre dans la suite. Elle trouvoit que j'en avois assez d'une quand j'y voudrois aller, et destina, comme de raison, la plus propre pour M. de la Rochefoucauld, qu'elle souhaitoit qui y allât souvent[4].

1. Les lettres échangées entre Gourville et Louvois les 6, 12, 16 et 24 mai (Dépôt de la guerre, vol. 304, n°s 32 et 117, et vol. 360, n°s 218 et 281) confirment le récit de notre auteur. Malheureusement M. de Marcin père mourut en août 1673, très peu de temps après être rentré au service de Louis XIV.
2. Saint-Maur-des-Fossés, dont le château avait été bâti par Catherine de Médicis, et où Condé s'était retiré pour bouder en 1651.
3. Marie-Madeleine Pioche de la Vergne, mariée depuis 1665 à François, comte de la Fayette. On connaît ses Mémoires, ses œuvres littéraires et sa liaison avec tous les beaux esprits de son temps.
4. Il faut noter ici la discrétion de Gourville, qui ne fait qu'une allusion très discrète aux rapports de son ancien maître avec Mme de

Ayant demandé au concierge de lui faire voir le peu de meubles qu'il y avoit là dans une chambre haute qui servoit d'une espèce de garde-meubles, elle y trouva une grande armoire en forme de cabinet, qui avoit été autrefois fort à la mode et d'un grand prix, avec quelques autres vieilleries qui la pouvoient accommoder. Étant venue faire un tour à Paris, elle pria Monsieur le Duc de lui permettre de les faire descendre dans son appartement : ce qu'il n'eut pas de peine à lui accorder. Ayant découvert une très belle promenade sur le bord de l'eau, qui avoit de l'autre côté un bois, elle en fut si charmée, qu'elle y menoit tous ceux qui l'alloient voir. Il y avoit aussi de belles promenades dans le parc, de manière qu'elle étoit extrêmement contente de l'établissement qu'elle s'étoit fait. Elle avoit inventé, pour les promenades du parc qu'elle faisoit souvent, une chose qui réussissoit fort bien, qui étoit, pour prendre mieux l'air, de faire abattre les vitres du devant et allonger les guides des chevaux, en sorte qu'elles passoient sur le carrosse et que le cocher, étant monté derrière, les guidoit à son gré dans une grande pelouse où étoit la promenade. Mais, sur ce que je dis à quelqu'un que je trouvois son séjour bien long à Saint-Maur, elle m'en fit des reproches, prétendant que cela ne pouvoit qu'être commode pour moi, puisque, quand je voudrois y aller, je serois

la Fayette. Le comte d'Haussonville, dans l'étude critique qu'il a publiée pour la collection des *Grands écrivains français*, a établi que M. de la Fayette, qu'on croyait mort de bonne heure, ne mourut en réalité que trois ans après le duc de la Rochefoucauld, et que, par conséquent, les relations de celui-ci avec la prétendue veuve furent un réel adultère.

assuré d'y trouver compagnie[1]. Finalement, pour pouvoir jouir de Saint-Maur, je fus obligé de faire un traité par écrit avec Monsieur le Prince, par lequel il m'en donnoit la jouissance, ma vie durant, avec douze mille livres de rente, à condition que j'y emploierois jusqu'à deux cent quarante mille livres[2], entre autres choses pour achever un côté du château où il y avoit seulement des murailles élevées jusqu'au second étage. Le devant de la maison étoit une carrière d'où on avoit tiré beaucoup de pierres, et l'on descendoit en carrosse par là pour aller dans la prairie. En trois ou quatre années j'eus mis Saint-Maur en l'état où il est présentement, à la réserve que Monsieur le Duc[3], depuis que je le lui ai remis[4], a fait agrandir le parterre du côté de la plaine. J'avois fait bâtir un grand moulin exprès pour élever des eaux[5], qui m'en donnoit perpétuellement cinquante pouces qui tomboient dans un réservoir que j'avois fait faire à trois cents

1. Mme de Sévigné (*Lettres*, t. III, p. 140, 141 et 209, note) parle des séjours de Mme de la Fayette à Saint-Maur chez Gourville, en 1672 et 1673. Ce fut à Saint-Maur que Gourville réunit ses nombreux amis, que s'engagèrent ces discussions semi-philosophiques dont parle Mme de la Fayette; c'est là aussi que Despréaux lut son *Art poétique* (*Ibidem*, p. 229, 315, 316, 387, etc.).
2. Nous donnons à l'appendice XI l'acte de donation du 15 juillet 1680, tiré du minutier de Me Fontana, notaire à Paris; les termes en sont conformes au récit de Gourville.
3. Louis III de Bourbon, petit-fils du grand Condé.
4. Le 30 juin 1697, Gourville céda à Monsieur le Duc, pour six mille livres de rente viagère, l'usufruit de Saint-Maur (ci-après, appendice XIV).
5. Il eut une contestation à ce sujet, en 1678, avec la présidente Barrillon, et dut lui acheter pour dix mille livres un moulin qu'elle possédait sur la première arche du pont de Saint-Maur (Chantilly, carton relatif à Saint-Maur).

toises de là, dans le lieu le plus élevé, et un autre petit réservoir du côté de la Capitainerie, qui faisoit aller quatre fontaines de ce côté-là, et deux dans le parterre du côté de la rivière. Devant la face du logis, une fontaine qui venoit du grand réservoir, qui étoit fort belle, et le bassin si grand, qu'il servoit de réservoir pour en faire aller une autre au milieu du pré en bas, laquelle étoit environnée d'arbres et jetoit si haut et si gros, qu'on n'en avoit point encore vu de plus belle[1]. Mais je tombai dans l'inconvénient de tous ceux qui veulent accommoder les maisons : j'y ai fait pour près de quatre cent mille livres de dépense, au lieu de deux cent quarante mille livres à quoi je m'étois obligé[2].

Pour revenir à Mme de la Fayette, elle vit bien qu'il n'y avoit pas moyen de conserver plus longtemps sa conquête. Elle l'abandonna ; mais elle ne me l'a jamais pardonné. Elle ne manqua pas de faire tout son possible pour faire trouver cela mauvais à M. de la Rochefoucauld ; mais, comme il lui convenoit que nous ne parussions pas brouillés ensemble, elle étoit

---

1. Ces travaux durèrent longtemps : le 15 décembre 1682, Gourville, en écrivant à Condé, lui parle des conduites qu'il fait faire pour les eaux à Saint-Maur (Chantilly, correspondance).

2. Il y a aux Archives nationales, sous la cote N III Seine 203, un plan très détaillé et très soigné du domaine de Saint-Maur, fait en 1701, c'est-à-dire très peu de temps après que Gourville eut rendu ce domaine à Monsieur le Prince. Il est orné de vues du château et de ses dépendances, et l'emplacement du moulin pour élever l'eau, des réservoirs, des bassins et des jets d'eau y est indiqué. Le registre Q^1 1084 est un inventaire des titres de Saint-Maur ; on trouve aux folios 32, 58 et 59 diverses mentions d'acquisitions de terres faites par Gourville pour les joindre au domaine.

bien aise que j'allasse presque tous les jours passer la soirée chez elle avec M. de la Rochefoucauld. Cela n'empêcha pas néanmoins qu'ayant trouvé une occasion où elle me croyoit faire beaucoup de dépit, elle ne la voulut pas manquer[1].

M. de Langlade[2], qui avoit été connu de M. Foucquet avant moi, et qui, dans la vérité, m'avoit mené pour lui faire ma première révérence, avoit de l'esprit, mais beaucoup plus de présomption et d'envie. Quoique je lui eusse fait faire de bonnes affaires pour plus de cinquante mille écus, il pensoit que je lui en devois toujours beaucoup de reste et qu'il étoit la cause de toute ma fortune : en sorte que, tant qu'il a vécu, il a toujours conservé une jalousie extraordinaire contre moi. Il m'avoit proposé d'épouser sa sœur, et, de bonne foi, j'avois eu envie de lui faire ce plaisir. En allant en Guyenne, j'avois passé en Périgord, chez son père, [qui demeuroit dans le château de Limeuil[3], qui appartient à M. de Bouillon. Mais, comme le château étoit ruiné, la demoiselle logeoit dans un endroit qui avoit autrefois servi d'office. On me la fit voir dans son lit, parée autant qu'on l'avoit pu ; mais, entre autres choses, elle avoit deux pendants d'oreille de crin rouge, quasi gros comme le poing, qui ne faisoient pas un trop bon effet avec son visage, qui étoit pâle et fort brun. Ce spectacle me fit voir que je m'étois engagé un peu légèrement de l'épouser et me fit résoudre à chercher les moyens de ne le pas faire ; et,

1. Ci-après, p. 69 et 71.
2. Ci-dessus, t. I, p. 129.
3. Dordogne, arrondissement de Bergerac, canton de Saint-Alvère.

pour ne pas trop choquer mon ami, je résolus de dire à M. de Langlade, à mon retour, que, ne me sentant aucune inclination pour le mariage, je donnerois trois mille pistoles pour marier sa sœur : ce qu'il reçut tant bien que mal ; mais enfin il crut qu'il étoit toujours bon de prendre les trois mille pistoles, avec quoi elle fut mariée à un gentilhomme du Poitou, et mourut quelque temps après[1].]

J'ai toujours vécu avec lui avec beaucoup de déférence, nous étant connus aux guerres de Bordeaux, où il étoit secrétaire de M. de Bouillon ; mais, quoi que j'aie fait pour reconnoître son amitié, tout ce qui m'arrivoit et qui me donnoit quelque distinction dans le monde lui faisoit beaucoup de peine. Ne pouvant comprendre que, ayant un mérite bien au-dessus du mien, la fortune me fût plus favorable qu'à lui, il souffroit impatiemment de n'avoir quasi de bien que celui que je lui avois procuré. Tant qu'il a cru être regardé dans le monde comme supérieur à moi, notre amitié a été sincère, et l'auroit toujours été, si notre fortune l'avoit mis en état de me faire une partie des plaisirs qu'il étoit obligé de recevoir de moi ; mais il ne put jamais s'accoutumer à voir que le monde fît, pour le moins, autant de cas de moi que de lui. Soit par bonté de

---

1. Tout le passage entre crochets manque dans les mss. de la Bibliothèque nationale et de M. le baron Pichon, mais existe dans le ms. de Chantilly et dans les éditions. Les mss. Bibl. nat. et Pichon ont, à la place, la phrase suivante : « Après l'avoir vue, je pris la résolution de lui donner trois mille pistoles, qui servirent à la marier avec un gentilhomme de Poitou, où elle fut bien établie. » Dans le ms. de M. le baron Pichon, le correcteur a biffé cette phrase tout entière et l'a remplacée par : « qui demeuroit dans le château de Limeuil, qui appartient à M. de Bouillon. »

cœur, ou, pour mieux dire, par sottise ou simplicité, je demeurois toujours dans une grande dépendance, sans même qu'elle me fît autant de peine qu'elle auroit fait à tout autre. Étant fort des amis de Mme de la Fayette, qui croyoit, de son côté, que l'attachement que M. de la Rochefoucauld avoit pour elle, à cause de la grande commodité dont elle lui étoit, m'en devoit rendre beaucoup dépendant, par celui que j'ai toujours conservé pour M. de la Rochefoucauld, ils complotèrent tous deux ensemble de me faire un méchant tour. Comme M. de Langlade satisfaisoit sa vanité, et que Mme de la Fayette y trouvoit un intérêt considérable, cela eut des suites que je suis bien aise d'oublier[1]. Elle présumoit extrêmement de son esprit, et s'étoit proposé de remplir la place de Mme la marquise de Sablé[2], à laquelle tous les jeunes gens avoient accoutumé de rendre de grands devoirs, parce que, après les avoir un peu façonnés, ce leur étoit un titre pour entrer dans le monde. Mais cela ne réussit pas, parce que Mme de la Fayette ne vouloit point donner son temps à une chose si peu utile. Son inclination naturelle l'emportant sur tout le reste, elle passoit ordinairement deux heures de la matinée à entretenir commerce avec tous ceux qui lui pouvoient être bons à quelque chose, et à faire des reproches à ceux qui ne la voyoient pas aussi souvent qu'elle désiroit pour

1. C'est à propos du mariage de M. de la Rocheguyon, petit-fils du duc François VI de la Rochefoucauld, avec la fille de Louvois (ci-après, p. 71).

2. Madeleine de Souvré, restée veuve en 1640 du marquis de Sablé, qu'elle avait épousé en 1614. Elle ne mourut qu'en 1678. Victor Cousin a écrit son histoire, et Tallemant des Réaux lui a consacré une de ses *Historiettes,* t. III, p. 128-156.

les tenir tous sous sa main et voir à quel usage elle les pouvoit mettre chaque jour. Elle eut une recrue[1] à faire pour son fils[2] et en parla à plusieurs personnes pour lui trouver des hommes, et surtout à bon marché. Elle me conta un jour que, ayant employé un maître des comptes à cet usage, il lui avoit fait effectivement quinze bons hommes : ce qui me fit fort rire. Avec tout cela, elle paroissoit avoir beaucoup de vanité, mais sans mépriser les petits profits. Elle avoit trouvé moyen de s'attirer quelques gens qui avoient des affaires chez Monsieur le Prince. Elle m'en fit faire deux[3] qui purent lui valoir quelque chose; mais je la priai de n'en plus écouter, et je l'assurai que je n'en ferois pas davantage. M. de Langlade, s'étant trouvé à la maison qu'il avoit achetée en Poitou[4] et ayant appris que M. de Louvois devoit passer tout contre, en revenant d'un voyage qu'il avoit fait en Guyenne, pour faire connoître sa faveur à ses voisins, les avoit avertis que M. de Louvois passoit chez lui, où il lui avoit préparé de quoi faire bonne chère. Il alla dans une chaise à une poste de son voisinage pour l'entretenir un peu et l'inviter à passer à sa maison; mais, celui-ci l'ayant remercié un peu brusquement, ne songeant qu'à la diligence qu'il avoit à faire, M. de Langlade le voulut suivre encore une poste. Ayant trouvé M. de Louvois déjà monté dans sa chaise, celui-ci lui

1. « Levée de gens de guerre pour remplacer les cavaliers ou les soldats qui manquent dans une compagnie, dans un régiment » (*Académie*, 1718).
2. René-Armand, second fils; l'aîné était dans les ordres. Il fut tué à Landau en 1694, étant brigadier d'infanterie.
3. Deux affaires.
4. Ci-dessus, t. I, p. 200.

fit signe de son chapeau et lui dit : « Adieu, M. de Langlade. » Ce pauvre homme fut si touché de n'avoir pas mieux réussi, qu'il tomba malade et mourut peu de jours après[1]. Cela donna lieu à M. de Tréville[2] de dire un bon mot là-dessus, [disant que M. de la Rochefoucauld et M. de Langlade s'étoient tués d'un coup fourré[3], parce que, à la mort de M. de la Rochefoucauld, on avoit dit qu'il avoit été fort touché de s'être aperçu que M. de Langlade, aidé de Mme de la Fayette, l'avoit obligé d'entrer dans la mortification qu'on m'avoit voulu donner sur le mariage de M. de la Rocheguyon avec Mlle de Louvois[4].]

1. C'est vers le milieu de juin 1680 que Louvois, parti le 9 mai pour aller prendre les eaux de Barèges, en passant par Lyon, Avignon et Perpignan, regagna Paris par la Guyenne et le Poitou. Il s'arrêta même une nuit à Gourville, où notre auteur lui avait offert l'hospitalité (C. Rousset, *Histoire de Louvois*, t. III, p. 513-528). C'est sans doute à cette époque qu'arriva à Langlade le désagrément dont parle Gourville. Mais il n'en mourut pas « quelques jours après. » Mme de Sévigné raconte (*Lettres*, t. VII, p. 77) qu'il eut une espèce d'attaque dans le courant de septembre ; mais sa mort n'arriva qu'en décembre.
2. Toutes les éditions, depuis celle de 1782, ont imprimé *Reuville*. — Henri-Joseph de Peyre, comte de Troisville ou Tréville, gouverneur du pays de Foix et colonel d'infanterie, s'était mis dans la dévotion depuis la mort de Mme Henriette (1670) ; il ne mourut qu'en 1708.
3. Au figuré, ce sont « les mauvais offices que deux personnes se rendent mutuellement et en même temps » (*Académie*, 1718).
4. Tout le passage mis entre crochets n'existe pas dans les mss. de la Bibliothèque nationale et de M. le baron Pichon et est remplacé par : « que je veux encore oublier. » Le correcteur du ms. Pichon a biffé ces cinq mots et mis en interligne : « disant que M. de la Rochefoucauld et M. de Langlade s'étoient tués d'un coup fourré ; » mais il n'a pas donné la suite, qui ne se trouve que dans le ms. de Chantilly et dans les éditions. — Le mariage de M. de la Rocheguyon avait eu lieu le 23 novembre 1679, et ce

M. Foucquet, ayant été, quelque temps après, mis en liberté[1], sut la manière dont j'en avois usé avec madame sa femme, à laquelle j'avois prêté jusqu'à cent mille livres pour sa subsistance, son procès, et même pour gagner quelques juges, comme on lui avoit fait espérer. Après m'avoir écrit pour m'en remercier, il manda à M. le président de Maupeou, qui étoit de ses parents et de mes amis[2], de me proposer, en

fut le 17 mars suivant que mourut le duc François VI de la Rochefoucauld. Gourville anticipe sur les événements, afin de ne pas revenir sur Langlade. A la mort du duc, le bruit courut en effet qu'il avait laissé un écrit dans lequel il exprimait ses regrets de n'avoir point fait négocier par Gourville le mariage de son petit-fils, parce qu'il y avait été trompé (*Lettres de M*^{me} *de Sévigné*, t. VI, p. 328 et 475, et recueil Capmas, t. II, p. 156).

1. C'est-à-dire quelque temps après la mort du duc de la Rochefoucauld. — Ce passage de Gourville a fortement excité la sagacité de tous les historiens du surintendant. Selon Bussy-Rabutin (*Lettres*, t. V, p. 92), Foucquet mourut, le 23 mars 1680, au moment où il venait de recevoir l'autorisation de se rendre, pour sa santé, aux eaux de Bourbon. Cette permission était un pas capital vers la liberté; les amis du surintendant l'interprétèrent ainsi, et c'est à cela que Gourville fait allusion en disant que Foucquet fut « mis en liberté. » Voltaire (*Siècle de Louis XIV*, chap. xxv) dit que la comtesse de Vaux lui affirma que Foucquet fut libéré avant sa mort; mais c'est là une assertion non justifiée. On peut voir sur ce sujet les *Notes sur Foucquet* de M. Chéruel, t. II, p. 463. On a reproché à Gourville d'avoir placé ce fait en 1672. C'est une simple apparence : Gourville, qui, pour ne pas revenir sur Langlade, venait de raconter sa mort et celle de M. de la Rochefoucauld, arrivées en 1680, se rappelle que, vers la même époque, Foucquet, mort aussi en 1680, lui avait écrit pour le remercier de ce qu'il avait fait pour Mme Foucquet. Ce n'est qu'une digression anticipée. Voir ci-dessus notre Introduction, t. I, p. cxv.

2. René de Maupeou, conseiller au Grand Conseil en 1635, président aux enquêtes en 1657, mort en 1694, était cousin issu de germain de Foucquet par la mère de celui-ci, Marie de Maupeou.

cas que mes affaires fussent en aussi bon état qu'on lui avoit dit, de vouloir bien faire don à M. de Vaux, son fils[1], de cent et tant de mille livres qui pouvoient m'être dues : ce que je fis très volontiers, et j'en passai un acte devant notaires[2].

En arrivant à la Fère, environ la fin de septembre 1673[3], M. de Louvois me chargea d'aller trouver Monsieur le Prince et Monsieur le Duc à Tournay, pour leur demander de la part du Roi leur avis sur la nécessité où S. M. croyoit être d'abandonner toutes les places que l'on tenoit en Hollande[4]. Il me demanda ce que j'en pensois, et fort brusquement je lui dis que je croyois qu'il en falloit faire sauter toutes les fortifications et les mettre en état qu'elles ne puissent être rétablies de longtemps, et sans une grande dépense,

---

1. Louis-Nicolas Foucquet, comte de Vaux, gendre de Mme Guyon, mort en 1705.
2. Ce fut seulement quelques années après la mort de Foucquet que Gourville fit cette générosité à son fils. Par un premier acte du 1er avril 1685 (Arch. nat., Y 247, fol. 216), il céda au comte de Vaux cinq billets souscrits en sa faveur par Mme Foucquet, entre décembre 1661 et août 1662, et montant à 86,000 livres. Par un autre acte du 25 juin 1686, il lui remettait encore un autre billet de 15,000 livres souscrit par la même le 8 novembre 1669 (Y 250, fol. 35).
3. Gourville reprend, par ordre chronologique, son récit interrompu par la série de digressions s'enchaînant l'une l'autre, dont le point de départ a été la donation que Monsieur le Prince lui fit de Saint-Maur.
4. Il est question de ce voyage de Gourville à l'armée de Monsieur le Prince dans les registres de correspondance à Chantilly (lettres des 4 et 30 septembre et 20 octobre 1673), et dans les volumes du Dépôt de la guerre (vol. 307, n° 249, et vol. 312, n°s 233, 266 et 270 : lettres de Gourville et de Louvois des 16 et 18 octobre) et dans les *Lettres de Mme de Sévigné* (t. III, p. 262), qui dit que Boileau l'accompagna.

qui mettroit les Hollandois hors d'état de secourir les Pays-Bas, si le Roi jugeoit à propos de les attaquer et de les prendre, comme il me sembloit qu'il étoit fort facile, puisqu'ils n'avoient presque point de troupes. En arrivant à Tournay auprès de Monsieur le Prince et de Monsieur le Duc, je n'en fus pas trop bien reçu, parce que M. de Louvois leur avoit mandé qu'il les prieroit au premier jour de prendre un rendez-vous où il les pût entretenir de la part de S. M. : ce qu'ils auroient mieux aimé que de m'y voir venir de la sienne. Monsieur le Duc fut d'avis de me garder, parce que la saison étoit bien avancée et qu'ils s'en retourneroient bientôt à Paris. J'y fus assez malade, mais cela ne dura pas[1].

Environ le mois de juin 1674, Monsieur le Prince me manda de l'aller trouver au Piéton[2], proche Charleroy[3]. Quelques jours après mon arrivée, on apprit que M. le prince d'Orange marchoit avec une armée nombreuse de plus d'un tiers que celle qu'avoit Monsieur le Prince. Elle étoit composée d'un grand corps d'Allemands commandés par M. de Souches[4], de l'ar-

---

1. Gourville eut un dérangement d'entrailles et une fièvre doubletierce (Dépôt de la guerre, vol. 307, n° 431, et vol. 312, n°s 266 et 291). Le maréchal de Bellefont fut envoyé pour remplacer Condé à la tête des troupes, et les princes revinrent, avec Gourville, le 16 novembre (Dépôt de la guerre, vol. 308, n° 38; *Gazette*, p. 1108; *Lettres de M*me *de Sévigné*, t. III, p. 277).

2. En Hainaut, à 14 kil. O. de Charleroi.

3. Dépôt de la guerre, vol. 399, n° 156, et vol. 400, n° 3.

4. Louis Rattuit, comte de Souches, d'une famille originaire de la Rochelle, servit d'abord en Suède, puis en Allemagne. Sa défense de Brin contre les Suédois, en 1645, commença sa réputation. Nommé maréchal de camp général, il eut, en 1664, la conduite d'une armée contre les Turcs, et commanda, en 1674, le

mée de Flandre commandée par M. de Monterey, avec celle des Hollandois, M. le comte de Waldeck étant à la tête. Monsieur le Prince se résolut de les attendre dans son camp, persuadé qu'ils n'oseroient l'attaquer. En effet, ils se vinrent poster à deux petites lieues. Le lendemain, à la pointe du jour, Monsieur le Prince monta à cheval et s'en alla sur une hauteur pour observer leur décampement : ce qu'ayant su, je me levai aussitôt pour l'aller joindre. En arrivant, il me dit qu'il jugeoit, par la marche que les ennemis commençoient à faire[1], qu'il battroit au moins leur arrière-garde, et qu'il avoit envoyé ordre à l'armée de marcher.

Je m'amusois à regarder un nombre de femmes qui se mettoient dans dix ou douze carrosses qui étoient en bas; il y avoit aussi une hauteur assez proche où les ennemis avoient posté des mousquetaires pour tirer à l'endroit où étoit Monsieur le Prince. Une balle perça ma culotte : ce qui me fit prendre le parti de m'en aller à couvert d'une grange qui étoit là auprès, où je trouvai deux jeunes hommes très braves et de bonne réputation qui en sortirent, aussitôt qu'ils me virent, pour s'avancer d'où je venois ; et moi j'y demeurai.

Un moment après, Monsieur le Prince, ayant considéré longtemps la marche des ennemis, résolut de les attaquer[2]. Il aperçut qu'il y avoit un bois

contingent allemand dans la campagne de Flandre. Il mourut en 1682, conseiller au conseil de guerre de l'Empire et chargé du commandement des frontières d'Esclavonie.

1. L'édition de 1782 et les suivantes ont imprimé ici : *fuir*, ce qui, en demandant une ponctuation différente, changeait absolument le sens du passage.

2. Sur la bataille de Seneffe, on peut consulter la *Gazette*,

proche du lieu par où il vouloit commencer, et, considérant que, s'il y avoit des troupes derrière ce bois, elles pourroient le charger en flanc, il prit le parti de s'en éclaircir. Je me souviens que MM. de Navailles[1], de Luxembourg[2], de Rochefort[3], ses lieutenants généraux, étoient auprès de lui, et qu'il leur donnoit ses ordres avec un peu de chaleur; mais, quand il fut à portée de s'éclaircir s'il y avoit quelques troupes derrière le bois, il dit à ces Messieurs qu'il s'y en alloit pour s'assurer de la chose. Tous s'offrirent d'y aller pour lui en rendre compte. Il se mit un peu en colère, et les pria de le laisser faire. Chacun s'arrêta. Il y alla seul au petit galop, laissant ce bois de deux ou trois cents pas à gauche, et, lorsqu'il fut par delà et qu'il fut assuré qu'il n'y avoit aucunes troupes, il s'en vint bien plus vite qu'il n'étoit allé. En approchant ces Messieurs, il poussa encore son cheval et leur dit en riant : « Il n'y a qu'à les charger pour les battre; » et, apparemment, ayant songé qu'il s'étoit un peu mis en colère, et peut-être un peu hors de propos, il acheva de leur donner ses ordres avec beaucoup de douceur.

Il s'alla mettre à la tête du régiment de la Reine,

Extraordinaire, p. 907-923, les *Mémoires de Villars*, t. I, p. 18-23, ceux de La Fare, p. 274-276, et le récit de M. le duc d'Aumale, dans le tome VII de son *Histoire des princes de Condé*.

1. Philippe de Montault, comte, puis duc de Navailles, maréchal de France en 1675. — L'édition de 1782 et les suivantes ont imprimé *Noailles* au lieu de *Navailles*.

2. François-Henri de Montmorency-Bouteville, duc de Piney-Luxembourg depuis 1662, maréchal de France dans la même promotion.

3. Henri-Louis d'Aloigny, marquis de Rochefort, alors lieutenant général et capitaine des gardes du corps, maréchal de France en même temps que les deux précédents, mort en 1676.

et, donnant l'ordre de charger, il tira son épée du fourreau, qui étoit attachée d'un ruban qu'il avoit passé dans son bras. J'eus peur qu'elle ne le blessât, parce qu'il n'avoit que des bas de soie. Dans ce moment, on commença à charger les ennemis. Je vis aussitôt revenir M. le comte de Rochefort, qui étoit blessé[1], et, en avançant, je vis M. du Montal[2] qu'on portoit, qui avoit reçu un coup de mousquet à la jambe[3], beaucoup d'autres officiers qui étoient déjà hors de combat, et un très grand nombre de morts ou de mourants. Je fis réflexion que, s'il m'arrivoit quelque accident, cela ne m'attireroit que des railleries.

Le régiment de Nassau, qui avoit été forcé là, s'étoit jeté dans l'église de Seneffe. M. de la Cardonnière[4], avec une troupe de gardes, ayant fait ouvrir la porte de l'église, leur promit qu'ils auroient bon quartier. Il me demanda si je voulois qu'il me laissât vingt gardes pour les conduire au camp, voulant aller rejoindre Monsieur le Prince avec sa troupe. Je pris cela pour un commandement, et je me chargeai volontiers des prisonniers, au nombre de deux cents, où étoit un

1. *Gazette*, p. 905.
2. Charles de Montsaulnin, comte du Montal, s'était attaché à la fortune de Condé et ne rentra en France qu'avec lui. Il s'était illustré, en 1672, par son admirable défense de Charleroy, dont il était gouverneur. En 1676, il fut nommé lieutenant général. Louis XIV l'employa toujours avec distinction, sans toutefois lui donner le bâton.
3. *Gazette*, p. 905 et 972.
4. Balthasar, marquis de la Cardonnière, enseigne des gardes de Mazarin en 1648, lieutenant en 1649, était maréchal de camp depuis 1652; il devint lieutenant général en 1676, mestre de camp général de la cavalerie légère en 1677, et mourut en 1679.

prince de Nassau fort blessé[1] et quatre ou cinq autres officiers que les soldats mirent sur des échelles pour les emporter. Je me mis en marche pour les mener au château de Trésignies[2]. Deux de ces pauvres officiers, à ce que me dirent les soldats, étoient morts et furent laissés à côté du chemin sur les échelles.

J'entendois des décharges si furieuses, que cela me faisoit frémir et me persuadoit que j'avois pris le bon parti. Je menai mes prisonniers et les mis dans une grange. De temps en temps il passoit des gens blessés qui s'en retournoient au camp. M. le marquis de Villeroy, depuis maréchal de France[3], qui avoit été blessé[4], me dit qu'il eût été à désirer que Monsieur le Prince se fût contenté d'avoir battu l'arrière-garde. Sur le soir, M. le chevalier de Fourilles[5] me dit qu'il se croyoit blessé à mort, mais qu'il étoit ravi de s'être trouvé une fois avec Monsieur le Prince, et, en jurant, m'exagéroit sa valeur, et me dit que, s'il n'étoit pas tué, il achèveroit de défaire entièrement les ennemis. Beau-

---

1. Georges-Frédéric, de la branche de Siegen, gouverneur de Berg-op-Zoom et mestre de camp de la cavalerie hollandaise; il mourut des suites de sa blessure.

2. Où Condé avait appuyé son centre (*Mémoires de la Fare*, p. 274).

3. François de Neufville, marquis, puis duc de Villeroy, n'avait alors que trente ans et n'était que maréchal de camp; il ne reçut le bâton qu'en 1693.

4. Au pied (*Gazette*, p. 905).

5. Jean-Jacques de Chaumejan, chevalier de Fourilles, était lieutenant général et mestre de camp général de la cavalerie légère (*Gazette*, p. 903 et 959). Il mourut de ses blessures. Louvois avait trouvé en lui un précieux auxiliaire lorsqu'il avait entrepris la réforme de la cavalerie (C. Rousset, *Histoire de Louvois*, t. I, p. 211).

coup d'autres personnes passoient, qui me parloient tous également de la valeur de Monsieur le Prince ; et, à mesure qu'on faisoit des prisonniers, on me les amenoit. Un officier françois demanda à me parler et me pria de le faire sortir, parce qu'il avoit été condamné à mort à Paris pour l'enlèvement d'une fille ; je le menai à la porte, et lui dis de se sauver comme il pourroit. Parmi les prisonniers qu'on m'amenoit, j'en trouvois de ma connoissance, et beaucoup de gens de qualité qui avoient été pris, que je mis dans une chambre à part ; du nombre desquels étoient M. le prince de Salm, beau-frère de Monsieur le Duc[1], M. le duc de Holstein, lieutenant général de la cavalerie des Pays-Bas[2], et M. le comte de Solms, parent de M. le prince d'Orange[3].

J'étois dans une grande inquiétude. Enfin, ne pouvant dormir, je montai à cheval une heure devant le jour, résolu, à quelque prix que ce fût, de rejoindre Monsieur le Prince. Je le trouvai à une lieue du camp, qui s'en revenoit dans sa calèche. A peine pouvoit-il parler ; il ne laissa pas de me dire que, si les Suisses avoient voulu marcher en avant, il auroit achevé de défaire toute l'armée des ennemis[4]. Aussitôt qu'il fut

1. Charles-Théodore-Othon, qui avait épousé en 1671 Louise-Marie, princesse palatine, sœur aînée de Madame la Duchesse.

2. Joachim-Ernest II, de la branche de Redswich, était entré au service des Espagnols et devint général de leur cavalerie aux Pays-Bas, puis amiral d'Ostende, général de l'infanterie et chevalier de la Toison d'or.

3. Frédéric-Magnus, colonel des gardes du prince d'Orange. Sa grand'mère paternelle était une Nassau-Dillenbourg.

4. La Fare (*Mémoires*, p. 275) dit aussi que les Suisses refusèrent de marcher.

arrivé, il dépêcha M. le comte de Briord, qui avoit vu toute l'affaire, pour en rendre compte au Roi[1].

Monsieur le Prince avoit très souvent trouvé bon que, quelque temps après qu'il s'étoit fâché, je lui parlasse des petits mouvements de colère qu'il avoit eus. Le lendemain, le voulant faire ressouvenir de ce qui s'étoit passé, il me dit qu'il étoit vrai qu'il s'étoit un peu échauffé contre ces Messieurs; mais que, quand il s'agissoit de s'éclaircir d'une chose d'une aussi grande conséquence que pouvoit être celle-là, il ne s'en vouloit fier à personne. Je crois pourtant que c'étoit une raison qu'il se donnoit à lui-même pour excuser son petit mouvement de colère. Il savoit bien qu'il y étoit sujet[2]; mais, comme dans le moment il eût bien voulu que cela n'eût pas été, ceux qui ne s'en scandalisoient pas lui faisoient un grand plaisir. J'ai ouï dire à M. de Palluau, depuis maréchal de Clérambault[3], qu'un jour Monsieur le Prince lui avoit parlé avec beaucoup de colère, et qu'étant prêts de monter à cheval, on avoit donné une casaque à Monsieur le Prince, qui s'approcha de M. de Palluau et lui dit : « Je te prie de me boutonner ma casaque. » Celui-ci répondit : « Je vois bien que vous avez envie de vous raccommoder avec moi. Allons, j'y consens; soyons bons amis; » que Monsieur le Prince en avoit fort ri, et que cela lui avoit fait grand plaisir.

Il se trouva[4] qu'il y avoit plus de trois mille pri-

---

1. Gabriel, comte de Briord, plus tard ambassadeur à Turin et à la Haye. Il arriva le 16 août à Versailles (*Gazette*, p. 906).

2. Les *Mémoires de La Fare*, p. 275, disent que Condé était furieux de son naturel.

3. Ci-dessus, t. I, p. 169.

4. Les détails qui vont suivre sont confirmés par une lettre de

sonniers et cent ou six-vingts drapeaux ou étendards, que Monsieur le Prince fit mettre dans des paniers, et m'ordonna de les mettre derrière mon carrosse pour les présenter à S. M.[1]. Dix ou douze des principaux officiers prisonniers voulurent venir avec moi; j'en mis trois dans mon carrosse, et les autres sur des chevaux. Lorsque nous fûmes arrivés à Reims, M. le duc d'Holstein me dit que M. le comte de Waldeck, en lui parlant des progrès qu'alloit faire cette grande armée, lui avoit promis qu'il lui feroit boire du vin de Champagne, mais qu'apparemment il ne l'avoit pas entendu de la façon qu'il en buvoit. M. de Louvois envoya au-devant de moi pour me dire d'aller tout droit parler au Roi[2]. S. M. me fit une infinité de questions, et assurément cela dura plus d'une grosse heure. Tous les étendards et drapeaux que j'avois rapportés furent placés dans Notre-Dame le jour du *Te Deum*[3].

Environ[4] le mois de juin 1675[5], M. de Turenne ayant été tué en Allemagne, le Roi donna ses ordres à Monsieur le Prince pour y aller. Il laissa le commandement de l'armée de Flandre à M. de Luxembourg, et je reçus un ordre de S. A. pour me trouver à Châlons à son passage. Il étoit accompagné de M. de la

---

Monsieur le Prince à Louvois du 14 août (Dépôt de la guerre, vol. 400, n° 72) et par une autre de Gourville au ministre (ibid., n° 68), que nous donnons à l'appendice X.

1. *Gazette*, p. 932.
2. Lettre de Louvois, 15 août (Dépôt de la guerre, vol. 381, n° 162).
3. *Gazette*, p. 933.
4. Tous les manuscrits et l'édition de 1724 placent ce qui regarde l'année 1675 à la fin du chapitre précédent, avant le récit de la guerre de Hollande. C'est évidemment une erreur. L'édition de 1782 avait rétabli l'ordre chronologique, que nous adoptons.
5. Le 27 juillet.

Feuillade[1] et de quelques autres officiers. Il y reçut la nouvelle que M. le maréchal de Créquy, qui commandoit une armée du côté de Trèves, avoit perdu une bataille contre MM. les ducs de Zell et d'Hanovre, et que son armée avoit été mise entièrement en déroute[2]. Cela donna une grande alarme que ces troupes n'allassent en Allemagne joindre M. de Montecuculli[3]. Je dis à S. A., avec quelque sorte d'assurance, que cela ne seroit point, parce que, ces Messieurs ayant fait un traité pour essayer de prendre la ville de Trèves, il en faudroit un autre pour les faire aller à l'armée d'Allemagne ; de plus, j'étois persuadé qu'ils ne voudroient point obéir à M. de Montecuculli, ni lui envoyer leurs troupes sans un nouveau traité. Cela soulagea un peu l'inquiétude de Monsieur le Prince, trouvant quelque raison à ce que je lui disois.

M. le maréchal de Créquy, ne sachant quel parti prendre, se détermina à s'aller jeter dans Trèves, où il fut pris avec la ville[4]. MM. de Brunswick lui permirent, pour quelques mois, de venir en France, à la charge ensuite de se rendre auprès d'eux[5]. Le temps

---

1. François III d'Aubusson, duc de la Feuillade en 1666, maréchal de France en 1675, mort en 1691.

2. François, marquis de Créquy, qui avait épousé la fille de Mme du Plessis-Bellière (ci-dessus, t. I, p. 157), était maréchal de France depuis 1668. — Le 11 août 1675, il fut battu à Consarbrück par les Impériaux (*Gazette*, p. 635-636).

3. Raymond de Montecuculli (1608-1680), cousin du général de la guerre de Trente ans, était feld-maréchal des armées impériales et luttait contre Turenne depuis 1672.

4. La tranchée avait été ouverte le 13 août; le ville fut rendue par trahison le 6 septembre. M. de Créquy refusa de signer la capitulation et fut emmené comme prisonnier de guerre (*Gazette*, p. 648, 649, 665 et 689).

5. Gourville, après avoir été autorisé par Louvois, avait écrit

fini, M. le maréchal de Créquy ne pouvoit s'y résoudre. Il avoit obtenu de Madame[1] d'écrire à Mme la duchesse d'Hanovre, auprès de laquelle elle avoit été élevée pendant quelque temps, et pour qui elle conservoit toujours une grande amitié[2]. Ces Messieurs firent répondre par Mme d'Hanovre qu'ils supplioient Madame de trouver bon qu'ils ne fissent aucunes conventions avec le maréchal de Créquy, qu'il n'eût auparavant exécuté les assurances qu'il leur avoit données de se rendre auprès d'eux. M. le maréchal de Créquy, pour tâcher de l'éviter, pria ou fit prier Mme du Plessis-Guénegaud de faire en sorte que je voulusse bien me mêler de cette affaire. Il y avoit quelques années que je n'avois pas eu l'honneur de le voir, à cause d'un procès que nous avions eu pour de l'argent que je lui avois prêté avant que M. Foucquet fût arrêté, et que M. d'Ormesson, que nous avions pris pour arbitre, avoit jugé fort extraordinairement, à mon avis. Mme du Plessis m'en ayant parlé et dit ce qui pouvoit raisonnablement me faire entrer dans cette affaire, j'écrivis à MM. les ducs de Zell et d'Hanovre de vouloir bien se contenter de cinquante mille livres pour sa rançon. Aussitôt après, ils m'envoyèrent un ordre pour le mettre en liberté, et M. le maréchal de Créquy, ayant fait payer cette somme, se trouva libre : dont il me fit de grands remerciements et de belles protestations. Il m'a toujours depuis témoigné beaucoup d'amitié, et il se sentit d'autant plus obligé que M. le maréchal de la

au duc de Brunswick pour lui demander cette faveur, et Madame la Duchesse s'en était également mêlée (Chantilly, correspondance, lettres des 18 septembre et 21 octobre 1675).

1. Élisabeth-Charlotte de Bavière, seconde femme de Monsieur.
2. Sophie de Bavière, tante de Madame; ci-dessus, t. I, p. 239.

Ferté[1], qui avoit été pris au secours de Valenciennes, avoit payé cent mille francs pour sa rançon[2].

Environ le commencement de septembre 1676, je fis un voyage en Angoumois avec M. de la Rochefoucauld[3], M. le marquis de Sillery et M. l'abbé de Quinçay[4]. Comme il y avoit du temps que M. de la Rochefoucauld n'avoit été en ce pays-là, il fut visité d'un grand nombre de noblesse des provinces voisines, et, après avoir été quelques jours à Verteuil, il alla faire une pêche dans la Charente, du côté de Montignac[5], où l'on prit plus de cinquante belles carpes, dont la moindre avoit plus de deux pieds. J'en fis porter une bonne partie à la Rochefoucauld, où ces Messieurs allèrent coucher; et, comme j'en étois encore capitaine, je me chargeai d'en faire les honneurs. On servit quatre tables pour le souper; mais, le lendemain, il en fallut bien davantage pour ceux qui venoient faire leur cour à M. de la Rochefoucauld. J'y avois fait faire de grandes provisions, et surtout d'aussi bon vin qu'il y en pouvoit avoir. Il n'y eut qu'un jour de séjour.

1. Ci-dessus, t. I, p. 129.

2. En 1656. M. le duc d'Aumale (*Histoire des princes de Condé*, t. VI, p. 441, note), d'après des documents des archives de Chantilly, dit que sa rançon ne fut que de 80,000 livres.

3. C'est-à-dire avec le prince de Marcillac, qui ne devint duc de la Rochefoucauld que quatre ans plus tard, après la mort de son père. Le duc François VI était trop impotent pour voyager (ci-dessus, t. I, p. 261). M. de Marcillac, dit Mme de Sévigné, promena Gourville « comme un fleuve par toutes ses terres pour y apporter la graisse et la fertilité » (*Lettres,* t. V, p. 52 et 90). Le voyage dura un mois.

4. Armand de Quinçay, abbé de Nanteuil-en-Vallée, diocèse de Poitiers, et de la Bussière, diocèse d'Autun. Il mourut en 1686, et Gourville fut son exécuteur testamentaire.

5. Sur la Charente, à quelques lieues en amont d'Angoulême.

Je ne sais pas si on me grossit les parties[1] que l'on en fit; mais je sais bien qu'elles se montoient à plus de huit cents livres.

En retournant à Paris, M. de la Rochefoucauld passa à Bâville[2], où j'étois seul avec lui. M. le premier président de Lamoignon, un des premiers hommes du monde, outre ses grandes et merveilleuses qualités, avoit celle d'être fort aisé à vivre et d'un gracieux commerce; MM. de Lamoignon[3] et de Bâville[4], ses fils, étoient de mes plus intimes et plus particuliers amis. Je les priai de me chercher une maison que je pusse acheter dans leur voisinage. Mais, après l'ouverture du Parlement, Monsieur le Premier Président mourut[5] : dont je sentis une cruelle affliction. M. de Bâville songeoit, en ce temps-là, à faire une maison à Courson[6], qui est tout contre Bâville; et, après en avoir fait faire le devis, il trouva qu'il falloit quarante mille livres; c'étoit la raison qui l'avoit empêché de la commencer. Je lui proposai que, au lieu d'acheter une maison dans le voisinage, comme j'en avois envie, il

---

1. Articles d'un compte (*Académie*, 1718).
2. Cette terre, dont le nom existe à peine aujourd'hui, était située sur la commune actuelle de Saint-Chéron, près Dourdan (Seine-et-Oise). Elle fut érigée en marquisat en faveur de Guillaume de Lamoignon par lettres de décembre 1670 (Arch. nat., X¹ᵃ 8668, fol. 288).
3. Chrétien-François, président au Parlement, membre de l'Académie des inscriptions et médailles, né en 1644, mort en 1709. Une lettre de Gourville à lui adressée a passé, le 7 mars 1881, dans le catalogue de la vente Chambry, n° 271.
4. Nicolas de Lamoignon, marquis de Bâville (1648-1724), le célèbre intendant, ou plutôt roi du Languedoc, dit Saint-Simon.
5. L'année suivante, 10 décembre 1677 (*Gazette*, p. 952).
6. Courson-Launay, Seine-et-Oise, canton de Limours, érigé en comté en décembre 1670 (Arch. nat., X¹ᵃ 8668, fol. 292).

pouvoit me faire un beau logement dans la sienne, et que j'avancerois les quarante mille livres dont il avoit besoin pour la bâtir, à condition que, du jour que je les aurois achevé de payer, lui et Mme de Bâville[1] s'obligeroient de me donner tous les ans, pendant vingt ans, deux mille francs à la fin de chaque année, et qu'au bout des vingt ans qu'ils m'en auroient proprement payé la rente, le principal leur demeureroit. La maison fut bâtie; j'y logeai deux fois, et trouvai que j'avois un beau et commode appartement; je fus payé avec une grande exactitude jusqu'à la fin des vingt ans, que je rendis l'obligation.

Quelque temps avant la mort de M. de Lionne[2], M. Colbert me dit qu'il avoit pensé d'unir à sa charge de secrétaire d'État de la Maison du roi la Marine, qui jusque-là avoit été du département des Étrangers qu'avoit M. de Lionne. Il me pria de lui en parler[3]. L'ayant trouvé disposé à entendre la proposition, je

1. Anne-Louise Bonnin de Chalusset, mariée en avril 1672.
2. Gourville revient en arrière, puisque Lionne mourut le 1er septembre 1671.
3. Colbert dirigeait la marine depuis 1666 (lettres patentes du 31 décembre 1665); mais, comme il n'était pas secrétaire d'État, c'était Lionne qui contresignait les lettres et ordres du Roi. Quand Colbert, en février 1669, eut acheté la charge de M. du Plessis-Guénegaud, Lionne conserva cependant la signature. Mais, dès le 7 mars suivant, le Roi rendit un règlement (*Lettres de Colbert*, t. III, p. 104-105) qui rattachait la marine au département de Colbert et l'enlevait à celui de Lionne. Celui-ci recevait en échange l'administration du Berry, de la Navarre, du Béarn et de la Bigorre, retirée à Colbert; de plus, ses appointements étaient augmentés de quatre mille livres, et le trésor royal payait à M. de Berny, fils et survivancier de Lionne, la somme de cent mille livres. Il n'est pas question naturellement dans ce règlement des conventions particulières que les deux ministres avaient pu faire entre eux.

les fis convenir à deux cent mille livres. C'est depuis ce temps-là que notre marine a été bien augmentée. M. Colbert fit l'établissement de Rochefort[1], qui coûta beaucoup d'argent, et, ayant pensé qu'il étoit avantageux au Roi d'avoir beaucoup de vaisseaux, il en fit acheter et construire une grande quantité[2].

Chapitre XVII.

Le Roi m'envoie en Allemagne pour tâcher de rompre l'assemblée qui se devoit faire à Humelen, ou de m'y trouver. J'eus une grande conversation avec M. le prince d'Orange à la Haye, dont je rendis compte au Roi par une lettre qui est ici transcrite. M. le duc d'Hanovre, au lieu d'aller à l'assemblée, s'en va à Wiesbaden, pour prendre des eaux, où je l'accompagne.

Au mois de mars 1681, le Roi trouva bon de m'envoyer en Allemagne auprès de MM. les ducs de Zell et d'Hanovre[3], pour tâcher de rompre une assemblée qui devoit se faire à Humelen[4], dans le pays de Münster, que l'on disoit devoir durer un mois, et où M. le prince d'Orange devoit se trouver, et, en cas qu'elle s'y fît, d'y aller avec MM. de Brunswick, pour rendre compte

1. P. Clément, *Histoire de Colbert*, t. I, p. 416-418.
2. *Ibid.*, chap. xv à xviii.
3. Le duc de Zell était toujours Georges-Guillaume de Brunswick (ci-dessus, t. I, p. 216) ; mais le duc de Hanovre Jean-Frédéric (ibid., p. 218) était mort en décembre 1679 et avait eu pour successeur son frère Ernest-Auguste, qui mourut seulement en 1698, après avoir été proclamé neuvième électeur en 1692.
4. Ou Hummeling. Maison de chasse appartenant au prince d'Orange, dans la vallée de l'Ems, près de Lingen, dans le nord de l'évêché de Munster (*Gazette*, p. 280 et 284).

à S. M. de ce qui s'y feroit, et, en passant, trouver moyen d'entrer avec M. le prince d'Orange, s'il se pouvoit, sur la situation des affaires présentes[1]. Comme j'étois bien aise de pouvoir, en passant, voir M. le prince d'Arenberg, pour lors gouverneur de Mons, lui ayant fait savoir le jour que j'y pourrois arriver[2], je trouvai quatre de ses gardes qui avoient fait abattre des fossés pour me faire passer au travers de la campagne pour éviter les méchants chemins. J'y séjournai un jour, et j'eus un grand plaisir de le revoir, de même que Mme la princesse d'Arenberg[3], qui étoit une personne d'un grand mérite. Il me prêta son carrosse pour me mener à Braine[4], où j'en trouvai un autre de M. le comte d'Ursel, qui me mena à Bruxelles[5]. Mais, comme je n'avois pas le temps de faire

---

1. Dès le mois d'octobre 1680, il avait été question d'envoyer Gourville vers le duc de Hanovre pour essayer d'attacher plus solidement ce prince à la France; il avait même reçu des instructions détaillées (ci-après, appendice XII). Mais, ce prince ayant fait alors un voyage à Venise, et de plus Gourville étant tombé malade d'une fièvre double tierce qui le retint longtemps (*Voyages... en Espagne*, etc., p. 200), le voyage fut remis au mois de mars 1681. Le 22 février, M. de Lionne lui fit expédier un complément aux instructions qu'il avait précédemment reçues (ci-après, appendice XII). Sa mission était modifiée : il devait aller à Zell et à Hanovre pour tâcher de détourner les deux ducs de l'alliance hollandaise, et il était autorisé à voir le prince de Parme et le prince d'Orange en passant à Bruxelles et à la Haye.

2. Parti le 5 mars de Paris, Gourville arriva le 8 à Mons, ayant passé par Gournay, Péronne, Cambray et Valenciennes, où il fut visité par l'évêque de Tournay (*Voyages faits en divers temps en Espagne,... Allemagne*, etc., p. 200-204).

3. Marie-Henriette de Vergy de Cusance, mariée à Charles-Eugène de Ligne (ci-dessus, t. I, p. 208).

4. Braine-le-Comte, en Hainaut, à moitié chemin entre Mons et Bruxelles.

5. Il y arriva le 9 mars. Le comte d'Ursel lui offrit l'hospitalité;

des visites, quelques personnes de mes amis me donnèrent rendez-vous à la promenade de Notre-Dame-du-Lac, où je trouvai une bonne partie de ce qu'il y avoit de gens considérables à Bruxelles ; et je puis dire qu'on me témoigna beaucoup de joie de me revoir. J'y vis bien des femmes que j'avois laissées petites filles. M. le prince de Parme[1], qui étoit pour lors gouverneur de Bruxelles, m'envoya chercher avec deux carrosses, et M. Agurto, depuis de Gastanaga[2], pour lors mestre de camp général, qui fut depuis gouverneur, ne m'abandonna pas pendant mon petit séjour[3]. Je l'avois fort régalé, étant venu conduire jusqu'à Paris M. le comte de Monterey qui s'en retournoit en Espagne.

J'avois fait venir un petit yacht[4] à Anvers[5], pour m'y embarquer avec tout mon monde. Le lendemain, il fit une si grande tempête que vraisemblablement nous

mais Gourville aima mieux loger à l'hôtellerie de l'Impératrice ; le 10 mars, M. d'Ursel lui offrit un grand dîner (*Voyages...*, p. 205-206).

1. Alexandre Farnèse, gouverneur des Pays-Bas de 1678 à 1682.

2. Antoine de Agurto, marquis de Gastanaga, lieutenant général de la cavalerie en 1679, puis mestre de camp général, fut lieutenant gouverneur des Pays-Bas de 1685 à 1692.

3. Il le conduisit même jusqu'au bateau qui devait l'emmener à Anvers (*Voyages...*, p. 207).

4. D'après le *Dictionnaire de Trévoux*, ce mot était employé en France au XVIIe siècle pour désigner de petits bateaux en usage en Angleterre et en Hollande ; mais ceux de ce dernier pays ne pouvaient servir que sur les canaux et les rivières et étaient incapables de tenir la mer.

5. Gourville envoya d'Anvers à Louis XIV une lettre détaillée sur l'état des Pays-Bas espagnols (ci-après, appendice XII). Il fut visité dans cette ville par la femme du gouverneur et logea chez Rodrigue Gomez Diaz, ce juif portugais d'Anvers avec lequel il était en relations depuis longtemps (*Voyages...*, p. 209).

serions péris, sans que le pilote se trouva heureusement proche d'un canal qui conduit à Wilhemstadt[1], où nous fûmes tout à fait à couvert. Je fus obligé d'y séjourner un jour; c'est une petite place où il y a une petite garnison hollandoise. Ayant quitté mon yacht à Rotterdam, j'y appris que M. le prince d'Orange, qui étoit allé faire un tour à la campagne, devoit être le lendemain de retour à la Haye[2]. Y étant arrivé le soir assez tard, M. le comte d'Avaux, pour lors ambassadeur du Roi[3], m'ayant fait l'honneur de me loger chez lui, j'y reçus le lendemain une infinité de visites, et surtout des plus particuliers serviteurs de M. le prince d'Orange, qui, depuis longtemps, n'avoient pas mis le pied chez M. l'ambassadeur. J'appris que M. le prince d'Orange devoit arriver le soir. Le lendemain, environ le midi, je le trouvai dans sa salle, avec un grand nombre de personnes, où étoit M. le prince d'Auvergne[4] à côté de lui; et, lui ayant fait la révérence, je me mis de l'autre. Il me fit un accueil si gracieux que tout le monde en fut surpris. Puis, s'étant approché de mon oreille, il me dit tout bas : « On me méprise bien dans

1. Sur le Rhin, à quelques kilomètres nord-ouest de Breda, dans le Brabant hollandais.
2. Tous ces détails sont confirmés par le récit des *Voyages* (p. 209-211). Parti le 12 mars d'Anvers, il arriva le 17 à la Haye.
3. Jean-Antoine de Mesmes, neveu de celui que nous avons vu, t. I, p. 168, était ambassadeur à la Haye depuis 1678; il y resta jusqu'en 1688.
4. Frédéric de la Tour, non pas prince, mais comte d'Auvergne, comme Gourville le dira plus justement tout à l'heure (p. 92), était fils cadet du duc de Bouillon, Frédéric-Maurice Ier. Il avait épousé Henriette-Françoise de Zollern, marquise de Berg-op-Zoom : ce qui explique sa présence en Hollande.

votre pays. » Et moi, m'approchant de la sienne, je lui dis : « Pardonnez-moi; on vous fait plus d'honneur, car l'on vous hait fort. » Il ne put s'empêcher de faire un petit souris : ce qui faisant juger à la compagnie qu'il seroit bien aise de me parler, ou parce qu'il étoit temps de dîner, chacun se retira, et, m'ayant retenu, il me fit mettre auprès de lui à table, et me conta que le soir, aussitôt après son arrivée, M. Dijckweldt[1] lui étoit allé dire que j'étois arrivé à la Haye pour aller à l'assemblée de Humelen, et qu'il lui en avoit parlé comme d'une chose qui pourroit bien lui faire de la peine, mais qu'il lui avoit répondu : « Je serai fort aise de le voir ; il est de mes amis, et assurément nous nous réjouirons bien à l'assemblée. » Je crois que, pour bien me remettre ce qui se passa à cette entrevue, je ne saurois mieux faire que de copier la lettre que je me donnai l'honneur d'écrire au Roi, de la Haye, le 18 mars 1681.

COPIE DE LA LETTRE QUE M. DE GOURVILLE ÉCRIVIT AU ROI, DATÉE DE LA HAYE, LE 18 MARS 1681 ; ELLE A ÉTÉ ENVOYÉE A M. DE CROISSY, PAR LA POSTE, LE 20[2].

Sire,

Les grands vents qu'il a fait en ce pays ont retardé mon voyage de deux ou trois jours. J'arrivai ici avant-hier au soir

1. Éverard de Wreede de Dijckweldt, qui s'était attaché au prince d'Orange et qui fut ambassadeur en France en 1679, après la paix de Nimègue.
2. L'original de cette lettre se trouve aux Affaires étrangères, vol. *Hanovre* 17, fol. 339 et suiv. — M. E. de Barthélemy (*La marquise d'Huxelles*, p. 33) a publié une lettre de Gourville à la marquise dans laquelle il lui adressait la copie de la présente lettre au Roi. C'est à tort que M. de Barthélemy l'a datée de 1660.

fort tard. J'appris hier matin que M. le prince d'Orange devoit arriver le soir, et deux ou trois personnes de sa maison, qui se disent de mes amis, m'assurèrent qu'il seroit fort aise de me voir. [Ce matin], quelqu'uns de ceux qui le virent en arrivant m'ont confirmé la même chose. J'ai été chez lui, à midi, avec M. de Montpouillan[1]. Je[2] l'ai trouvé dans sa salle avec beaucoup de gens qui faisoient leur cour. M. le comte d'Auvergne y étoit aussi. Il me reçut si gracieusement, que tout le monde en parut surpris. Après que M. le comte d'Auvergne fut sorti, il me dit qu'il auroit trouvé fort mauvais que je fusse parti sans le voir, mais qu'il ne croyoit devoir ma visite qu'au vent contraire que j'avois eu. En effet, j'en avois parlé ainsi en arrivant. Et, m'ayant tiré un peu à l'écart, il m'a ajouté que, quoi qu'on lui eût pu écrire et dire sur mon voyage, il étoit fort aise de me voir et que, le soir précédent, M. Dijckweldt, qui est fort bien avec lui[3], avoit représenté qu'il devoit faire en sorte que je ne me trouvasse point à Humelen, et qu'il avoit répondu que j'étois de ses amis et qu'il étoit bien assuré que je ne l'empêcherois pas de prendre son cerf quand il iroit à la chasse; mais[4] que je pourrois bien lui donner à souper au retour; et tout cela d'un air fort gai. Je répondis du mieux que je pus. Après[5] quoi, il

1. Armand de Caumont, marquis de Montpouillan, protestant réfugié, était entré de bonne heure au service de Hollande. Il devint commissaire général en 1673, général de cavalerie en 1688 et gouverneur de Naerden; il mourut en 1701.

2. L'original des Affaires étrangères donne, à la place de la phrase qui va suivre : « M. le comte d'Auvergne s'y est trouvé. M. le prince d'Orange, venant de l'assemblée des États, m'a reçu avec beaucoup d'honnêteté. Après que M. le comte d'Auvergne a été sorti, et me trouvant auprès de lui, il a pris un ton de voix à ne pouvoir être entendu de ceux qui étoient dans la salle, et m'a dit qu'il auroit trouvé fort mauvais, etc. »

3. Au lieu des huit derniers mots, l'original des Affaires étrangères porte : « quelques gens de ses amis. »

4. Ce dernier membre de phrase n'existe pas dans l'original des Affaires étrangères.

5. Tout ce qui suit, jusqu'à : « on l'avertit, » est en chiffre dans l'original des Affaires étrangères.

me demanda s'il étoit vrai, comme on lui disoit, que Votre Majesté eût de l'aversion pour lui. Je lui répondis que je croyois en savoir assez, pour le pouvoir assurer que Votre Majesté avoit de l'estime pour sa personne et que c'étoit à lui à savoir s'il avoit fait des démarches qui eussent pu déplaire à Votre Majesté. Il me répondit en souriant qu'il croyoit n'avoir rien fait qui méritât ni l'estime de Votre Majesté ni son aversion, mais qu'il avoit toujours souhaité très fortement de la pouvoir persuader qu'il désiroit l'honneur de ses bonnes grâces [1]. On l'avertit qu'on l'avoit servi, et, m'ayant demandé si je ne voulois pas bien dîner avec lui, il passa dans le lieu où il devoit manger. Il me fit asseoir auprès de lui et me parla presque toujours de choses générales, et me fit encore des reproches à table de ce que je ne l'avois vu que par hasard. Après le dîner, il s'en alla dans sa chambre, et, m'ayant demandé si je ne voulois pas y entrer un moment, je le suivis. Il[2] commença par me dire que je saurois de M. le duc d'Hanovre qu'il auroit souhaité de me trouver chez lui lorsqu'il y étoit allé, et que, quoique je l'eusse laissé assez jeune, il avoit toujours de l'amitié pour moi, et qu'il seroit bien aise que je voulusse être pour lui comme j'étois pour MM. de Brunswick, qui s'étoient toujours loués de la manière dont j'en avois usé avec eux. Je lui répondis en riant que je n'avois point encore l'honneur de le connoître autant que ces princes, et je lui demandai la liberté de lui dire que l'on me l'avoit dépeint comme un homme fort réservé dans ses manières, qui tâchoit de tirer avantage de tout[3]; que, cela présupposé, je ne pouvois avoir trop peu de commerce avec lui; mais que je verrois, pendant le séjour qu'il feroit à Humelen, si je pourrois connoître S. A. par moi-même; que[4] j'en avois déjà conçu, dans sa jeunesse, de grandes idées. Il se mit à rire, et me dit qu'il étoit

1. Ici la lettre originale porte en plus la phrase suivante : « Je lui dis que je ne voulois pas entrer sur cette matière dans cette première conversation; mais que, pour peu qu'il en eût envie, je lui dirois à Humelen bonnement tout ce que je pensois là-dessus. »
2. Toute la fin de la lettre est presque entièrement en chiffre, dans l'original des Affaires étrangères.
3. La lettre originale ajoute : « selon que cela lui étoit bon. »
4. Ce dernier membre de phrase n'existe pas dans l'original.

vrai qu'il ne s'ouvroit pas avec tout le monde, mais qu'assurément il me parleroit d'une manière qui me feroit voir qu'il me distinguoit fort et qu'il étoit bien fâché des mauvais offices qu'on lui avoit rendus auprès de Votre Majesté. Je le suppliai d'examiner plutôt sa conduite que de vouloir deviner ceux qui lui avoient rendu de méchants offices; que l'ambassadeur de Votre Majesté, qui est ici, n'étoit aucunement dans cet esprit. Il me dit qu'il vouloit croire que cela étoit ainsi, puisque je lui disois, quoiqu'il ne le vît point, et que je lui ferois plaisir de lui dire que, de bonne foi, il souhaitoit ardemment de pouvoir plaire à Votre Majesté. Je lui répondis que, si MM. les princes de Brunswick me parloient comme cela, et qu'ils fissent comme il fait, je saurois bien ce que j'aurois à leur répondre. Il me pressa de lui parler comme je parlerois à MM. les princes de Brunswick. Je lui dis que je ne manquerois pas de leur faire connoître, en pareille occasion, qu'il est impossible de persuader Votre Majesté par des discours, quand on a une conduite contraire, et que je prendrois la liberté de leur conseiller de ne jamais tenir un pareil langage, quand ils seroient dans la volonté de prendre la querelle de toute l'Europe contre Votre Majesté; que je lui demandois pardon de la liberté avec laquelle je lui parlois, mais qu'il devoit se souvenir qu'il m'y avoit forcé. Il me dit qu'au contraire il m'étoit obligé de la manière dont je commençois d'en user avec lui; mais que les choses n'étoient pas tout à fait comme je les disois; qu'il étoit vrai qu'il ne pouvoit pas s'empêcher de s'intéresser dans tout ce qui regarde la conservation des États d'Hollande. Je lui repartis brusquement qu'il n'avoit qu'à ajouter qu'il étoit de l'intérêt des États de s'opposer toujours à toutes les volontés de Votre Majesté, et que je prenois encore la liberté de lui dire que, quand ce seroit son avis, ce ne seroit peut-être pas celui des États généraux. Il se jeta sur les desseins qu'on dit qu'a Votre Majesté pour la monarchie universelle. Je lui dis que, quand un homme comme lui me parloit du dessein de la monarchie universelle, je n'avois qu'à lui faire la révérence; et tout cela d'un air fort libre, et que je voyois bien qui ne lui déplaisoit pas; que, de la manière dont Votre Majesté avoit fait la paix, ou, pour mieux dire, l'avoit donnée à toute l'Europe, il ne falloit plus parler du dessein de la monarchie universelle. Il me répondit qu'il étoit fort persuadé que Votre Majesté faisoit toujours tout ce qui lui étoit le plus avantageux, et que c'étoit la règle de toutes ses actions; qu'il étoit persuadé qu'elle avoit fait la paix, parce qu'il étoit bon de désunir tant de puissances qui étoient contre elle, pour à loisir en regagner une partie, et que je devois lui confesser que j'étois en campagne pour partie de l'exécution de ce dessein. Je lui dis que je ne marchois que pour tâcher de traverser les siens, qui alloient à réunir et engager tout le monde à faire la guerre à Votre Majesté. Il me dit qu'il prenoit cela comme une plaisanterie et que, si c'étoit tout de bon, il ne croiroit pas que je lui parlasse aussi bonnement que je lui avois promis; qu'il ne songeoit qu'à la continuation de la paix, comme le plus grand bien qui pouvoit arriver aux États; qu'il auroit bien de la joie que cela pût contenter Votre Majesté; qu'il vouloit bien me dire bonnement qu'il paroissoit que cela n'étoit pas trop le dessein de Votre Majesté, par les réunions qui s'étoient faites par les Chambres de Metz et d'Alsace[1]. Ma réponse fut que je voyois bien qu'il avoit trop d'esprit pour moi, et que je m'apercevois trop tard que j'étois entré déjà trop bonnement en matière avec lui, pour un homme qui n'avoit eu qu'une simple permission de le voir, par l'envie que j'avois de le pouvoir assurer de mes respects, et que je me trouvois déjà bien empêché de pouvoir m'excuser vers Votre Majesté d'être entré si avant avec S. A., et que je le suppliois de trouver bon que je ne parlasse pas davantage, pour m'épargner un plus grand embarras. Il me dit qu'il voyoit bien que je lui disois cela pour ne lui pas répondre sur ces réunions. Je lui repartis qu'il me pressoit si fort, que je croyois que je ferois mieux de me taire.

Cette fin fut plus sérieuse que ne l'avoit été tout le reste de la conversation, et je vis bien qu'il s'en étoit aperçu. Il me dit en riant qu'il me prioit encore de lui dire ce que je croyois qu'il pourroit faire pour justifier tout ce qu'il m'avoit dit de l'envie

1. Ces chambres avaient été créées, en 1677, au parlement de Metz et au conseil supérieur d'Alsace, spécialement pour réunir au royaume tous les fiefs qui, d'après les actes féodaux anciens, relevaient de l'Alsace et des Trois-Évêchés. Les réunions furent surtout nombreuses en 1680.

qu'il a d'être bien avec Votre Majesté. Je lui dis du même air que je croyois qu'il n'avoit qu'à faire à peu près le contraire de ce qu'il avoit fait jusques ici, et que, puisqu'il me l'ordonnoit, je lui dirois, pour finir la conversation, qu'il étoit jeune, rempli de belles et bonnes qualités, dans un parfaitement beau poste et dans l'espérance de la couronne d'Angleterre, où il étoit peut-être assez estimé pour trouver de grands obstacles à ses desseins, et que, s'il vouloit prendre quelque confiance en ce que je lui dirois, je ne pouvois pas m'empêcher de lui faire connoître que personne du monde n'avoit tant de besoin de l'amitié de Votre Majesté que lui, et que je suppliois encore S. A. d'être bien persuadé qu'elle ne pouvoit pas se l'acquérir par des paroles, et qu'il falloit au moins ajouter en quoi elle le vouloit témoigner à Votre Majesté; que je lui donnois tout le temps qu'il voudroit pour faire réflexion sur ce qu'il m'avoit forcé de lui dire. Il me remercia, et me dit qu'il étoit persuadé de ce que je lui disois et qu'il penseroit à ce qu'il pourroit faire pour plaire à Votre Majesté; qu'il me prioit, de mon côté, de songer aussi à lui faire quelques ouvertures de ce que je croirois qu'il pourroit faire. Je lui dis que la première qui se présentoit à moi étoit de se mettre dans l'esprit que les Espagnols étoient bien heureux que Votre Majesté se voulût contenter de prendre quelques villages qui lui appartiennent de droit, sans vouloir entrer dans une discussion qui ne leur pourroit être que désavantageuse; que, le grand intérêt des Hollandois étant d'avoir la barrière[1], ils devoient partager le bonheur des Espagnols de la modération de Votre Majesté; et cela d'un air comme si je voulois faire finir la conversation[2]. Il me dit qu'il voudroit du moins être assuré que Votre Majesté n'en voulût pas davantage, [et[3] qu'en effet elle avoit tout sujet] d'être contente de ce qu'elle avoit fait pour sa gloire et pour son intérêt; qu'en ce cas il étoit prêt de s'engager, avec les États et la maison de Brunswick, de la maintenir dans tout ce qu'elle possède,

1. C'est-à-dire les Pays-Bas espagnols, comme barrière entre eux et la France.
2. A la place de cette phrase, l'original porte : « et je lui fis ma révérence. »
3. Le passage entre crochets n'existe pas dans la lettre originale.

supposé que qui que ce soit, sans exception, la voulût attaquer. Cela étant, ajouta-t-il, vous pouvez vous assurer que nous conviendrons, à l'assemblée de Humelen, des conditions que vous trouverez raisonnables. Après quoi, il me fit encore des honnêtetés. Si j'ai été assez malheureux pour avoir dit quelque chose qui ne soit pas du goût de Votre Majesté, je lui en demande très humblement pardon, et, en écrivant, je n'ai pensé qu'à lui rendre compte mot à mot de ce qui a été dit, étant persuadé que, par ses lumières, elle pourra connoître, mieux que je ne saurois faire, les vues et les desseins que peut avoir eus M. le prince d'Orange dans tout ce qu'il m'a dit. Si elle souhaite que j'entre encore en matière avec lui à Humelen, je supplie très humblement Votre Majesté de me donner des instructions, afin que je tâche de me conformer à ses sentiments[1].

Je suis, Sire, de Votre Majesté, le très humble, très obéissant et très fidèle serviteur et sujet.

GOURVILLE[2].

Après que la conversation dont je rendis compte à S. M. fut finie, lorsque je voulus prendre congé de M. le prince d'Orange, il me demanda si je n'irois pas à la comédie, et que là il me diroit adieu. Quand il y arriva, ayant demandé si j'étois là, il me fit avertir de m'approcher de lui, et, étant derrière ceux qui vouloient entendre la comédie, où il y avoit un espace assez grand, il me dit qu'il aimoit mieux m'entretenir en se promenant que d'entendre les comédiens. Il m'exhorta encore à lui parler avec toute sorte de franchise. Je commençai par le faire souvenir de ce

1. Le Roi accusa réception de cette lettre à Gourville le 27 mars, en lui recommandant d'être réservé à l'égard du prince d'Orange (Affaires étrangères, vol. Hanovre 17, fol. 345).
2. Le manuscrit de la Bibliothèque nationale porte, à la fin de cette lettre : De la main de M. de Gourville. L'original des Affaires étrangères est en effet autographe.

II 7

que je lui avois dit, que difficilement M. de Witt pourroit compatir avec lui, mais qu'il devoit prendre patience et avoir en vue de profiter des occasions qui se pourroient présenter, et que le bruit du monde étoit que, en ayant trouvé une, il s'en étoit servi. Il me répondit qu'il pouvoit m'assurer en toute vérité qu'il n'avoit donné aucun ordre pour le faire tuer, mais que, à l'occasion de la rumeur de la populace, qui s'étoit émue lorsque M. de Witt étoit allé à la prison où étoit son frère, plusieurs de ses amis se présentant chez lui, il les y envoyoit tous pour voir seulement ce que c'étoit, et que, ayant appris sa mort, sans y avoir contribué, il n'avoit pas laissé de s'en sentir un peu soulagé. Ensuite, je lui dis que j'avois été bien surpris de ce qu'il avoit songé à se faire souverain de Gueldre[1] par le traité qu'il avoit projeté avec les Espagnols, et qu'il me sembloit que cela auroit pu lui nuire avec les Hollandois, qui auroient pu craindre qu'il ne voulût étendre sa souveraineté. Il me répondit qu'il n'avoit pas été longtemps à s'en apercevoir, mais qu'il n'étoit pas extraordinaire que, à son âge, il eût des fausses vues, et qu'il n'avoit personne auprès de lui avec qui il pût rectifier ses pensées. Je lui dis qu'il avoit si bonnement répondu à une chose que je lui avois demandée qu'il me paroissoit que cela ne lui avoit pas déplu, et me donnoit la liberté de lui dire qu'il me sembloit qu'il avoit fort hasardé de s'être mis proche de Valenciennes, à portée de donner une bataille au Roi, qui avoit une armée plus forte et beau-

---

1. Ancien duché, à l'est du Zuiderzée, devenu une des dix-sept provinces unies.

coup plus aguerrie que la sienne[1], et que, si je l'osois dire, il avoit encore beaucoup hasardé à la bataille de Montcassel[2]. Il me répondit avec beaucoup de douceur que tout cela pouvoit être comme je le lui disois, mais que je considérasse aussi que, n'ayant point de grandes expériences ni personne avec qui il pût apprendre l'art de la guerre, il avoit pensé que, en hasardant quelques batailles, il pouvoit se rendre capable d'en gagner d'autres; qu'il avoit souvent souhaité de donner une partie de son bien pour pouvoir servir quelques campagnes sous Monsieur le Prince. Je lui dis ensuite qu'on avoit fort dit à Paris que S. A. avoit la paix dans sa poche quand elle avoit attaqué le poste de Saint-Denis[3]. Elle me répondit qu'elle ne l'avoit reçue que le lendemain; que, à la vérité, elle savoit qu'elle étoit faite, mais qu'elle avoit cru que ce pouvoit être une raison pour que M. de Luxembourg ne fût plus sur ses gardes, mais qu'au moins il prendroit une leçon qui pourroit lui servir une autre fois, et qu'il avoit considéré que, s'il perdoit quelque monde, cela ne seroit d'aucune conséquence, puisque, aussi bien, il les falloit réformer.

M. d'Odijck, que j'avois autrefois connu à la Haye et beaucoup pratiqué à Paris, dans l'ambassade qu'il avoit faite après la paix de Nimègue en France[4], avec

1. En 1676, proche de la cense d'Urtebise (*Mémoires de Saint-Simon*, édit. Boislisle, t. X, p. 340-344).
2. Le 11 avril 1677; l'armée française était commandée par Monsieur et fut victorieuse.
3. Le 14 août 1678, alors que la paix avait été signée le 10 à Nimègue, le prince d'Orange attaqua le maréchal de Luxembourg campé sans défiance à Saint-Denis, près Mons, et lui livra une bataille sanglante.
4. En 1679 (ci-dessus, t. I, p. 249).

M. Dijckweldt, tous deux créatures de M. le prince d'Orange, lesquels il avoit fait nommer avec M. [Boreel[1]] pour ambassadeurs de Messieurs les États, me dit que, ayant appris que je devois passer à la Haye, il avoit avancé son départ de Zélande et précipité sa marche pour m'y trouver. Il me pria de vouloir bien séjourner le lendemain que je devois partir, afin qu'il pût me donner à dîner avec S. A.; qu'il aimoit mieux me prêter des relais pour, le jour d'après, regagner celui que j'aurois perdu pour l'amour de lui. Je lui répondis en riant qu'il savoit bien que je le connoissois assez pour savoir qu'il avoit plus de facilité à promettre qu'à tenir dans les petites choses. M. le prince d'Orange prit la parole et dit : « Non seulement je suis sa caution, mais je vous promets que j'ordonnerai qu'on vous fasse mener deux relais de carrosse pour faire votre diligence. » Le lendemain, M. d'Odijck donna un grand dîner à S. A. et à dix ou douze autres personnes, dont je fus du nombre. Ce prince eut encore l'honnêteté de me faire asseoir auprès de lui, et, après dîner, on me proposa un jeu qui dura assez longtemps[2]. M. le prince d'Orange me dit encore que je me préparasse à lui donner souvent à manger avec MM. les princes de Brunswick, au retour de la chasse, et qu'il me donneroit, et à ceux

---

1. Ce nom est en blanc dans les manuscrits. — Jacques Boreel, sénateur et bourgmestre d'Amsterdam, grand bailli de Putten, ambassadeur en Moscovie en 1665, puis en France, en 1679, après la paix de Nimègue, mourut le 19 mars 1691.

2. Tous les détails du séjour de Gourville à la Haye, du 17 au 20 mars 1681, sont confirmés et complétés par ceux que donnent les *Voyages* (p. 211-212), et par la lettre que Gourville écrivit au Roi le 28 mars (vol. *Hanovre* 17, fol. 346).

qui seroient avec moi, tant de chevaux que je voudrois pour courre. J'avoue que je fus si touché de ses manières et de toutes les bonnes qualités que j'avois trouvées en lui, que je ne pus m'empêcher d'en dire beaucoup de bien au Roi et à Messieurs les ministres. Je crois que M. de Louvois et M. de Croissy ne m'en crurent pas tout à fait, estimant que le bon traitement que j'en avois reçu avoit contribué à me faire grossir les objets. M. de Louvois m'en ayant parlé depuis dans ce même esprit, je lui dis que je souhaitois qu'il ne s'aperçut pas trop tard que j'avois exposé la vérité.

Ensuite, je me rendis auprès de M. le duc d'Hanovre[1], qui se trouvoit sur ma route avant d'aller à Zell. Il voulut me loger dans sa maison[2], et, trois jours après, étant à Zell[3], j'allai mettre pied à terre chez M. le marquis d'Arcy, qui étoit envoyé de la part de S. M.[4], et qui m'avoit fait préparer chez lui un appartement. M. le duc de Zell, l'ayant aussitôt appris, envoya son principal ministre et un carrosse,

1. Les *Voyages* donnent, p. 214-220, tout le récit du voyage de Gourville à travers la Hollande et l'évêché d'Osnabrück, depuis Amsterdam jusqu'à Hanovre, où il arriva le 26 mars (vol. *Hanovre* 17, fol. 346).

2. Le duc de Hanovre n'était pas revenu de Venise; mais la duchesse reçut Gourville et l'invita à dîner (*Voyages*, p. 220-221; vol. *Hanovre* 17, fol. 349).

3. Gourville arriva dans cette ville le 29 mars (*Voyages*, p. 221).

4. René Martel, marquis d'Arcy, gouverneur de Monsieur et conseiller d'État d'épée, avait été successivement envoyé du Roi à Mayence (1673), en Savoie (1675) et auprès des princes de Brunswick (1680); il mourut en 1694, après une dernière mission à Turin (1684). — L'édition de 1782 et les suivantes ont imprimé : *le marquis d'Arques*.

priant M. d'Arcy de trouver bon que j'allasse loger dans son château. Il me reçut, de même que Mme la duchesse de Zell, avec beaucoup de témoignages de bonté et, si j'ose dire, d'amitié[1]. Ils s'ouvrirent bientôt après à moi de l'envie qu'ils avoient de faire le mariage de leur fille avec le fils aîné de M. le duc d'Hanovre, afin que les deux États pussent être réunis dans sa famille[2], et que, outre le plaisir qu'ils avoient de me voir, ils avoient pensé que j'étois plus propre que personne du monde à faire réussir leur dessein. Je m'en chargeai très volontiers, étant persuadé que cela étoit avantageux pour toute la maison; et, étant retourné à Hanovre[3], je trouvai assez de disposition auprès de M. le duc et de Mme la duchesse pour la conclusion de ce mariage : ce qui fut fait bientôt après[4].

J'avois bien ordre de proposer à ces princes quelque traité[5]; mais ma principale mission étoit ou de tâcher de désunir en quelque façon l'assemblée qui se devoit faire, ou que, en cas qu'elle se fît, j'y allasse, pour rendre compte au Roi de ce qui s'y passeroit. Je fus

1. *Voyages,* p. 221-222; vol. *Hanovre* 17, fol. 349.
2. Sophie-Dorothée de Brunswick, veuve depuis 1676 d'Auguste-Frédéric de Wolfenbüttel, épousa, le 21 novembre 1682, son cousin Georges-Louis de Brunswick-Hanovre, duc de Hanovre après son père, et proclamé roi d'Angleterre le 12 août 1714, à la mort de la reine Anne. Les deux époux se séparèrent judiciairement dès 1694.
3. Le 1er avril (*Voyages,* p. 223-226).
4. Voir une lettre de Gourville du 3 avril 1681 (vol. *Hanovre* 17). M. le comte Horric de Beaucaire, dans son ouvrage sur Éléonore d'Olbreuze (p. 115-116), dit que l'influence de Gourville ne dut pas être la cause déterminante du mariage, puisqu'il n'eut lieu qu'un an plus tard.
5. Gourville agit en effet dans ce sens : le 9 avril, il remit un mémoire au duc (vol. *Hanovre* 17, fol. 373).

beaucoup plus heureux que je n'avois osé l'espérer, M. le duc d'Hanovre ayant pris le parti d'aller avec Mme la duchesse¹ prendre les eaux à Wiesbaden, qui est proche de Mayence². M. le prince d'Orange, l'ayant su, envoya en poste M. de Bentinck, depuis milord Portland³, qui arriva la veille du départ et fit de grandes instances à M. le duc d'Hanovre pour tâcher à l'obliger à ne pas faire ce voyage et à tenir la partie qu'il avoit faite pour aller à Humelen ; et à moi, il me dit que M. le prince d'Orange l'avoit chargé de me faire bien des reproches de ce que je rompois la partie qui avoit été faite, et que ce n'étoit pas le chemin de lui donner à manger au retour des chasses, comme je lui avois promis. Je lui répondis que j'avois connu M. le prince d'Orange si raisonnable que j'espérois qu'il ne trouveroit pas mauvais que, ayant été envoyé auprès de M. le duc d'Hanovre, je le suivisse à Wiesbaden, comme j'aurois fait à Humelen avec plaisir, s'il y avoit été⁴.

1. Sophie de Bavière : ci-dessus, t. I, p. 239.
2. Ce ne fut pas Gourville qui décida le duc de Hanovre à se rendre à Wiesbaden au lieu d'aller à Humelen. Dès la fin de mars, le duc pensait à prendre des eaux et l'écrivait à la duchesse (vol. *Hanovre* 17, lettre de M. d'Arcy du 28 mars). A son retour, ses médecins le déterminèrent pour Wiesbaden. Le duc de Zell devait aller au rendez-vous du prince d'Orange ; mais Gourville assurait qu'il ne conclurait rien. Néanmoins, M. d'Arcy reçut l'ordre de l'accompagner (vol. *Hanovre* 17, lettres de Gourville des 7 et 12 avril, du Roi du 13 mars, et du marquis d'Arcy du mois de mai).
3. Jean-Guillaume, baron de Bentinck, favori de Guillaume d'Orange, qui, après son avènement en Angleterre, le fit comte de Portland, grand écuyer, chevalier de la Jarretière, etc.
4. Bentinck arriva le 22 avril : lettre de Gourville du 23 avril (vol. *Hanovre* 17), qui confirme ce que disent les *Mémoires*.

Après que M. le duc d'Hanovre eut marché trois jours[1], on me réveilla le matin, entre deux et trois heures après minuit, pour me dire que M. le prince de Waldeck demandoit à me parler. J'avois eu de grands démêlés avec lui à Zell et à Hanovre ; je lui avois même reproché que son grand zèle pour l'Empereur venoit de l'extrême envie qu'il avoit d'être fait prince de l'Empire, comme il venoit de l'être[2]. Je lui fis beaucoup de plaisanteries là-dessus. Tous nos démêlés n'avoient jamais empêché que nous ne vécussions ensemble en gardant toutes les bienséances, et, à nous voir, on auroit cru que nous étions les meilleurs amis du monde. M'étant levé en robe de chambre, il me fit de grands reproches de ce que j'emmenois M. le duc d'Hanovre pour rompre l'assemblée de Humelen. Je lui dis que je ne faisois que le suivre à Wiesbaden, quelque indisposition l'ayant obligé d'aller y prendre les eaux. Cela ne le contenta pas et l'obligea à me dire beaucoup de choses, étant beau et grand parleur. Il me dit qu'il alloit voir M. le duc d'Hanovre, sans pourtant espérer de le détourner du voyage qu'il avoit entrepris[3].

Wiesbaden[4] est un lieu où il y a une infinité de sources d'eaux chaudes qu'on fait couler dans plusieurs maisons pour faire des bains, que l'on dit être fort salutaires. J'en avois deux dans celle où l'on

1. Le duc partit le 23 avril. Les *Voyages* (p. 229-240) donnent les détails de la route.
2. En 1682.
3. Une lettre de Gourville du 26 avril (vol. *Hanovre* 17) donne le récit de cette conversation nocturne.
4. Capitale du duché de Nassau. Voir la description des bains dans les *Voyages*, p. 240-248 et 255-258.

m'avoit logé. M. le duc d'Hanovre y prit des eaux de Sulzbach[1], qu'il envoyoit chercher toutes les nuits, pour en boire le matin. C'est une eau qui est un peu aigrette[2] et qui donne un bon goût au vin du Rhin, quand on y en met[3]. J'eus raison de croire, par les lettres que je reçus là, que le Roi étoit content de ce que j'avois fait ; mais on ne me parut pas pressé de faire un traité avec M. le duc d'Hanovre[4]. Ainsi je pris congé de LL. AA., pour m'en revenir à Paris, le jour qu'elles partirent pour s'en retourner à Hanovre[5]. Elles avoient donné ordre qu'on portât chez moi une machine d'or qu'ils avoient fait faire à Francfort, propre à mettre sur la table pour rafraîchir le vin à la glace, qu'on pouvoit tirer pour le boire sans aide de personne, semblable à une de verre que Mme la duchesse d'Hanovre m'avoit fait voir quelque temps auparavant, et que j'avois trouvée d'une jolie invention[6]. Mme de

---

1. Le Sulzbach est le petit cours d'eau sur lequel est située la ville de Wiesbaden.
2. Diminutif peu usité de nos jours, mais que l'Académie a cependant conservé dans son *Dictionnaire*.
3. Gourville ne dit rien de son séjour à Wiesbaden. On trouvera dans les *Voyages* (p. 241-258) le récit de tout ce qui s'y passa.
4. Loin de témoigner sa satisfaction à son envoyé, Louis XIV lui reprocha, le 24 avril (vol. *Hanovre* 17), de s'être trop avancé en remettant un mémoire au duc, et d'avoir présenté un projet de traité plus favorable à celui-ci qu'au Roi. Il lui enjoignit de ne point continuer ses négociations, de rester cependant auprès du duc jusqu'à la fin de l'assemblée de Humelen, et de tâcher de reprendre adroitement le mémoire qu'il avait remis (voir aussi la lettre du 1er mai). En répondant, le 5 mai, Gourville tâcha de s'excuser.
5. Le 23 mai. Gourville souffrait alors d'une attaque de goutte (*Voyages*, p. 258-259).
6. Lettre du 23 mai (vol. *Hanovre* 17). Le duc lui avait donné en outre deux attelages de chevaux isabelle (*Voyages*, p. 258).

Montespan, l'ayant vue, me témoigna qu'elle seroit bien aise de l'avoir; elle m'en donna neuf mille livres[1].

A mon retour, S. M. témoigna être contente de moi[2], et j'appris que, ayant été question de faire une ordonnance pour mon voyage, M. de Croissy proposa de la faire de six mille livres; M. de Louvois dit qu'il croyoit que S. M. pouvoit aller jusqu'à huit, et le Roi finit en disant : « Et moi je suis d'avis qu'on la fasse de dix. » En remerciant S. M. à Saint-Germain, je lui dis que je ne m'en vanterois pas, de crainte de la jalousie qu'en pourroient avoir ses ambassadeurs, n'étant pas payés sur ce pied-là, mon voyage n'ayant pas été de trois mois, mais que j'emploierois cet argent à faire une belle fontaine à Saint-Maur[3].

Le Roi continua de me donner des marques d'une bienveillance au-dessus de ce que j'avois jamais pu espérer. Toutes les fois que j'étois à Versailles, qui étoit assez souvent, je ne manquois pas de me trouver à son lever. Messieurs les huissiers étoient assez accoutumés à me faire entrer des premiers, après les privi-

1. Gourville (vol. *Hanovre* 17, 23 mai) l'estimait 4,000 écus, et les *Voyages* (p. 258) mille louis.
2. Ce fut le 9 juin qu'il se rendit à Versailles pour rendre compte au Roi de sa mission. Fut-il aussi bien reçu qu'il le dit? Il est permis d'en douter. Le marquis d'Arcy avait en effet écrit, le 2 juin, que, tandis que Gourville était à Wiesbaden, avec le duc de Hanovre, celui-ci avait fait assurer le prince d'Orange que Gourville ne serait pas capable de lui faire changer les bons sentiments qu'il avait pour le prince (vol. *Hanovre* 17).
3. Dans une lettre du 26 juin 1681 au prince de Condé (Archives de Chantilly, correspondance), Gourville dit seulement que Croissy lui a fait obtenir dix mille livres pour son voyage. Dans la même lettre, il parle des nouveaux travaux qu'il va faire à Saint-Maur. — L'ordonnance avait été signée le 25 juin, et il en toucha le montant le 28 juillet.

légiés ; M. de la Chaise, capitaine de la porte[1], qui avoit les entrées, aussitôt que je pouvois me ranger auprès de lui, me donnoit sa place, et ainsi je me trouvois toujours en vue et assez près du Roi, qui, par sa singulière bonté, le plus souvent trouvoit moyen de me dire quelque chose : ce qui étoit assez remarqué de tout le monde, entre autres de M. le duc de Lauzun[2], que je trouvois ordinairement auprès de M. de la Chaise, parce qu'ils avoient les mêmes entrées[3]. Il me dit un jour qu'il avoit remarqué que, presque toujours, quand le Roi avoit jeté les yeux sur moi, il songeoit à me dire quelque chose.

J'étois bien avec M. de la Feuillade[4] ; j'avois avec lui un commerce très particulier et fort agréable. Il avoit l'esprit vif, écrivoit et parloit fort souvent en particulier à S. M., et je le trouvois toujours instruit des premiers de tout ce qu'il y avoit de nouveau. Les courtisans trouvoient fort à redire à sa conduite ; mais, avec tout cela, il n'y en avoit point qui n'enviât son savoir-faire, et la liberté qu'il s'étoit acquise avec le Roi. Ils répandoient fort, pour lui nuire, qu'il parloit

---

1. François d'Aix, comte de la Chaise et frère du confesseur de Louis XIV, ne fut capitaine des gardes de la porte qu'à partir du mois de novembre 1687. Sur cette charge, on peut voir une note de la nouvelle édition des *Mémoires de Saint-Simon*, t. IV, p. 253.

2. Antoine-Nompar de Caumont, qui avait failli épouser la grande Mademoiselle.

3. Sur les entrées et leurs différentes sortes, voir les notes de la nouvelle édition des *Mémoires de Saint-Simon*, t. III, p. 202, et t. V, p. 162. Les grandes entrées n'appartenaient qu'aux princes du sang et aux officiers et domestiques dont la présence était nécessaire pour le lever du Roi ; Lauzun les avait cependant obtenues. Gourville n'avait que les entrées de la chambre.

4. Ci-dessus, p. 82.

souvent à S. M. contre les ministres ; mais cela ne produisit pas cet effet ; au contraire, ces Messieurs en avoient plus d'égards pour lui. Quand il avoit quelque chose de nouveau, il m'envoyoit chercher. S'il y avoit du monde avec lui, il me menoit dans un petit entresol qu'il avoit, pour m'y entretenir. Je trouvois qu'il alloit fort bien à ses fins. Il faisoit assez de dépenses ; mais il ne laissoit pas d'avoir quelque ordre, et trouvoit moyen de la soutenir. Il s'embarqua dans une grande entreprise pour faire faire dans sa maison la figure du Roi, qui est à présent à la place des Victoires[1], mais qui lui réussit fort bien. Il avoit reçu beaucoup de grâces de la libéralité du Roi : le gouvernement de Dauphiné, la charge de colonel du régiment des gardes[2], dont il trouvoit moyen, surtout pendant la guerre, de tirer beaucoup de profit. Il obtint du Roi, par forme d'échange, des domaines considérables pour joindre aux terres de sa maison[3]. S'il avoit vécu, je crois que Monsieur son fils[4] eût épousé Mlle de Clérembault[5], par l'union étroite et l'amitié qui paroissoit entre ces deux Messieurs.

1. On peut consulter, à ce sujet, l'étude de M. de Boislisle, *La place des Victoires et la place de Vendôme*, publiée en 1888 dans les *Mémoires de la Société de l'Histoire de Paris*, t. XV.
2. La Feuillade reçut le gouvernement du Dauphiné le 9 mai 1681, et était colonel des gardes-françaises depuis janvier 1672.
3. Par contrat du 14 juin 1686, La Feuillade céda au Roi la seigneurie de Saint-Cyr et reçut en échange les châtellenies d'Ahun, Chénérailles, Jarnages et Drouille, sises dans la Marche.
4. Louis d'Aubusson, duc de la Feuillade (1673-1725), maréchal de France en 1724. Il épousa : 1° en 1692, Charlotte-Thérèse Phélypeaux, fille du marquis de Châteauneuf, secrétaire d'État; 2° en 1701, Marie-Thérèse Chamillart, fille du contrôleur général et secrétaire d'État de la guerre.
5. Marie-Gilonne Gilier de Clérembault, qui épousa, en 1696,

Chapitre XVIII.

Monsieur le Prince donne un placet au Roi par l'avis de M. Colbert. J'obtiens un arrêt et des lettres patentes. M. Colbert meurt. M. le duc de Créquy vient dire à Monsieur le Prince que le Roi m'avoit nommé pour cet emploi; mais M. le Peletier fut fait contrôleur général, ensuite de quoi j'eus de grandes traverses (je parle de M. le Peletier). Mort de Monsieur de Prince.

Je me remis dans mon train ordinaire, et me trouvai plus agréablement que jamais avec M. de Louvois et M. Colbert; j'ose même dire dans leur confidence. Il m'étoit permis de leur parler plus librement que personne ne pouvoit faire. Je pensai alors que je devois, plus fortement que je n'avois fait, tâcher d'obtenir un arrêt qui pût assurer mon repos, que j'avois un peu trop négligé; et, aidé de ma bonne fortune, je m'avisai, deux ou trois jours devant que le Roi partît pour Fontainebleau[1], de demander à M. Colbert s'il trouveroit bon et à propos que je priasse Monsieur le Prince de donner un placet au Roi pour obtenir un arrêt et des lettres patentes pour me mettre en sûreté à l'avenir. Il me dit qu'il me le conseilloit, et que je devois même l'avoir fait plus tôt. Monsieur le Prince le donna au Roi, qui le remit à M. Colbert, lequel me dit que je pouvois faire dresser l'arrêt comme je jugerois à pro-

le maréchal de Luxembourg. Elle était fille de René Gilier, marquis de Clérembault (ci-dessus, t. I, p. 36).

1. En 1683, le Roi partit pour Fontainebleau le 3 août.

pos, S. M. ayant trouvé bon de me l'accorder. Je donnai toute mon application à le dresser. Je le portai à Fontainebleau à M. Colbert, qui affecta de le lire tout du long au Roi dans son conseil des finances. M. Poncet[1], qui en étoit, après que le Roi l'eut accordé, dit qu'il croyoit que je n'y avois rien oublié[2]. Aussitôt que M. Colbert me l'eut délivré, il s'en alla à Paris, où il fut quelque temps malade, et y mourut[3].

M. de Louvois me demanda si je ne pensois point à prendre des mesures pour me faire contrôleur général. Je lui dis qu'il pouvoit bien croire que non, puisque je ne le priois pas de m'y servir. Cela n'empêcha pas que, le jour étant venu que le Roi en vouloit nommer un, il ne me proposât. Le Roi avoit mis en délibération de mettre en cette place M. de Harlay, procureur général, et M. le Tellier avoit nommé M. le Peletier[4]. Il étoit donc question que le Roi fît un choix dans ces trois. M. le Tellier opina en disant qu'il ne connoissoit point M. le procureur général, parce qu'il ne se montroit pas; qu'il convenoit que j'avois de l'esprit et

1. Pierre Poncet, sieur d'Ablis, maître des requêtes, conseiller d'État en 1642, conseiller au conseil royal des finances à la place de M. de Sève en 1672, mort le 3 mai 1681. Gourville fait erreur en lui attribuant le propos qui va suivre, puisque, en 1683, il était mort depuis deux ans.
2. C'est l'arrêt du Conseil du 16 août 1683 qu'on trouvera à l'appendice VII.
3. Colbert mourut le 6 septembre 1683.
4. Claude le Peletier, né en 1631, avait commencé par être conseiller au Parlement (1652); en 1660, il fut désigné comme tuteur des filles de Gaston d'Orléans. Président au Parlement en 1662, prévôt des marchands en 1668, conseiller d'État en 1673, il remplaça Colbert au contrôle général en 1683. Le Roi le nomma ministre d'État en 1686; il donna sa démission en 1689, et ne mourut que le 10 août 1711.

entendois bien les finances. Sur cela, le Roi dit qu'il en falloit donc demeurer là : ce qui ayant été entendu par M. le duc de Créquy, qui avoit grande attention pour savoir ce qui se passoit[1], il courut vitement pour en faire en secret la confidence à Monsieur le Prince, et aussitôt descendit dans la cour, et, m'y ayant trouvé, me tira à part et me dit que j'étois contrôleur général, qu'il l'avoit entendu de ses propres oreilles, et qu'il me prioit de faire quelque plaisir à M. Bartet[2], qui étoit de ses amis. Je le remerciai, et me mis aussitôt dans ma chaise pour m'en aller à mon logis.

Je fus quelque temps à balancer en moi-même comment je devois regarder cela. J'étois flatté d'un côté; mais, de l'autre, je trouvois que, à mon âge[3], c'étoit un grand poids; que, ayant bien des amis, la plupart croiroient bientôt qu'ils auroient sujet de se plaindre de moi, si je ne faisois pas ce qu'ils pourroient souhaiter; que, d'ailleurs, j'avois une nombreuse famille; que chacun me donneroit bien des malédictions, si je ne l'avançois pas selon son caprice. J'étois fort en peine

---

1. Ici, le correcteur du manuscrit de M. le baron Pichon a ajouté : « et qui écoutoit à la porte, » membre de phrase qui a passé dans les éditions.

2. L'édition de 1724 a imprimé *Bartel,* et les éditions suivantes *Boxtel.* — Isaac Bartet, d'abord secrétaire du prince Casimir de Pologne et résident de ce royaume en France (1646), fut pourvu en 1651 d'une charge de secrétaire du cabinet. Il s'attacha alors au cardinal Mazarin, et on lui confia, en 1660, une double mission à Rome et à Madrid, à l'occasion du mariage de Louis XIV. Disgracié en 1669 et exilé à Amboise, il ne fut autorisé à reparaitre à la cour qu'en 1690, et mourut en septembre 1705, à cent cinq ans. Sur ses opérations financières, voir les *Lettres de Colbert,* t. I, p. 109, 126, 128, 129, 137-140, 143, etc.

3. Il avait alors cinquante-huit ans.

de ce que je savois qu'il falloit souvent lire en plein Conseil au Roi les papiers dont on vouloit lui rendre compte, et que, ne le pouvant pas bien faire, je serois obligé de les donner à un autre pour les lire; et, par-dessus tout cela, je considérois que j'étois fort agréablement avec Monsieur le Prince; que j'avois suffisamment de bien, non seulement pour vivre honorablement, mais encore pour assister mes parents selon leur condition, et non pas selon l'état où j'étois, à cause du grand nombre; que je n'avois plus à craindre d'être inquiété sur mes affaires passées, après l'arrêt et les lettres patentes que le Roi venoit d'avoir la bonté de me donner. Enfin, je décidois en moi-même que je serois bien plus heureux, si quelque autre étoit nommé au lieu de moi. Sur cela, on vint tout en courant m'apporter la nouvelle que M. le Peletier étoit contrôleur général. Je puis dire très sincèrement que je me trouvai soulagé. Bientôt après, je sus ce qui s'étoit passé depuis ce que M. de Créquy avoit entendu, qui étoit que M. le Tellier, après avoir dit son avis sur M. le procureur général, avoit ajouté au bien qu'il avoit dit de moi que je m'étois mêlé de beaucoup d'affaires et que j'étois actuellement attaché à Monsieur le Prince et à Monsieur le Duc, et que, parlant de M. le Peletier, il avouoit qu'il avoit beaucoup d'esprit, qu'il pouvoit dire que c'étoit comme de la cire molle capable de prendre telle impression qu'il plairoit au Roi de lui donner, et qu'ainsi il en pourroit faire un habile financier : ce qui détermina le Roi à le nommer[1].

1. On peut comparer le récit d'Ézéchiel Spanheim, *Relation de la cour de France*, p. 221. Le marquis de Sourches (*Mémoires*,

Je ne fus pas longtemps sans m'apercevoir que je m'étois bien trompé dans le raisonnement que j'avois fait que j'avois suffisamment du bien pour moi et pour en faire à ma famille, puisque, sans l'extrême bonté du Roi, et, si j'ose me servir de ce terme, sans son opiniâtreté à me sauver, j'étois un homme ruiné. M. le Tellier avoit souffert impatiemment que M. Colbert[1] se fût pour le moins égalé à lui : ce qui avoit nourri entre eux une haine implacable[2]. Dès que M. Colbert fut mort, il ne songea qu'à blâmer sa mémoire, et, par malheur pour moi, il voulut se servir de l'arrêt et des lettres patentes que M. Colbert avoit donnés gratuitement en ma faveur, dont il auroit pu tirer pour le Roi des sommes considérables, et cela pour faire sa cour à Monsieur le Prince, et parce que j'étois devenu de ses amis. Du moins, j'appris qu'il avoit tenu ce langage en quelque occasion, et, après l'avoir concerté avec M. le Peletier, ils firent dire sous main à M. le premier président de la Chambre des comptes[3] d'empêcher la vérification des lettres patentes que j'avois obtenues : ce qu'il fit en parlant au maître des comptes qui en étoit chargé, sans dire qu'il en eût ordre[4]. Je soupçonnai que M. de

t. IV, p. 216, note) dit que les courtisans désignaient Gourville pour être contrôleur général.

1. Dans les manuscrits de la Bibliothèque nationale et de M. le baron Pichon, un correcteur a biffé ici les mots : « qui avoit été son commis. »

2. *Mémoires de Saint-Simon*, édition Boislisle, t. VI, p. 463; *Parallèle des trois premiers rois Bourbons*, p. 218-219; Spanheim, *Relation de la cour de France*, p. 162, etc.

3. Nicolas Nicolay, premier président depuis 1656; il mourut en février 1686.

4. Le 15 avril 1684, la Chambre des comptes, ayant à procéder

Nicolay faisoit cela parce que Monsieur le Prince prétendoit qu'une petite capitainerie que M. de Nicolay s'étoit érigée étoit dépendante de celle de Hallatte[1]. Je sus bientôt, mais dans un grand secret et promesse de n'en point parler, d'où cet empêchement étoit venu. Je pris le parti de l'ignorer, et néanmoins de faire des instances pour parvenir à la vérification. J'en parlai à M. le Peletier, qui me donnoit des excuses qui me faisoient assez connoître la volonté qu'on avoit de traverser mon affaire. Je suppliai Monsieur le Prince de me mener chez M. le Tellier, à Chaville[2], pour lui en parler et le prier de vouloir achever une affaire que S. A. avoit si à cœur et qui étoit si avancée. Mais M. le Tellier s'en excusa, disant qu'il n'entendoit point les formalités de la Chambre des comptes. J'avoue que cette réponse, à laquelle j'avois été bien éloigné de m'attendre, me démonta si fort, que je dis impertinemment tout haut à Monsieur le Prince : « Je crois que Votre Altesse peut aller prendre son lait (c'étoit son repas), puisque M. le Chancelier n'entend pas les formalités de la Chambre des comptes. » La com-

à l'enregistrement des lettres patentes expédiées en faveur de Gourville à la suite de l'arrêt du Conseil du 16 août 1683, décida que, avant faire droit, il serait procédé à la « correction des comptes des maniements contenus ès dites lettres » (Arch. nat., P 2695).

1. Cette capitainerie était celle de Carnelle, qu'une déclaration du 2 avril 1628 avait érigée en faveur d'un ancêtre du premier président. Mais, à la suite de démarches de Monsieur le Prince, un arrêt du Conseil, rendu le 9 avril 1685 (Arch. nat., E 1829), défendit à M. Nicolay et à ses officiers d'exercer aucune juridiction dans la capitainerie.

2. Ce domaine, acheté par le chancelier, fut très augmenté par Louvois. Le ms. Arsenal 3878 contient le dénombrement des héritages que Louvois y fit entrer.

pagnie fut un peu embarrassée de ma sottise ; mais l'affaire en demeura là. Monsieur le Prince avoit la bonté d'en être bien fâché, et moi je l'étois encore davantage de n'avoir pas porté mes lettres à la Chambre des comptes aussitôt que je les avois eues, puisqu'elles auroient été vérifiées avant la mort de M. Colbert. Parlant de mon affaire à M. de Louvois, pour le prier d'en parler à M. le Chancelier et à M. le Peletier, il me dit que les difficultés que je trouvois ne venoient point de mauvaise volonté qu'on eût contre moi. Je lui répondis que, si je n'en étois pas la cause, j'étois bien malheureux, puisque j'en sentois rudement l'effet.

M. de la Bussière[1], sous le nom duquel j'avois fait le prêt de Guyenne en l'année 1661[2], m'étant venu trouver à Bruxelles, me dit qu'il avoit mis en dépôt chez un notaire toutes les décharges nécessaires pour retirer les promesses qu'il avoit mises à l'Épargne, et cent treize mille livres qui me devoient revenir. Mais, étant mort bientôt après, M. Tabouret[3], son frère, qui avoit été fort riche et qui ne l'étoit plus, s'étant accommodé avec le notaire qui avoit le dépôt, prit l'argent qui m'étoit destiné et tous les billets de l'Épargne qui devoient servir à retirer les promesses. De l'argent, il en acheta de M. le prince de Conti la terre de Vénizy, sous le nom de M. de Chemerault[4], son gendre, pour joindre à celle de Turny[5], qui lui appartenoit,

1. Ci-dessus, t. I, p. 195.
2. Voyez l'arrêt du 16 août 1683 (ci-après, appendice VII).
3. Ci-dessus, t. I, p. 37.
4. T. I, p. 137 et note 3.
5. Vénizy et Turny, communes du département de l'Yonne, dans le canton de Brienon-l'Archevêque.

et il disposa de tous les billets pour s'acquitter de quelques sommes qu'il devoit à des particuliers. Il les donnoit à fort bon marché, et, entre autres, il en avoit mis pour six ou sept cent mille livres entre les mains de M. de Valentinay[1], qui m'a souvent offert de me les remettre pour ce que je voudrois; mais je m'étois contenté de faire prendre un extrait sur les registres de l'Épargne de tous les billets qui avoient été tirés sur la Guyenne pour 1661, qui se montoient à beaucoup plus que les promesses que M. de la Bussière avoit mises à l'Épargne. J'avois joint à ce mémoire une copie du procès-verbal du sieur commissaire Manchon[2], pour prouver qu'il avoit enlevé les décharges qui devoient servir à retirer aussi les promesses que l'Ermitage[3] avoit mises à l'Épargne pour l'année 1660, et ce fut sur ce fondement que l'arrêt que j'avois obtenu portoit que ces promesses demeureroient nulles; mais j'avoue que, quoique ce fût une justice, c'étoit néanmoins une grande grâce et un prétexte à M. le Peletier de la faire valoir pour beaucoup.

La première fois que je fus éclairci qu'on en avoit le dessein fut sur le fait d'une quittance de dix-huit mille francs pour des augmentations de gages dont le Roi avoit ordonné le remboursement en faveur de

---

1. Louis Bernin de Valentinay, receveur des finances à Tours (1655), maître de la Chambre aux deniers (1664), contrôleur général de la maison du Roi (1667), eut la capitainerie des chasses de Chinon en 1672. Il se fit connaître comme protecteur des gens de lettres. Son fils épousa la fille du maréchal de Vauban.

2. Dominique Manchon, commissaire au Châtelet de 1654 à 1668.

3. Ci-dessus, t. I, p. 196. Gourville avait fait sous son nom le prêt des généralités de Guyenne pour l'année 1660 : arrêt du 16 août 1683 (ci-après, appendice VII).

M. le président Molé[1], pour pareille somme que je lui avois prêtée dans une affaire pressante, dont il me sut tant de gré, qu'il m'en a gardé le souvenir et m'a fait plaisir en tout ce qui lui a été possible jusqu'aujour d'hui. M. le Peletier ne jugeant pas à propos de me faire ce remboursement, après bien du temps, je fus nécessité d'en parler au Roi, qui ayant eu la bonté de lui ordonner de me rembourser, M. le Peletier représenta au Roi que je devois de grandes sommes à S. M.; mais elle ordonna de rechef de me les faire payer : ce qu'il fit. Tout cela n'empêchoit pas qu'il ne me donnât un accès fort libre dans sa maison; il sembloit même que je lui faisois plaisir d'aller souvent dîner avec lui. Son cabinet ne me fut jamais fermé; j'y allois ordinairement aux heures où il n'y avoit point d'audience, et souvent il commençoit par me dire : « Parlons un peu de nos affaires. » J'ai cru avoir remarqué qu'il trouvoit souvent dans le grimoire des finances de quoi lui faire naître des scrupules. En effet, aussitôt que, par les libéralités du Roi et les occasions qui se présentèrent heureusement, il eut établi sa famille, il ne songea plus qu'à mettre M. de Pontchartrain en sa place[2]. Quand on lui avoit proposé quelques avis, il m'en demandoit volontiers mon sentiment; mais, en ce temps-là, il ne s'en présentoit pas, comme il arriva quelques années après, sous M. de Pontchartrain.

Je ne sais par quel hasard on trouva un état des

1. Louis Molé de Champlâtreux, président à mortier en 1682, mort en 1709.
2. *Mémoires de Saint-Simon,* édition Boislisle, t. IV, p. 265. — Louis Phélypeaux de Pontchartrain, contrôleur général en 1689, secrétaire d'État en 1690, chancelier en 1699, mort en 1727.

restes de la Guyenne fait par M. Pellot[1], pour de très grandes sommes qui furent jugées devoir être dues par M. Bauyn[2], qui étoit déjà rudement attaqué sur d'autres affaires : ce qui alla jusqu'à l'obliger de vendre sa charge de maître de la Chambre aux deniers, dont on fit porter le prix au Trésor royal. Celui-ci avoit toujours gardé de très grandes mesures avec moi, parce que, s'il faut ainsi dire, j'étois celui qui lui avoit mis le premier les armes à la main, lui ayant donné, à la prière de M. de Béchameil[3], un contrôle en Guyenne de deux cents écus d'appointements, d'où il étoit parvenu par son savoir-faire, après ma disgrâce, à une très grande fortune, sans s'être mêlé que des affaires de cette province. Mais, se trouvant fort surchargé[4], il crut être nécessité de tâcher à se soulager à mes dépens. Cela nous jeta dans un grand procès[5]. Enfin, M. le Peletier, ayant été extrêmement prié par M. le marquis de Châteauneuf[6] de protéger

1. T. I, p. 154.
2. Prosper Bauyn, seigneur d'Angervilliers, d'abord commis de Colbert, puis contrôleur des meubles de la cour (1666), enfin maître de la Chambre aux deniers (1669), mourut en 1700, au moment où il allait être taxé encore une fois (*Gazette d'Amsterdam*, n° LI). On peut voir, sur cette affaire, une lettre du contrôleur général à l'intendant de Limoges, 21 avril 1687 (*Correspondance des contrôleurs généraux*, t. I, n° 398).
3. Louis Béchameil, ancien fermier général, devenu surintendant des maisons de Monsieur et de Madame en 1685.
4. Dangeau dit, le 11 mars 1688, que Bauyn a été taxé à onze cent mille francs, mais qu'il a quelque recours contre Gourville et Béchameil.
5. On peut voir les détails de ce procès dans l'arrêt du Conseil du 14 mars 1690 (Arch. nat., E 1855), dont il sera parlé plus loin, chap. XIX.
6. Balthazar Phélypeaux, secrétaire d'État depuis 1676, qui mourut le 27 avril 1700.

M. Bauyn, qu'il disoit être dans son alliance, me parla dans la suite d'une façon qui augmentoit mes chagrins et mes peines de beaucoup ; mais la bonté que le Roi avoit pour moi étoit si grande que, encore que, par le rapport qui lui fut fait de cette affaire, on lui montrât que je devois être tenu d'une partie de l'état dont étoit question, à la décharge de M. Bauyn, S. M. ne laissa pas de dire qu'on déchargeât M. Bauyn des sommes qu'on croyoit qui étoient dues par moi : ce qui fut fait. Pendant tout cela, je n'avois pas moins mes accès libres chez M. le Peletier, et je paroissois toujours aussi bien traité de lui qu'on le pouvoit être[1].

Vers la fin de l'année 1686, Monsieur le Prince reçut la nouvelle, à Chantilly, que Madame la Duchesse avoit la petite vérole à Fontainebleau[2]. Il partit pour s'y rendre, et ne s'arrêta point qu'il ne fût arrivé. L'on me vint dire à Saint-Maur que, passant par Paris, il avoit témoigné du chagrin de ce que je n'y étois pas, pour aller avec lui ; cela fit que je m'y rendis aussitôt. Le Roi étant revenu à Versailles[3], et Monsieur le Prince étant tombé malade à Fontainebleau[4], il y fut assez longtemps ; mais enfin, son mal augmentant, cela me mit fort en peine. Il lui prit une grande envie de s'en retourner à Paris ; j'avois même déjà pris des

---

1. Voir la suite, ci-après, chap. XIX.
2. Ce n'est pas Madame la Duchesse, Anne de Bavière, belle-fille du prince, qui tomba malade, mais la duchesse de Bourbon, Louise-Françoise, légitimée de France, mariée le 24 juillet 1685 au duc de Bourbon, petit-fils du grand Condé (*Journal de Dangeau*, t. I, p. 412-414 ; *Mémoires de Sourches*, t. I, p. 455 ; *Lettres de M*^{me} *de Sévigné*, t. VII, p. 530 ; etc.).
3. Le 15 novembre.
4. *Journal de Dangeau*, t. I, p. 422-427.

mesures pour l'y faire porter en chaise. Mais, son mal étant augmenté, les médecins jugèrent qu'il n'en pouvoit pas échapper, et lui-même, le sentant bien, ne songea plus qu'à ce qu'il avoit de plus pressé. Il m'ordonna d'envoyer un courrier à Paris pour faire venir en diligence le P. de Champs[1], jésuite, et d'envoyer des relais pour cela. Il fit aussitôt écrire une lettre au Roi fort touchante en faveur de M. le prince de Conti, qui étoit encore en disgrâce[2]. Ensuite il m'ordonna de lui faire dresser un testament, par lequel il vouloit donner cinquante mille écus pour être distribués dans les lieux où il avoit causé le plus grand désordre pendant la guerre civile, pour entretenir des pauvres malades[3], dont il m'avoit parlé la veille, et, en peu de paroles, ce qu'il vouloit faire pour

1. Étienne-Agard de Champs, né à Bourges en 1613, avait été professeur de théologie du prince de Conti, frère de Condé. C'est lui qui, en 1685, avait décidé Condé à pratiquer les devoirs de la religion, qu'il avait abandonnés depuis longues années. Ce même religieux n'avait pas voulu remplacer le P. Annat comme confesseur de Louis XIV, et, en 1678, le P. de la Chaise étant malade, il avait refusé l'absolution au Roi à cause de ses relations avec Mme de Montespan (*Mémoires de Sourches*, t. I, p. 209 et 465). Il mourut à la Flèche le 31 juillet 1701, à quatre-vingt-huit ans.

2. Louis XIV n'aimait pas le prince de Conti, à cause de son escapade de Hongrie en 1685 (*Mémoires de Saint-Simon*, éd. 1873, t. IV, p. 389, et t. XII, p. 50). Après la mort du grand Condé, le prince rentra en grâce pour quelque temps. — Sur la lettre de Condé au Roi, on peut voir le *Journal de Dangeau*, t. I, p. 426-427, les *Mémoires de Sourches*, t. I, p. 464-465, les *Lettres de Mme de Sévigné*, t. VII, p. 246, etc. Le texte s'en trouve dans le ms. Clairambault 1147, fol. 146; elle est datée du 10 décembre, avec un post-scriptum du 11.

3. Gourville fut chargé, avec le P. de Champs, de l'exécution de cette partie du testament : voir ci-dessus, t. I, notre Introduction, p. LXX-LXXI.

ses domestiques et pour moi, à qui il vouloit donner cinquante mille écus, ajoutant obligeamment qu'il ne pourroit jamais assez reconnoître les services que je lui avois rendus. Je ne lui répondis rien, et m'en allai faire dresser son testament par son secrétaire[1], et sans notaire, avec toute la diligence possible[2]. S. A. se l'étant fait lire et n'y ayant pas trouvé mon nom, elle me jeta un regard de ses yeux étincelants, comme en colère, et me dit de faire ajouter les cinquante mille écus dont il m'avoit parlé; mais je le remerciai très humblement, et lui représentai qu'il n'y avoit pas de temps à perdre, et que je le priois de le signer : ce qu'il fit. Le P. de Champs, qu'il demandoit souvent, arriva peu après[3]. Monsieur le Duc, à qui on avoit aussi envoyé un courrier, arriva presque en même temps; il eut encore quelques heures pour l'entretenir[4]. Après qu'il se fut confessé, il mourut[5].

Monsieur le Duc m'ayant chargé de faire préparer toutes choses, le grand maître des cérémonies[6] et

1. Dominique Chauveau, un des secrétaires de ses commandements (voir la note suivante).
2. Le carton des Archives nationales coté K 543 renferme (n° 4) trois expéditions du testament de Condé, ou plutôt des deux testaments se complétant l'un l'autre, le premier, olographe, du 3 septembre 1686, l'autre, écrit par Chauveau le 10 décembre suivant. Dans la même liasse se trouvent d'autres pièces qui confirment le récit de Gourville; il ne figure pas parmi les légataires.
3. Les *Mémoires de Sourches*, t. I, p. 465, disent que le P. de Champs ne put arriver à temps, et que Condé se confessa au P. Bergier.
4. Monsieur le Duc arriva dans la journée du 10 décembre (*Sourches*, t. I, p. 465).
5. Le 11 décembre, entre neuf et dix heures du soir.
6. Jules-Armand Colbert, marquis de Blainville, quatrième fils du ministre, avait succédé à M. de Rhodes en 1685.

les autres officiers qui devoient accompagner son corps à Vallery¹ étant arrivés, il y fut conduit et mis dans une cave où étoient quelques-uns de ses ancêtres, avec toute la pompe et la cérémonie dues au premier prince du sang².

Mme d'Hamilton, depuis duchesse de Tyrconnell³, devant partir pour aller à Londres⁴, me dit que S. M. Britannique ne manqueroit pas de lui demander ce que je disois des grands progrès qu'il faisoit pour le rétablissement de la religion catholique en Angleterre. Je la priai de lui dire, en ce cas-là, que, si j'étois pape, il seroit déjà excommunié, parce qu'il alloit perdre tous les catholiques d'Angleterre; que je ne doutois pas que ce ne fût l'exemple de ce qu'il avoit vu faire en France⁵ qui lui servoit de modèle, mais que cela étoit bien différent; qu'il auroit dû, à mon avis, se contenter de favoriser les catholiques en toutes rencontres, pour en augmenter le nombre, et laisser à ses successeurs le soin de remettre peu à peu l'Angleterre tout à fait sous l'obéissance du pape⁶.

---

1. Vallery, Yonne, canton de Chéroy, à dix lieues environ de Fontainebleau; les princes de Condé y avaient leur sépulture, qui existe encore aujourd'hui. — Toutes les éditions ont imprimé : *Saint-Valery*.

2. On trouvera le récit des obsèques dans la *Gazette*, p. 785-786, et dans le *Journal de Dangeau*, t. I, p. 434-435.

3. Françoise Jennings, sœur de la duchesse de Marlborough, avait épousé : 1° Georges, comte Hamilton, frère de la comtesse de Gramont; 2° Richard Talbot, duc de Tyrconnell et vice-roi d'Irlande. Elle mourut le 17 mars 1731. En 1703, peu de temps avant de mourir, Gourville lui avait prêté trois mille livres (Inventaire fait après le décès de Gourville : ci-après, appendice XV).

4. Le 7 octobre 1685 (*Dangeau*, t. I, p. 228).

5. La révocation de l'édit de Nantes.

6. Ces idées de Gourville sont également rapportées dans un

Chapitre XIX.

Mon voyage à Aix-la-Chapelle, où étoit M. le duc d'Hanovre. La guerre de Savoie. L'affaire de la Monnoie. La vaisselle d'argent. M. de Pontchartrain est fait contrôleur général. Le Roi m'accorde un nouvel arrêt et de nouvelles lettres patentes par une bonté toute extraordinaire. Je les fais enregistrer à la Chambre des comptes.

J'entretenois toujours quelque commerce avec MM. les princes de Brunswick, dont je rendois compte à Messieurs les Ministres. M. le duc d'Hanovre m'envoya un courrier exprès vers le mois d'avril 1687[1], pour me dire que, si je voulois aller à Aix-la-Chapelle, il auroit bien du plaisir à me voir et qu'il étoit dans l'intention de faire quelque chose qui fût agréable au Roi. S. M. m'ordonna d'y aller et de tâcher de le porter à faire un traité avec elle[2]. M. l'abbé de Marcillac[3], qui cherchoit toujours à soulager l'état où il étoit, pensant que peut-être ce lieu-là lui seroit favorable, me proposa de faire le voyage, et Mlles de la Rochefoucauld[4], qui ne pouvoient pas se résoudre à le laisser partir sans l'accompagner, en voulurent être aussi et se firent un plaisir de voir, en

---

passage des *Mémoires du chevalier Temple*, éd. Michaud et Poujoulat, p. 79.

1. Au commencement de mars : lettre de Croissy à Gourville du 7 mars (ci-après, appendice XIII).

2. Nous donnons à l'appendice XIII les principaux passages des instructions données à Gourville.

3. Henri-Achille de la Rochefoucauld (1642-1698), abbé de la Chaise-Dieu et de Fontfroide.

4. Ci-dessus, t. I, p. 111.

allant ou en revenant, Mme l'abbesse de Soissons, leur tante[1], qu'elles aimoient fort. Nous passâmes aussi à Sillery[2], et allâmes prendre des bateaux à Charleville pour nous mener à Liège[3], où nous trouvâmes Mme la comtesse de la Marck[4] et Mme la princesse de Fürstenberg[5], et où étoit aussi M. l'évêque de Strasbourg[6]. Nous y séjournâmes un jour, et arrivâmes à Aix-la-Chapelle, où M. le duc et Mme la duchesse d'Hanovre étoient déjà. Ils m'avoient fait louer une des plus belles maisons de la ville. M. l'abbé de Marcillac en prit une autre tout contre ; et nous y séjournâmes autant de temps que ce prince y demeura. M. le duc d'Hanovre seroit assez convenu de ce que j'avois pouvoir de faire avec lui, si ce n'eût été qu'on demandoit une étroite union avec le roi de Danemarck[7]. Mais, comme celui-ci a toujours des préten-

---

1. Gabrielle-Marie de la Rochefoucauld (1624-1693), fille du duc François V, abbesse du Paraclet (1646), puis de Notre-Dame de Soissons (1684).

2. Marne, arrondissement de Reims, canton de Verzy.

3. Les *Voyages faits en divers temps,* etc. (p. 277-285), donnent tout le détail du voyage. Partis de Paris le 17 avril, ils arrivèrent le 24 à Liège, et le 28 à Aix-la-Chapelle.

4. Cette comtesse de la Marck ne peut être que Charlotte-Catherine de Wallenrod, veuve depuis 1680 de François-Antoine, comte de la Marck, remariée à Emmanuel-François-Égon, comte de Fürstenberg, neveu du cardinal, qui l'avait laissée veuve une seconde fois en 1686. Saint-Simon (*Mémoires,* éd. Boislisle, t. VII, p. 95-99) a raconté les bruits qui couraient de ses relations avec le cardinal. C'est par erreur que Gourville l'appelle encore « comtesse de la Marck. »

5. Marie de Ligny, qui avait épousé, en 1677, Antoine-Égon, prince de Fürstenberg, autre neveu du cardinal.

6. Guillaume-Égon de Fürstenberg, évêque de Strasbourg en 1682, cardinal en 1686, mort en 1704.

7. Christiern V, roi depuis 1670.

tions sur la ville de Hambourg, et qu'elle est sous la protection de la maison de Brunswick, dans ces dernières années que le roi de Danemarck a voulu faire des tentatives, cette maison s'y est toujours opposée et en a garanti cette ville ; outre qu'ils craignoient que cela ne les engageât à quelque chose qui déplût à la Suède, avec laquelle la maison de Brunswick est étroitement liée[1]. Ayant envoyé mon neveu de Gourville[2] à la cour pour rendre compte de ce qui s'étoit passé à Aix-la-Chapelle[3], le Roi lui fit l'honneur de lui ordonner d'aller à Hanovre continuer cette négociation et de faire en sorte, s'il y avoit moyen, que M. le duc de Zell entrât dans ce traité avec Monsieur son frère[4].

Mon imagination faisant toujours beaucoup de chemin, je me fis un projet pour proposer à M. le duc d'Hanovre de se faire catholique avec toute sa famille ; que, par ce moyen, il pourroit devenir électeur[5], et

1. Ces assertions sont confirmées par les correspondances conservées au Dépôt des affaires étrangères, vol. *Hanovre* 24.
2. François Hérauld de Gourville, fils de l'unique frère de notre auteur, ancien conseiller au parlement de Metz, mort le 5 mars 1718. Son testament, du 21 décembre 1716, est aux Archives nationales, Y 48, fol. 30. Sa signature et son écriture étaient tellement semblables à celles de son oncle, qu'il est très difficile de les distinguer.
3. C'est la lettre du 6 mai 1687 que Gourville neveu apporta à la cour (vol. *Hanovre* 24, fol. 27 et 28).
4. La correspondance relative à la mission du jeune Gourville à Hanovre et à Zell remplit les deux volumes cotés *Hanovre* 24 et 25. Il arriva à Hanovre le 8 juin 1687, en revint en août, y retourna en octobre avec de nouvelles instructions, et n'en revint qu'en janvier 1689. Sur cette mission, on peut consulter l'ouvrage de M. le comte Horric de Beaucaire, *Une mésalliance dans la maison de Brunswick*, p. 97-98.
5. Il le devint en 1692, époque à laquelle l'empereur Léopold

un de ses enfants évêque d'Osnabrück après lui, puisque ce seroit au chapitre d'y nommer un catholique[1]. Ayant dit ma pensée à M. le prince de Fürstenberg, depuis cardinal[2], qui se trouvoit dans le voisinage, je lui demandai si M. l'électeur de Cologne[3] voudroit bien faire coadjuteur d'Hildesheim[4] celui que M. le duc d'Hanovre destineroit pour l'évêché d'Osnabrück. Il m'assura qu'il n'en doutoit pas : ce qui auroit donné une grande considération à cette maison, et faisoit un bel établissement pour un de ces enfants. Mais, comme je prévoyois bien que, raisonnablement, il y auroit à craindre qu'un jour cela ne pût faire un démembrement des biens d'Église, qui font la principale partie des revenus de ce duché, j'ajoutois à ma première pensée que ce changement de religion de sa maison seroit regardé d'une si grande conséquence pour la religion romaine, que je ne doutois pas que le Pape ne fît tout ce qu'on pourroit souhaiter pour assurer que tous ces bénéfices demeureroient pour toujours réunis au duché. Ce qui me donnoit quelque espérance pour ce changement est que j'avois souvent entendu dire à M. le duc d'Hanovre que Jésus-Christ avoit dit en communiant ses apôtres :

créa pour lui un neuvième électorat avec le titre d'archiporte-enseigne de l'Empire.

1. Depuis le traité de Münster, cet évêché était occupé alternativement par les catholiques et les protestants.

2. Gourville veut parler du prince Antoine-Égon de Fürstenberg, premier ministre de l'électeur de Cologne et neveu du cardinal ; il le confond avec son oncle.

3. Maximilien-Henri de Bavière, qui mourut le 3 juin 1688.

4. Évêché suffragant de Mayence, dans la Basse-Saxe ; Maximilien-Henri en était administrateur.

« Ceci est mon corps, etc.; » mais qu'on ne savoit pas bien comme il l'avoit entendu, et qu'ainsi il croyoit qu'on pouvoit se sauver dans toutes les religions chrétiennes. Il étoit luthérien; Mme la duchesse d'Hanovre étoit calviniste, et chacun d'eux avoit son sermon séparé dans la même salle.

Je demandai un jour à Mme la duchesse de quelle religion étoit la princesse sa fille, qui pouvoit avoir treize ou quatorze ans, et qui étoit fort bien faite[1]. Elle me répondit qu'elle n'en avoit point encore, qu'on attendroit de quelle religion seroit celui qui l'épouseroit, afin de l'instruire dans la religion de son mari, soit protestant ou catholique.

M. le duc d'Hanovre, après avoir entendu toute ma proposition, me dit que ce seroit une chose très avantageuse pour sa maison, mais qu'il étoit trop vieux pour changer de religion. Je ne laissai pas de ménager une entrevue de M. le prince de Fürstenberg avec lui, sous prétexte de s'entretenir sur les affaires du temps; mais, à la fin, M. le prince de Fürstenberg non seulement lui parla de la coadjutorerie d'Hildesheim, mais il lui vouloit faire encore envisager que, ayant un grand nombre d'enfants[2], il en pourroit mettre dans plusieurs chapitres, et qu'il pouvoit raisonnablement espérer qu'il y en auroit qui parviendroient

---

1. Ernest-Auguste, duc de Hanovre, n'eut qu'une fille, Sophie-Charlotte, qui, née le 20 octobre 1668, avait dix-neuf ans en 1687 et était mariée, depuis 1684, à Frédéric III, électeur de Brandebourg. L'anecdote que raconte Gourville se rapporte évidemment à son voyage de 1681, époque à laquelle la princesse avait environ treize ans.

2. Il avait en effet six fils, qui moururent presque tous sans postérité.

à avoir des évêchés. Il lui dit que la proposition lui paroissoit belle et bonne, mais qu'il la regardoit seulement comme une marque de l'affection et de l'amitié que j'avois pour lui, parce qu'il vouloit mourir dans sa religion[1]. Mme la duchesse, qui sut cela, me fit des compliments et des amitiés sur la bonne volonté que j'avois, d'une manière qui me fit juger qu'elle auroit volontiers consenti à la proposition, si Monsieur son mari y étoit entré[2]. Cette princesse avoit infiniment d'esprit et une si grande gaieté, qu'elle l'inspiroit à tous ceux qui l'approchoient, mais il me semble qu'elle avoit une pente naturelle à chercher à dire souvent quelque petite chose sur son prochain en présence ; mais elle le disoit de manière que celui à qui elle s'adressoit ne pouvoit s'empêcher d'en rire le premier.

Le jour du départ étant arrivé, j'allai les accompagner à Aldenhoven[3], et, le soir, Mme la duchesse d'Hanovre me dit qu'on lui vouloit vendre deux diamants de douze ou quinze mille livres chacun. Elle me les

---

1. Ici, le correcteur du manuscrit de M. le baron Pichon a ajouté : « étant trop vieux pour en changer, » phrase qui se retrouve dans les éditions.

2. Dans les correspondances des volumes *Hanovre* 24 et 25, aux Affaires étrangères, il n'est point question de ces propositions faites par Gourville; mais une lettre du 7 avril 1681 (*Hanovre* 17, fol. 361) en parle formellement. Il faut donc croire que ces conseils de Gourville furent donnés au duc lors de cette première mission, et non pas en 1687. Ce qu'il a dit ci-dessus de la fille du duc confirme cette opinion.

3. Les 18 et 19 mai (*Voyages*, p. 285-295). — Aldenhoven est une localité située à quelques kilomètres nord-est d'Aix-la-Chapelle, sur la route de Düsseldorf. Toutes les éditions ont imprimé *Altenhoue*. — Gourville y continua les négociations entamées à Aix-la-Chapelle (vol. *Hanovre* 24, fol. 32).

montra en me priant de vouloir bien lui donner mon conseil pour le choix : ce que je fis fort ingénûment ; et, m'en étant allé dans le logis qu'on m'avoit marqué, M. le baron de Platen, premier ministre du prince, m'apporta celui que j'avois, en quelque façon, le plus estimé; mais il ne fut jamais en son pouvoir de me le faire accepter. Quelque temps après, M. le duc d'Hanovre m'envoya huit des plus beaux chevaux qu'on eût jamais vus de la race d'Oldenbourg[1]. Je ne les eus pas sitôt vus, que je me proposai de supplier le Roi de vouloir bien qu'on les mît dans ses écuries. S. M. trouva bon de les accepter : ce qui me fit un fort grand plaisir.

Après que la guerre fut déclarée[2], l'on parla fort de la négociation qui se faisoit avec M. de Savoie[3]. L'on prétendoit mettre une garnison dans la citadelle de Turin. M. de Savoie, ne s'y pouvant résoudre, offrit de joindre ses troupes à celles du Roi et de recevoir garnison françoise dans deux de ses places, qui, à la vérité, n'étoient pas de grande conséquence. La résolution fut enfin prise de déclarer la guerre à M. de Savoie en cas qu'il ne voulût pas recevoir garnison françoise dans sa citadelle de Turin. L'ayant appris, je fus trouver M. de Louvois[4] pour lui représenter combien cette guerre-là coûteroit à la

1. Ce comté possède d'excellents pâturages où l'on élevait une race de chevaux encore estimée de nos jours.
2. C'est en août 1688 que la guerre se trouva effectivement déclarée par l'occupation de l'électorat de Cologne par les Français.
3. Victor-Amédée II.
4. Saint-Simon dit que ce furent les exigences de Louvois qui forcèrent Victor-Amédée à la guerre (*Mémoires,* éd. 1873, t. XII, p. 26 et suiv.). M. Rousset, dans son *Histoire de Louvois,* t. IV, p. 264 et suivantes, a raconté les préliminaires de cette rupture.

France, par la nécessité où l'on se trouveroit de faire voiturer tout ce qui seroit nécessaire pour la subsistance de l'armée par des mulets seulement; que, le Roi ayant déjà tant d'ennemis sur les bras, il me sembloit qu'on auroit dû éviter d'en augmenter le nombre, et s'il ne seroit pas plus avantageux d'accepter les offres que faisoit M. de Savoie. M. de Louvois me répondit qu'on étoit assuré qu'il prenoit des mesures avec les ennemis pour pouvoir se déclarer dans la suite. Je pris la liberté de lui dire que, quand cela seroit à craindre, si on acceptoit ses offres, que l'on fit passer ses troupes dans l'armée du Roi et que l'on mît garnison dans les deux petites places qu'il offroit, cela pourroit peut-être l'empêcher d'achever le traité que l'on disoit qu'il avoit commencé, du moins le suspendre pour quelque temps; que j'avois toujours entendu dire que les guerres d'Italie avoient été ruineuses et fatales aux François; que la frontière de France du côté de Piémont étoit la seule où l'on n'avoit jamais rien fait pour la mettre en bon état; qu'il ne falloit pas s'étonner si M. de Savoie ne vouloit point recevoir de garnison dans sa citadelle de Turin, puisque ce seroit se soumettre, et tout son pays, à la volonté de la France, et qu'assurément cela devoit le précipiter d'entrer dans la ligue avec les ennemis, à toutes conditions. Mais, soit que M. de Louvois fît peu de réflexion sur tout ce que je lui disois, ou qu'il fût importuné de mon discours, il me répondit, même assez brusquement, que la résolution avoit été prise en plein Conseil; et il me dit, comme il avoit fait à l'occasion de la sortie des ministres[1], que le Roi n'ai-

---

1. La sortie du royaume des ministres protestants. — Gourville

moit pas qu'on lui parlât en particulier contre ce qui avoit été résolu en présence de tous. Je pensai, comme j'avois aussi fait l'autre fois, que c'étoit lui qui avoit ouvert, et apparemment soutenu l'avis qui avoit été pris.

Dans l'année 1690[1], M. le Peletier me dit un jour qu'on proposoit de faire quelque affaire sur l'or et sur l'argent. Je lui répondis que j'avois toujours ouï dire que c'étoit une matière bien délicate. Il me demanda si je croyois bien qu'il y eût deux cents millions en monnoie dans le royaume, qui étoit ce qu'ils avoient estimé dans le Conseil royal[2]. Je lui dis qu'il falloit qu'il y en eût beaucoup plus, parce que j'avois souvent observé que le commerce de Paris, qui est grand, se faisoit pendant un assez long temps tout en or, et pendant un autre en argent. Il me dit qu'on proposoit de marquer les espèces comme on avoit fait les sols, et de prendre une somme pour la marque. Je lui répondis que, quelque marque qu'ils pussent faire, il y auroit une infinité de gens qui s'efforceroient d'en marquer, et que les peuples n'étoient pas capables de connoître la différence de la marque du Roi d'avec celle des faux-marqueurs. Ensuite, étant allé voir M. de Louvois, il m'en parla aussi, et je lui fis d'abord la même réponse. Mais, m'ayant dit qu'on étoit dans la nécessité de faire quelque chose d'extraordinaire par

fait allusion à une anecdote qu'il croit avoir racontée précédemment, et qui se trouvera ci-après, p. 157.

1. En 1689, et non en 1690, puisque M. le Peletier quitta le contrôle général au mois de septembre 1689.

2. Le conseil des finances, auquel M. de Boislisle a consacré une notice dans l'appendice I du tome VI des *Mémoires de Saint-Simon*, p. 477-512.

le grand besoin qu'on avoit d'argent, je lui dis que, si on étoit résolu absolument de faire quelque chose sur les monnoies, je trouvois les mêmes inconvénients que j'avois dit à M. le Peletier, et qu'on seroit donc nécessité de la refondre et la marquer avec quelque différence, afin qu'on pût distinguer la nouvelle monnoie d'avec la vieille. Il me dit qu'il savoit bien qu'on en avoit parlé, mais qu'on avoit trouvé que cela feroit de trop grands frais. Il me vint dans la pensée que le remède à tout cela seroit si on pouvoit remarquer toutes les espèces sans les fondre. Il me demanda si je croyois qu'il y avoit bien deux cents millions de monnoie, comme on le disoit. Je lui répondis que je croyois savoir, à n'en pouvoir douter, qu'il y en avoit plus de quatre; que, après que M. le Peletier m'en avoit parlé, je m'étois ressouvenu que, à Bruxelles, un nommé Manis, de Lyon, qui avoit conduit M. le Tillier[1], quand il abandonna les consignations, m'ayant dit qu'il avoit été principal commis dans les fermes qui avoient été faites du temps de Warin[2], je lui fis plusieurs questions, entre autres combien il croyoit qu'il y avoit de monnoie d'or et d'argent en France dans ce temps-là;

1. Jacques le Tillier, sieur de la Chapelle, d'abord conseiller au Grand Conseil (1634), puis maître des requêtes (1642), et intendant des finances (1649). Sa charge ayant été supprimée, il se fit recevoir secrétaire du roi le 27 mars 1655. Il résigna ses fonctions, le 13 août 1659, pour devenir receveur des consignations, fit une banqueroute frauduleuse en 1665 et se sauva à l'étranger. Condamné à mort par contumace en juin 1668, il mourut à Venise en 1680. — Toutes les éditions ont imprimé Le Tellier.
2. Jean Warin, sculpteur et graveur, né à Liège, fut naturalisé en sept. 1650 et nommé garde de la Monnaie; en 1661, il fut enfermé à la Bastille pour malversations, mais ne tarda pas à en sortir, et acheta une charge d'intendant des bâtiments. Mort le 26 août 1672.

qu'il m'avoit assuré, comme en ayant tenu le registre, que cela s'étoit monté à plus de quatre cents millions, et que, comme il venoit assurément plus d'or et d'argent en France par Saint-Malo[1] qu'il ne s'en étoit pu consommer dans les dorures et dans la vaisselle d'argent qu'on avoit fabriquée depuis ce temps-là, étant venue si fort à la mode que tout le monde en vouloit avoir, j'étois persuadé que présentement il devoit y avoir plus de cinq cents millions. M. de Louvois me dit aussi qu'on avoit parlé de fondre toute la vaisselle d'argent afin d'en faire de la monnoie, et me demanda ce que j'estimois qu'il y en pouvoit bien avoir dans le royaume. Je lui répondis que, pour cela, je n'en savois rien, mais que je m'appliquerois volontiers à voir à peu près où cela pouvoit aller. Il me dit que je lui ferois un grand plaisir de l'informer de ce que j'aurois pensé là-dessus.

Étant venu à Paris et ayant eu par hasard quelque conversation avec un nommé Masselin, chaudronnier de son métier, qui avoit fait de la batterie de cuisine pour l'hôtel de Condé[2], je ne sais à quelle occasion j'avois eu lieu de le connoître pour un homme d'esprit et fort inventif. Heureusement, je pensai à l'envoyer chercher, et je lui demandai s'il croyoit qu'on pût trouver une invention pour remarquer la monnoie sans la fondre. Il me dit qu'il n'en doutoit point,

---

1. Ce port, par suite de son grand commerce avec l'Espagne, était à peu près le seul par lequel entrassent en France les matières d'or ou d'argent venant d'Amérique.

2. Dans un travail, qui n'a pas encore été publié, sur les monnaies sous les successeurs de Colbert, M. de Boislisle a utilisé les documents du Contrôle général relatifs à Martin Masselin et à la part qu'il prit à la réforme des monnaies en 1689-1690.

et me parla comme un homme si savant dans la façon de marquer l'or et l'argent, qu'il me fit soupçonner d'y avoir quelquefois travaillé. Et revenant toujours à savoir si on pourroit remarquer sans fondre, il me dit que l'essai pourroit être de quelque dépense. Je l'assurai que je la payerois volontiers, et même que je lui ferois donner quelque gratification. Ayant aperçu des jetons sur ma table, il m'en demanda six pour faire l'essai, et me promit de ne perdre aucun temps pour voir s'il y pourroit parvenir. Ensuite, il me les rapporta, y en ayant trois contremarqués d'une autre marque : ce qui me fit un grand plaisir ; et je l'assurai d'une bonne récompense. J'allai trouver M. de Louvois pour lui faire voir ces jetons contremarqués : ce qui lui plut beaucoup. Il en alla rendre compte au Roi, en faisant fort valoir le service que je lui rendois : ce qu'ayant su, je sentis une si grande joie que je ne saurois l'exprimer, de voir que ma fortune m'avoit assez favorisé pour donner quelque petite marque de reconnoissance de toutes les bontés que S. M. me témoignoit en toutes occasions. M. le Peletier me dit, quelques jours après, que le Roi avoit parlé de cette affaire obligeamment pour moi. Je lui demandai s'il ne jugeoit point à propos que ce fût une occasion pour obtenir un nouvel arrêt et de nouvelles lettres patentes pour me mettre entièrement en repos, et finir toutes mes craintes sur les changements qui pourroient arriver ; mais je ne trouvai pas que cela tombât dans son sens ; et, comme je pensois que l'occasion étoit très favorable, quoique M. le Peletier n'y fût pas entré, je m'efforçai de nouveau à pénétrer d'où cela pouvoit venir. Enfin, de toutes les pensées qui me vinrent, je m'arrêtai à celle de croire que M. le Peletier, à l'instigation de M. le Tellier, avoit si fortement parlé au Roi contre M. Colbert, pour m'avoir procuré ma décharge[1], qu'il ne crut pas pouvoir proposer à S. M. de faire une chose qu'il avoit si fort blâmée en M. Colbert.

J'employai, pendant quelques jours, assez de temps pour faire des mémoires par estimation de ce qu'il pourroit y avoir de vaisselle d'argent dans Paris, en y comprenant Messieurs les évêques, les grands du royaume et chacune des conditions particulières, mais tout cela pour tâcher seulement d'approcher un peu de la vérité ; et je portai mon estimation en gros à environ cinquante millions[2], et, après y avoir fait réflexion, je crus que cela pouvoit bien aller, par estimation, dans tout le royaume autant qu'à Paris. Poussant ma spéculation, je me déterminai à croire qu'il devoit y avoir un tiers des cent millions en flambeaux, cuillers, fourchettes et couteaux, ayant remarqué dans mes voyages que, depuis quelques années, tous les cabaretiers des routes passagères avoient des cuillers et des fourchettes d'argent, et quelques-uns un bassin avec une aiguière ; que, dans les plus petites villes, il y avoit un grand nombre de bourgeois qui avoient des cuillers et des fourchettes. Et m'appliquant à examiner de quelle utilité pouvoit être au Roi la fonte de la vaisselle, je ne trouvai pas que cela pût être considérable : premièrement, parce que je ne croyois pas que l'on pût faire refondre ce tiers que j'ai marqué être, par estimation, en flambeaux, cuillers et four-

---

1. Ci-dessus, p. 109-110.
2. L'édition de 1782 et les suivantes ont imprimé : *cent millions*.

chettes ; que, du surplus, il n'y avoit pas d'apparence que le Roi y pût trouver d'autres avantages que celui de la fabrique de la monnoie, qui ne pouvoit être fort considérable; et que ce seroit entièrement ruiner le corps de tous les orfèvres, qui ne laissoit pas d'être assez nombreux, en y comprenant les apprentifs et les garçons. Enfin, je me réduisis à dire que je croyois que l'on pouvoit seulement fondre les chenets, les brasiers et toutes autres choses qui ne servoient qu'au luxe, sans toucher à la vaisselle. Je rendis compte à M. de Louvois de tout ce que j'avois imaginé là-dessus, et j'en entretins tout au long M. de Pontchartrain, à qui j'avois dit l'ordre que M. de Louvois m'avoit donné.

M. de Pontchartrain fut fait contrôleur général, lorsque M. le Peletier, qui y contribua autant qu'il put, voulut quitter cette place[1]. Dès qu'il eut celle d'intendant des finances, j'avois commencé d'en être connu, et, peu à peu, ayant eu assez de commerce avec lui, il m'honora de quelques marques d'estime et de son amitié. Je commençai à espérer de voir la fin de tous mes travaux, ne doutant plus que M. de Pontchartrain ne se trouvât disposé à seconder les bonnes intentions du Roi ; et, dans la suite, cela fut si vrai, que, ayant mis toutes mes affaires entre les mains de M. du Buisson[2], apparemment en lui marquant où alloit sa pente, j'en reçus mille honnêtetés, et, y donnant beaucoup d'application, par l'envie qu'il avoit de me faire plaisir,

---

1. Le 20 septembre 1689.
2. Nicolas de Heudebert du Buisson, secrétaire du roi (1645), maître des comptes (1665), maître des requêtes (1679), intendant des finances (1690), se retira en 1714 et mourut le 11 octobre 1715.

les choses se trouvèrent en état d'être rapportées devant le Roi. Je me présentai à lui comme il sortoit pour aller au Conseil, un mémoire à la main pour lui donner, lui disant que je suppliois très humblement S. M. de se souvenir de la bonté qu'elle avoit eue de me dire qu'elle me vouloit sortir d'affaire, et cela à l'occasion d'une lettre que je lui portai, que lui avoit écrite Monsieur le Prince quelques années avant sa mort, pour ne lui être rendue qu'après, pour lui recommander en général sa famille et le supplier de faire quelque chose, après sa mort, qui regardoit Madame la Princesse[1] ; il le prioit aussi de vouloir se souvenir des grâces qu'il avoit eu la bonté de lui accorder pour moi à la très humble supplication qu'il lui en avoit faite. S. M. eut la bonté de me dire qu'elle s'en souvenoit bien[2]. Je lui dis d'un air assez gai qu'il étoit donc inutile de lui donner mon mémoire, et le mis dans ma poche : cela le fit sourire en me quittant. Ayant su avec combien de bonté il m'avoit accordé tout ce que j'avois souhaité, je me trouvai à la même place, à l'entrée de son cabinet, pour le remercier. Il me répondit d'un air gai, en riant : « Eh bien ! Gour-

---

1. Cette lettre n'est pas la même que celle dont il a été question ci-dessus, p. 120, écrite par Condé la veille de sa mort. C'est une autre dont Gourville n'a pas parlé. Il semble qu'elle avait pour objet d'obtenir du Roi la continuation de l'exil de Madame la Princesse à Châteauroux. M. Allaire (*La Bruyère dans la maison de Condé*, t. I, p. 489-493) s'élève en termes violents contre la conduite que tint Gourville dans cette circonstance. Voyez ci-dessus notre Introduction, t. I, p. XLIV-XLV.

2. Au lieu de cette phrase, le correcteur du manuscrit de M. le baron Pichon a mis : « S. M. m'interrompit d'abord, et me dit qu'elle se souvenoit bien de ce qu'elle m'avoit promis. » Les éditions ont reproduit cette leçon.

ville, ne suis-je pas homme de parole? » et il passa. M. de Pontchartrain me témoigna une grande joie du succès que m'avoient procuré ses soins, et de la façon que le Roi m'avoit accordé tout ce que je pouvois désirer. Il me dit que je n'aurois plus qu'à voir M. du Buisson pour le prier de dresser l'arrêt et les nouvelles lettres patentes que le Roi avoit agréées, et qu'il les signeroit avec plaisir, lorsqu'elles lui seroient présentées. Je fus remercier M. du Buisson et lui rendre compte de ce que m'avoit dit M. de Pontchartrain, et qu'il dressât l'un et l'autre avec toute la diligence possible[1]; et, après me les avoir lues, il les porta à M. de Pontchartrain, qui les signa sur-le-champ et me les remit entre les mains. Alors, me souvenant de ce qui m'étoit arrivé, je les portai aussitôt à M. le Chancelier[2], qui, après m'avoir donné beaucoup de témoignages de sa bonté, les scella sur-le-champ extraordinairement; et, sans perdre aucun temps, je les portai à M. de Nicolay, qui avoit eu la charge de son père[3], et qui avoit commencé à me témoigner beaucoup d'amitié. Il me les rendit pour les porter à M. le Procureur général[4], pour avoir ses conclusions, lequel me dit que M. de Pom-

1. Arrêt du Conseil du 14 mars 1690 (Arch. nat., E 1855). Le dispositif que nous donnons à l'appendice VII est de la main de M. du Buisson. Dangeau, nous ne savons par suite de quelle circonstance, dit, dès le 15 février, que cet arrêt a été rendu la veille, 14 février (*Journal*, t. III, p. 67).

2. Louis Boucherat, qui avait succédé à M. le Tellier le 1er novembre 1685.

3. Jean-Aymard Nicolay, reçu premier président de la Chambre des comptes le 5 mars 1686, en remplacement de son père, Nicolas Nicolay.

4. Hilaire Rouillé du Coudray.

ponne l'avoit fort prié de me faire plaisir en tout ce qui dépendroit de lui, mais qu'il étoit obligé de me dire avec toute sincérité que la grâce que le Roi m'avoit faite étoit si extraordinaire et si éloignée de toutes sortes d'exemples, qu'il ne savoit comment donner ses conclusions favorables comme je le pouvois désirer. Le hasard ayant fait trouver là M. l'abbé de Pomponne[1], qui lui fit encore des instances en ma faveur, il me dit que, à son tour, il me prioit, pour l'honneur de la Chambre et pour le sien particulier, de demander des lettres de jussion que je n'aurois point de peine à obtenir, ayant su la manière que le Roi m'avoit accordé les lettres patentes, et M. de Pontchartrain lui ayant témoigné à lui-même l'envie qu'il avoit de me faire plaisir. Je les obtins aussitôt que je les eus demandées, et je me mis en marche pour voir tous Messieurs de la Chambre, m'efforçant même de les trouver chez eux, ayant été averti que cela étoit nécessaire. M. Pachau[2], que j'avois fort connu étant premier commis de M. de Pomponne, et qui étoit maître des comptes, les ayant présentées à la Chambre, elles furent vérifiées tout d'une voix[3].

1. Henri-Charles de Pomponne, fils du ministre, abbé de Saint-Médard de Soissons, aumônier du Roi, conseiller d'État et chancelier des ordres; il fit toute sa carrière dans la diplomatie.

2. Les manuscrits et les éditions portent *Pajot;* or, il n'y eut pas de Pajot parmi les officiers de la Chambre des comptes à cette époque, et il faut lire *Pachau*. Le plumitif de la Chambre (Arch. nat., P 2699, au 26 février) indique d'ailleurs M. Pachau comme rapporteur de l'affaire Gourville. — Louis Pachau, reçu correcteur le 16 avril 1671, passa maître des comptes le 18 juillet 1674, et mourut dans ces fonctions le 5 juillet 1697; il fut secrétaire de Lionne en 1668, resta sous Pomponne et plus tard sous Croissy.

3. Le récit de Gourville feroit croire que l'enregistrement de la

Chapitre XX.

Je me représente comment je suis venu en l'état où je me trouve. Visite que j'eus du milord Portland de la part du roi d'Angleterre. Comment je me suis aperçu que ma mémoire étoit revenue. Je me suis remis dans mon train ordinaire et me trouve heureux.

Lorsque j'ai commencé à faire écrire tout ce qui m'étoit arrivé de tant soit peu considérable, je n'espérois pas vivre assez pour en venir à bout, parce qu'il n'est peut-être jamais arrivé qu'aucun homme, à soixante-dix-huit ans, ait entrepris rien de semblable ; mais le plaisir que j'ai eu a beaucoup aidé à me rendre ce dessein plus facile que je n'avois espéré. A présent que je l'ai achevé, sans autre secours que ma mémoire, il me vient dans la pensée de chercher la cause de l'état où je me trouve depuis six ans, sans pouvoir me servir de mes jambes. Le mal que j'ai eu à une jambe, quoique très grand, ne doit pas avoir produit cet effet sur l'autre. Je me souviens qu'il peut y avoir vingt ans que j'eus la goutte à diverses fois,

décharge que le Roi lui avait accordée eut lieu immédiatement après l'arrêt du 14 mars 1690. Il n'en fut pas ainsi. De nouvelles difficultés s'élevèrent, et il fallut un autre arrêt rendu par le Conseil sur le rapport de M. du Buisson, le 17 novembre 1693 (Arch. nat., E 622ᴀ, 17 novembre, n° 61). La Chambre des comptes ayant réclamé des lettres de jussion, un troisième arrêt, ordonnant l'enregistrement pur et simple de l'arrêt de 1683, fut rendu le 30 janvier 1694 (E 624ᴮ, 30 janvier, n° 11) et des lettres patentes expédiées en conséquence le 6 février. L'enregistrement fut fait par la Chambre le 26 février (Plumitif de la Chambre, P 2699, et Mémoriaux, P 2394, p. 105-112).

non pas bien forte à la vérité, et que, huit ou dix ans après, j'ai commencé à n'en plus sentir de douleur, mais seulement quelques foiblesses à mes genoux, qui ont assez augmenté peu à peu pour que je ne pusse marcher sans m'appuyer sur quelqu'un. L'accident qui m'arriva comme je l'ai dit[1] m'ayant empêché pendant quelque temps de m'appuyer en aucune façon sur cette jambe, on me dit que je devois essayer de me servir de béquilles, de crainte que, avec le temps, je ne me trouvasse hors d'état de jamais marcher. J'en fis faire, et j'essayai de m'en servir, mais inutilement; et enfin peu à peu j'ai pris mon parti. J'ai regardé comme un effet de ma bonne fortune, qui m'a souvent accompagné, de n'être pas aussi touché de ce malheur comme je l'aurois peut-être été, s'il m'étoit arrivé tout d'un coup. J'ai été assez longtemps que ceux qui étoient auprès de moi s'apercevoient que mon esprit n'étoit pas aussi libre qu'il avoit accoutumé[2]. Je sentis bien aussi en moi-même qu'il y avoit de la différence, surtout quand je voulois écrire quelques lettres, parce que, après les avoir commencées, j'avois besoin de quelqu'un pour m'aider à les achever. Cela faisoit que je n'écrivois plus.

La paix étant faite[3], M. le duc de Zell envoya au Roi M. le comte de Schulenbourg[4], qui me vint dire

1. Ci-dessus, t. I, p. 4.
2. Les *Mémoires du marquis de Sourches* (t. IV, p. 216-217) disent, le 2 juillet 1693, que Gourville vient d'avoir une violente attaque d'apoplexie et qu'on doute s'il en reviendra, ou si du moins sa tête restera aussi ferme qu'auparavant.
3. En 1697.
4. Mathias-Jean, qui se fit la réputation d'un excellent général,

que S. A. l'avoit chargé de me faire bien des amitiés de sa part et de celle de Mme la duchesse. Cela me donna beaucoup de joie. Je me tirai de cette conversation le mieux que je pus, en le chargeant de beaucoup de remerciements vers LL. AA. Lorsque j'étois dans cet état, milord Portland, étant venu à Paris ambassadeur du roi d'Angleterre [1], m'envoya un homme de sa connoissance et de la mienne, pour me dire qu'il avoit ordre du roi son maître de me voir et de faire savoir de mes nouvelles à S. M. Je fis réflexion sur l'embarras où je me trouverois; mais cela n'empêcha pas que je répondisse qu'il me feroit honneur. Et, m'ayant demandé une heure, je lui dis que ce seroit quand il lui plairoit, mais que, s'il vouloit bien, ce seroit le lendemain à trois heures. C'est la seule fois que je suis sorti de ma chambre depuis six ans. Je me fis porter dans mon appartement en haut, qui étoit fort propre [2]. Le plaisir que me donnoit cette visite, et l'honneur qu'elle me faisoit, rappela assez mes esprits pour me bien tirer de cette conversation. Non seulement je le remerciai des honnêtetés qu'il me fit de la part du roi son maître, et de toutes

d'abord sous le prince Eugène, dans la guerre de succession d'Espagne, ensuite contre les Turcs, au service de Venise.

1. Portland eut sa première audience le 4 février 1698 et son audience de congé le 15 juin. Dans une lettre adressée à Guillaume III le 1er mars, cet ambassadeur dit que Gourville est malade et retiré, et qu'il ne croit pas possible de le voir (Grimblot, *Letters of William III and Louis XIV*, p. 191).

2. On trouvera dans l'Inventaire après décès de Gourville (ci-après, appendice XV) l'énumération des pièces dont se composait le pavillon de l'hôtel de Condé où il logeait, et des meubles qui s'y trouvaient.

les bontés de S. M., mais encore de l'obligation que je lui avois de ce qu'elle s'étoit fait connoître telle que je l'avois représentée ici. Après quelques questions que nous nous fîmes de part et d'autre, il me dit que le roi lui avoit commandé de me demander ce que je croyois qu'il y avoit à faire pour empêcher la guerre en cas que le roi d'Espagne vînt à mourir, y ayant beaucoup d'apparence que cela n'iroit pas loin, parce que je savois que, depuis longtemps, il n'avoit eu d'autre dessein que pour la paix. Je lui répondis que j'estimois que, de tous côtés, on devoit songer à faire le fils de M. l'électeur de Bavière roi d'Espagne[1]. Il me dit que c'étoit la pensée de son maître, qui lui avoit défendu de me la dire avant que de m'en avoir fait la question. Nous nous étendîmes sur toutes les raisons qui appuyoient cette pensée. Je me sus bon gré de m'être si bien tiré d'affaire. Après qu'il eut eu réponse depuis cette entrevue, il me vint voir sans façon, pour me faire encore des amitiés de la part du roi son maître. J'appris que, quelqu'un ayant conté à une dame qui a beaucoup de mérite et d'entendement la première réponse que j'avois faite au milord Portland, elle dit : « On disoit que Gourville avoit perdu son esprit; mais il me semble qu'il faut qu'il en ait encore pour parler comme il a fait[2]. » J'ai lieu de

---

1. Joseph-Ferdinand-Léopold, fils de Maximilien-Emmanuel, duc de Bavière, et de Marie-Antoinette d'Autriche, sa première femme, était né en 1692. Par un testament du mois de novembre 1698, Charles II l'appela à la succession de la couronne d'Espagne; mais il mourut le 6 février 1699 (*Mémoires de Saint-Simon*, édition Boislisle, t. VI, p. 109-115).

2. Mme de Coulanges, dans deux lettres à Mme de Sévigné, des

croire que cette visite ranima mes esprits, parce que, aussitôt après, je fis réflexion sur l'avarice dans laquelle j'étois tombé. Le dessein que je fis de m'en tirer me jeta dans un autre excès : je donnois trop libéralement[1]. Enfin Dieu m'a fait la grâce de revenir dans mon naturel ; mais je ne m'en suis bien aperçu que dans une rencontre que je dirai dans la suite, après laquelle je me trouvai comme je pouvois souhaiter d'être, sans me repentir du passé à l'égard du temps où j'avois été trop libéral. J'ai repris mon train et mes manières ordinaires ; j'ai réglé ce que je dois dépenser pour vivre honorablement selon mon revenu, et recommencé à voir tous les matins par détail la dépense que j'ai faite le jour d'auparavant, comme j'ai toujours fait depuis que j'ai été en état d'en faire[2].

Il y a deux ans et demi ou environ que, ne pouvant avoir aucune raison ni justice de quelques personnes à qui j'avois fait plaisir, je me trouvai nécessité, après

---

17 juin et 7 juillet 1703, sur la mort de Gourville, dit que son esprit est « revenu, et très vif, » et que « jamais lumière n'a tant brillé avant de s'éteindre » (*Lettres de M*^{me} *de Sévigné,* t. X, p. 488 et 491-492).

1. Tout ce qui précède, depuis *parce que,* manque dans le manuscrit de M. le baron Pichon, de même que, six lignes plus loin, la fin de phrase commençant par *sans me repentir.* — Nous ne nous expliquons pas bien ce que veut dire Gourville. En effet, nous n'avons trouvé qu'une petite donation à son neveu en septembre 1698, tandis qu'en 1688, 1690, 1694, il avait fait des donations très importantes au même neveu et à Mlles de la Rochefoucauld (Arch. nat., Y 252, fol. 302 v°; 254, fol. 80 ; 256, fol. 352 ; 262, fol. 450, et 275, fol. 313 v°).

2. On trouva chez lui, après sa mort, ses registres de comptes des années 1701 et 1702.

une longue patience, d'intenter un procès ; et, comme je ne m'étois nullement attendu au procédé que l'on avoit avec moi, j'en fus si scandalisé et si fâché, que, étant besoin de faire un mémoire pour instruire mon avocat, je me trouvai dans une espèce d'émotion. Je le fis écrire avec assez de précipitation, et je l'achevai sans l'aide de personne. Cela me fit présumer que mon esprit étoit encore plus revenu que je ne pensois, et même ceux qui étoient témoins auprès de moi en furent fort surpris. Après cela, il ne se passoit presque point d'heure dans la journée que je ne remerciasse Dieu de la grâce qu'il m'avoit faite en me faisant connoître le bon état où j'étois[1]. Les visites et les conversations que j'avois eues, et que j'ai marquées ci-devant, avoient beaucoup contribué, par la joie que j'en avois ressentie et l'honneur qu'elles m'avoient fait dans le monde, à me rendre ma gaieté et mon esprit ; car il est constant que, après cela, je me trouvai dans mon naturel et, si je l'ose dire, aussi bien, et peut-être mieux que je n'avois été.

Je suis bien aise de dire ici que, lorsqu'on résolut d'abattre les prêches qui étoient dans le royaume, le Roi m'accorda celui de la Rochefoucauld, pour y établir une charité[2]. J'y fis faire une muraille dans le milieu, pour faire deux salles, l'une pour les hommes,

---

1. D'après une lettre de Corbinelli au président de Moulceau (*Lettres de M*^{me} *de Sévigné,* t. VII, p. 186), Gourville était revenu en 1682 à la pratique de la religion.
2. *Charité,* hôpital où l'on traite les pauvres malades (*Dictionnaire de l'Académie,* 1718). L'acte de fondation de celle de la Rochefoucauld, daté du 30 juillet 1685, sous le titre de Saint-Jean-Baptiste, est conservé dans le minutier du successeur du notaire Lange.

l'autre pour les femmes; et au bout je fis bâtir une grande chapelle, où l'on dit la messe tous les jours, que les pauvres malades peuvent entendre de leurs lits[1]. J'y avois envoyé tous les ornements nécessaires. Il y a douze filles[2] établies, d'une vertu exemplaire, qui ont fait des vœux de servir les pauvres; elles occupent le logement qui avoit appartenu au ministre. Après leur avoir envoyé une lampe et un encensoir d'argent, elles me mandèrent que la maison joignant la leur, et qui en avoit été autrefois séparée, étoit à vendre pour environ deux mille francs. Aussitôt je donnai des ordres pour entrer en proposition pour l'acheter; mais, comme elle appartenoit à un huguenot, et qu'il en restoit encore beaucoup en ce lieu-là, après qu'on eut fait le marché pour moi, ils se rallièrent tous pour traverser ce dessein, et un d'entre eux en fit l'échange pour des biens qu'il avoit auprès de la Rochefoucauld. J'avois déjà fait mon projet pour l'allongement des deux salles, par le moyen de cette acquisition, pour y pouvoir placer vingt-quatre lits et faire le fonds nécessaire pour la nourriture et entretien de vingt-quatre pauvres des deux sexes. Je me trouvai si fortement courroucé du tour qu'on m'avoit joué, que je dressai un placet au Roi avec grande faci-

1. Tous ces détails et ceux qui vont suivre sont répétés dans l'arrêt du Conseil du 28 avril 1702, dont il sera parlé plus loin. Le *Dictionnaire* d'Expilly a copié nos Mémoires. — Gourville donna à cet hôpital 300 livres de rente assises sur la terre de Gourville (Arch. nat., Y 256, fol. 352), et lui légua par son testament une somme de 6,000 livres.

2. Le manuscrit de la Bibliothèque nationale porte *des filles;* dans le manuscrit de M. le baron Pichon, *des* a été biffé et remplacé par *12*.

lité, où j'exposai ce que je viens de dire. Après qu'il eut été communiqué à M. l'intendant de la généralité de Limoges[1], S. M. eut la bonté de m'accorder un arrêt pour me mettre au lieu et place de celui qui avoit fait l'échange[2], et j'ai eu la consolation de voir la perfection de cet ouvrage, ayant augmenté la fondation que j'avois faite, non seulement pour nourrir les vingt-quatre pauvres, mais encore quelque chose de plus pour pouvoir donner quelque linge ou quelques vêtements aux convalescents, quand ils sortent.

J'ai ordonné, par mon testament, que mon cœur fût porté dans la chapelle de cette charité, au lieu que j'ai marqué. J'ai fait graver mon épitaphe sur un marbre, laissant seulement à ajouter le jour, le mois et l'année que je mourrai[3]. Je l'ai envoyé[4] à ces bonnes sœurs, avec un drap mortuaire et tous les ornements

---

1. C'était alors Louis de Bernage, conseiller au Grand Conseil (mars 1687), maître des requêtes (octobre 1689), intendant à Limoges (1694), en Franche-Comté (1702), en Picardie (1708), en Languedoc (1717), conseiller d'État en 1718.

2. Arrêt du Conseil du 28 avril 1702, annulant la vente faite par le nommé Pintaud au sieur de Saveneau d'une maison joignant la charité de la Rochefoucauld, et substituant le sieur de Gourville audit Saveneau, à charge par Gourville de payer à Saveneau le prix des terres données en échange (Arch. nat., E 1915, fol. 398).

3. Cette épitaphe n'existe plus à l'hospice de la Rochefoucauld; mais, à l'époque moderne, on a placé dans une des salles une plaque de marbre rappelant la fondation faite par Gourville. M. le directeur de l'hospice a bien voulu nous en faire obligeamment parvenir le texte, qui renferme des erreurs sur les dates de naissance et de mort du fondateur.

4. Corneille et Chapelain faisaient aussi *épitaphe* masculin ou féminin.

nécessaires pour faire le service que j'ai ordonné devoir être fait tous les ans, à pareil jour que celui de ma mort[1].

C'est après cela que, un de mes amis m'ayant fait des questions sur des choses arrivées il y a fort longtemps, je les lui racontai comme si cela s'étoit passé la veille : ce qui me donna lieu de former le dessein d'écrire ce qui m'est arrivé de tant soit peu considérable. J'ai eu tant grand plaisir à voir que mon esprit et ma mémoire étoient revenus au point (que je n'avois jamais osé espérer) que j'ai fait en quatre mois et demi ce que je n'aurois pas cru pouvoir faire en deux ou trois ans, si je les avois encore vécu. Depuis toutes ces grâces et bénédictions que Dieu m'a faites, je me suis trouvé tout accoutumé à mes incommodités, qui sont encore assez grandes, mais dans une gaieté au delà de tout ce que j'en ai eu. Je ne souffre plus du tout de peine de ne pouvoir marcher ; enfin, je ne sais s'il y a quelqu'un qui soit plus heureux que je me trouve l'être, et toujours par les bontés et les grâces que j'ai reçues du Roi. J'ai de quoi faire la dépense que je puis désirer ; j'ai fait part de mes biens à un nombre de ma famille, selon la fortune que Dieu m'a donnée ; j'en ai fait assez aux autres, quoique présentement au

---

1. « M. de Gourville a fait des legs dans sa famille et aux pauvres pour 80,000 livres. M. Maret, son neveu, intendant de Monsieur le Duc, est légataire universel. Cette succession lui sera peu avantageuse, parce qu'une bonne partie des biens de M. de Gourville étoit à fonds perdu. Il avoit assuré, plusieurs années avant sa mort, 20,000 livres de rente à M. de Gourville, son neveu. » (Extrait d'un journal manuscrit conservé au Musée britannique, publié dans l'*Annuaire-Bulletin de la Société de l'Histoire de France*, année 1868, 2ᵉ partie, p. 57.)

nombre de quatre-vingt-treize neveux ou nièces, arrière-neveux ou arrière-nièces, eu égard à la condition dans laquelle ils sont nés, pour qu'aucun ne soit en nécessité. Mon étoile fortunée m'a si bien conduit, que je me trouve dans l'abondance, sans avoir ni terres ni maisons qui pourroient me faire quelque petite peine dans la jouissance, en ayant gratifié mon neveu de Gourville en lui faisant d'autres avantages[1]. Quelques-uns de mes amis qui me sont venus voir, comme par rareté, ont été surpris de me trouver comme je viens de me peindre. Beaucoup d'autres, dans certaines rencontres, me font dire qu'ils veulent me voir; mais la plupart trouvent toujours quelque autre chose à faire de plus pressé. Je vois avec joie ceux qui y viennent, et me trouve entièrement consolé de ne pas voir les autres. Je m'amuse avec mes domestiques. Au commencement, je les fatiguois fort par mes doléances, et présentement, pour l'ordinaire, je fais des plaisanteries avec eux.

Le plus ancien se nomme Belleville et est avec moi depuis trente-deux ans; il avoit soin de ma petite écurie, quand j'avois des chevaux. Il est devenu fameux nouvelliste, fort accrédité dans l'assemblée du Luxembourg[2]; au retour de là, il ne sort guères

1. Par un contrat du 31 juillet 1690, Gourville avait cédé à son neveu François Hérauld la nue propriété de la terre de Gourville, s'en réservant l'usufruit sa vie durant (Arch. nat., Y 256, fol. 352). Le 27 février 1694, il lui en donna la propriété complète (Y 262, fol. 450).

2. C'était plutôt aux Tuileries ou au Palais-Royal que se rassemblaient les nouvellistes (*Mémoires de Saint-Simon*, éd. 1873, t. IV, p. 69; Monteil, *Histoire des Français des divers états*, t. VIII, p. 272-273). Cependant M. Allaire (t. II, p. 29-30) signale l'assem-

de ma chambre, et m'entretient quand je n'ai pas autre chose à faire[1].

Mignot, qui a vingt-cinq ans de date, est chef de mon Conseil, et n'en abuse pas, et est mon valet de chambre[2].

Le troisième se nomme Roze, et est avec moi depuis dix-sept ans; il avoit la qualité d'officier[3], et présentement il occupe plusieurs charges. Il seroit maître d'hôtel, si je devois en avoir un; mais, quoi qu'il en soit, il a soin de la pitance et s'en acquitte fort bien.

Le quatrième est le Clerc, qui ne date que de quinze ans; il fait parfaitement bien les messages. Je n'oserois lui donner d'autre qualité, pour ne pas doubler les offices auprès de moi.

Le cinquième est un jeune petit drôle qui se nomme Gibé, et qui a de l'esprit. Il est né pour l'écriture, et ne sauroit s'empêcher d'avoir toujours la plume à la main, quand il cesse de me lire quelques livres : ce qui fait qu'il ne sort point de ma chambre[4].

blée des nouvellistes au Luxembourg, d'après les *Conversations morales* de Mlle de Scudéry.

1. Il avait une fille, qui était chargée de la lingerie chez Gourville, selon l'inventaire après décès.

2. Le 5 avril 1687, Gourville donna à Jean Mignot, dit Petitjean, son domestique, une pension viagère de 200 livres (Arch. nat., Y 250, fol. 465), qu'il remplaça, le 24 août 1691, par une donation de 2,000 livres à prendre après sa mort (Y 258, fol. 277). Gourville lui légua en outre divers objets d'argenterie.

3. C'est-à-dire chargé de l'office. Par son testament, Gourville lui laissa trois gobelets en vermeil.

4. C'est sans doute à ce Gibé que Gourville dicta ses Mémoires. — Il légua à chacun de ses domestiques 500 livres une fois payées ou une rente viagère annuelle de 100 livres, à leur choix, et une année de gages en plus de celle de son décès.

J'ai une grande curiosité pour les nouvelles ; je suis des premiers averti de tout ce qui se passe ; j'en fais des relations pour mes amis de la province, qui leur font grand plaisir, et toute ma vie j'ai souhaité d'en pouvoir faire[1]. Enfin, le jour se passe doucement. Le soir, je fais jouer à l'impériale et conseille celui qui est de mon côté. Depuis quelques années, je compte de ne pouvoir pas vivre longtemps. Au commencement de chacune, je souhaite de pouvoir manger des fraises ; quand elles passent, j'aspire aux pêches, et cela durera autant qu'il plaira à Dieu.

Chapitre XXI.

Portraits de Messieurs les ministres[2].

Je me suis fort pressé d'écrire mes aventures et les agitations de ma vie, pour arriver au temps où j'ai commencé de goûter dans le port, pour ainsi dire, le repos dont je jouis présentement par l'excessive et presque incroyable bonté du Roi. Mais, si j'ai dicté avec précipitation ce que ma mémoire me fournissoit sur-le-champ, ç'a toujours été dans la vue de revoir les mémoires que j'ai faits, et d'y ajouter beaucoup de choses qui me sont échappées, ou que j'ai laissées volontairement pour arriver plus tôt au but que je

---

1. Parmi ses correspondants, on peut citer le cardinal de Bonsy, le maréchal de Créquy, les la Rochefoucauld, etc., et surtout les princes de la maison de Condé, pour lesquels il tenait une véritable gazette, quand ils étaient absents de la cour (Chantilly, registres de la correspondance). Voir notre Introduction.

2. Ce chapitre, comme on va en juger par les lignes qui suivent, a été écrit après coup par Gourville.

m'étois proposé. L'état où je me suis trouvé depuis plus de six ans augmente de beaucoup mes sentiments de reconnoissance, puisque, si j'avois eu peu de bien, comme j'ai été sur le point de me voir exposé à cet inconvénient, j'ai tout lieu de croire que je n'aurois pas tant vécu et que j'aurois tristement langui le reste de mes jours dans la solitude où je me serois trouvé : ce qui m'auroit causé des chagrins qui m'auroient accablé.

Le grand nombre de mes amis m'a perdu de vue, dès que j'ai été regardé comme ne pouvant plus être bon à rien à personne. L'état où je me trouvois au commencement de mon incommodité y a beaucoup contribué, par le bruit qui courut que j'étois presque hors d'état de commerce. La plupart aimèrent mieux se laisser aller à le croire que de se donner la peine de s'en venir informer ; c'est ainsi qu'est fait le monde en général : ce qui m'a moins surpris qu'un autre, par la connoissance que j'en avois. Ne pouvant plus sortir de ma chambre, je me suis défait de mon carrosse, et, n'ayant point de laquais, je me suis réservé cinq personnes, dont quatre ne sortent presque pas de ma chambre, et trois savent fort bien lire et écrire : ce qui m'a été d'un grand secours, la plupart vieux domestiques de quinze, vingt et trente ans, tous fort affectionnés par reconnoissance du passé. Mais, comme ce sont des hommes, j'ai pensé qu'il les falloit maintenir dans ces bonnes intentions par quelques bienfaits présents et l'espérance de l'avenir[1]. Depuis que je me suis avisé du

1. Ce passage, ainsi que les donations à Mignot (ci-dessus, p. 150, note 2) et les legs à ses autres domestiques (ibidem, note 4), sont en contradiction avec ce que dit Saint-Simon (*Mémoires*, éd.

plaisir que j'ai de faire mettre par écrit tout ce qui m'est arrivé de tant soit peu considérable pendant ma vie, j'ai presque abandonné la lecture. Et comme il paroît, par tout ce que j'ai rapporté ci-devant, que j'ai toujours été honoré de la bienveillance de Messieurs les ministres, je me propose d'ajouter ici, non pas des portraits, me croyant un très méchant peintre, mais de les représenter comme ils m'ont paru par le commerce que j'ai eu avec eux.

M. le cardinal Mazarin avoit beaucoup d'esprit[1], agréable dans la conversation, et naturellement éloigné de toutes sortes de violences. Les guerres civiles dont la minorité du Roi avoit été la cause finirent entièrement sans que jamais il eût fait mourir un homme, encore que presque la moitié de la France l'eût mérité. Il savoit bien qu'on le blâmoit de beaucoup promettre et de ne rien tenir; mais il s'en excusoit sur ce qu'il s'étoit trouvé dans la nécessité de ménager tout le monde par la facilité qu'on avoit dans ce temps-là à se séparer des intérêts du Roi, et il se pourroit bien faire que, s'il n'avoit promis qu'à ceux à qui il auroit cru pouvoir tenir sa parole, cela auroit peut-être encore causé un plus grand bouleversement

Boislisle, t. XI, p. 127, et Addition au *Journal de Dangeau*, t. IX, p. 213). Il raconte en effet que Gourville, pour engager ses domestiques à le bien soigner, leur avait déclaré qu'il ne leur laisserait rien par testament, mais que, tant qu'il vivrait, leurs gages seraient augmentés chaque année d'un quart.

1. On peut comparer ce portrait à ceux donnés par Mme de Motteville (*Mémoires*, t. I, p. 340), par Bussy-Rabutin (t. II, p. 100), par l'abbé de Choisy (t. I, p. 44-45), par les ambassadeurs vénitiens dans leurs *Relazioni* (série *Francia*, t. II, p. 446 et 514), dans la galerie de portraits publiés par M. Édouard de Barthélemy, p. 33, et surtout dans les divers ouvrages de M. Chéruel.

dans l'État. Ce n'est pas, pour cela, que je veuille croire que ce soit la raison ni son habileté qui l'aient porté à cette conduite, mais plutôt qu'elle venoit de sa pente naturelle. Il se plaisoit quelquefois à parler de l'opinion qu'avoit eue M. le cardinal de Richelieu pour les miracles, peut-être parce qu'il n'y croyoit guères. Après sa mort, on blâma fort sa mémoire, à cause des grands biens dont il s'étoit trouvé revêtu. Ceux qui le vouloient excuser disoient que, au temps de sa disgrâce, s'étant vu presque sans argent, c'étoit ce qui lui avoit donné l'envie d'en avoir beaucoup, quand il lui avoit été facile. Pour moi, je veux croire que, s'il s'étoit trouvé si peu de bien, cela venoit de la difficulté qu'il y avoit pour lors d'en amasser, encore qu'il fût le maître, le désordre où se trouvoient toutes choses, dans ces temps-là, étant si grand, qu'à peine pouvoit-on faire subsister la maison du Roi, et j'ai vu que quelquefois tous ses officiers étoient prêts d'abandonner. Il y avoit même des temps où ils ne donnoient à manger au Roi que sur leur crédit. Mais, après qu'il eut pacifié toutes choses et rétabli l'autorité du Roi, il trouva bientôt des moyens de devenir riche. Les surintendants, pour avoir la liberté de prendre de leur côté pour leurs immenses et prodigieuses dépenses, surtout en bâtiments, le forçoient, s'il faut ainsi dire, à prendre la meilleure part pour lui : à quoi il se portoit fort facilement, à mon avis, par l'envie qu'il avoit naturellement d'en avoir. Le désordre du gouvernement des finances jusqu'alors en donnoit toutes les facilités, et ceux qui ont vu tout cela de près conviennent qu'il n'y avoit que M. Colbert capable, par son génie, son extrême application et sa fermeté, d'y mettre un aussi grand ordre qu'il a fait : ce qui a donné lieu au Roi de les maintenir, s'en étant toujours fait rendre compte, et il signoit même toutes les ordonnances pour la dépense. Mais, si ceux qui ont gouverné les finances n'ont pas eu la liberté de prendre, le Roi, qui, par son exactitude, a connu qu'ils ne le pouvoient pas, a contenté l'envie qu'ils pouvoient avoir de s'enrichir en les comblant de ses bienfaits, et, par ce moyen, il a satisfait leur ambition.

M. Foucquet[1] avoit beaucoup d'esprit et de manège et une grande fertilité d'expédients. C'est pour cela que, n'étant qu'en second avec M. Servien[2], il étoit quasi le maître des finances, dont il usa dans la suite fort librement. Il étoit entreprenant jusqu'à la témérité ; il aimoit fort les louanges, et n'y étoit pas même délicat. Un jour, partant de Vaux pour aller à Fontainebleau, et m'ayant fait mettre dans son carrosse avec Mme du Plessis-Bellière, M. le comte de Brancas et M. de Grave[3], ses plus grands louangeurs, il leur contoit comment il s'étoit tiré d'affaire avec Monsieur le Cardinal sur un petit démêlé qu'il avoit eu avec lui, dont il étoit fort applaudi, et je me souviens que, précisément en montant la montagne dans la forêt, je lui dis qu'il étoit à craindre que la facilité qu'il trouvoit à réparer les fautes qu'il pouvoit faire ne lui

1. Comparez les *Mémoires de Mme de la Fayette*, p. 177, ceux de l'abbé de Choisy, t. I, p. 85-87, etc.
2. Abel Servien avait eu la charge de surintendant en même temps que Foucquet, le 8 février 1653.
3. Henri, marquis de Grave, gouverneur de Monsieur en 1648 et maréchal de camp en 1661, disgracié après la chute de Foucquet, mourut en juin 1690.

donnât lieu d'en hasarder de nouvelles : ce qui pourroit peut-être un jour lui attirer quelques disgrâces avec Monsieur le Cardinal. Je m'aperçus que cela causa un petit moment de silence, et que Mme du Plessis changea de propos : ce qui fit peut-être que personne ne répondit rien à ce que je venois de dire. Après la mort de Monsieur le Cardinal, suivant toujours son même caractère, il eut peine à se tenir dans les bornes qui étoient nécessaires avec le Roi, et c'est sur cela que M. le Tellier me fit une fois ses plaintes. Mais enfin il avoit fait son projet de s'acquérir par distinction les bonnes grâces du Roi : ce qui lui attira sa perte, et qui, à mon avis, a donné lieu aux autres de faire des réflexions sur cet exemple. J'ai cru avoir remarqué que, aussitôt après que le Roi eut pris lui-même les rênes du gouvernement, il n'a pas souffert qu'aucun de ses ministres sortît des bornes de sa commission en voulant empiéter sur celle des autres. Je me souviens que, étant à la Haye en 1665, M. d'Estrades me fit voir, entre autres, deux lettres, par lesquelles M. Colbert lui mandoit de faire faire telle ou telle chose, et que, par le premier courrier, il lui envoieroit les ordres du Roi. Sur quoi, M. d'Estrades me dit que cela visoit fort à faire le premier ministre. Je lui répondis que je croyois connoître assez le Roi pour me persuader qu'il n'en souffriroit jamais. En effet, il m'a toujours paru qu'il vouloit que chacun ne se mêlât en particulier que des affaires qui regardoient sa charge. Il permettoit à tous, dans son Conseil, de dire leurs avis sur l'affaire dont il étoit question; mais, après que la résolution avoit été prise, il ne leur étoit guères permis, quand il leur venoit quelque pensée nouvelle, d'en parler en particulier au Roi, ni de proposer de revenir contre ce qui avoit été arrêté. J'en ai quelquefois vu des preuves par la liberté que j'avois de parler de toutes choses à M. de Louvois, et la confiance avec laquelle il m'y répondoit, entre autres à l'occasion de la résolution qui fut prise de faire sortir du royaume tous les ministres avec leurs familles[1]. Aussitôt que je le sus, j'allai trouver M. de Louvois pour lui dire qu'au lieu de cet ordre que l'on vouloit donner aux ministres pour sortir de France, je ne savois pas s'il ne seroit pas meilleur de les renfermer par vingtaines dans des châteaux où il y avoit des mortes-payes[2], en leur laissant la liberté de commercer avec leurs femmes et leurs amis; que, la plupart n'ayant de revenu que ce qu'ils tiroient de leurs emplois, bientôt leurs femmes leur écriroient la peine qu'elles auroient à faire subsister leurs familles, et, bientôt après, qu'elles étoient dans la dernière extrémité, et qu'ainsi, se trouvant tous dans le même cas, il pourroit bien leur venir en pensée de convenir entre eux que l'on pouvoit se sauver dans les deux religions, cela n'étant pas même une chose nouvelle, surtout si les gouverneurs insinuoient que l'on ne pouvoit pas juger du temps que finiroit leur détention; et d'ailleurs, que le zèle du Roi le porteroit volontiers à donner des pensions, proportionnées à ce qu'ils tiroient de leurs emplois, à ceux à qui Dieu inspireroit de connoître la

---

1. Les ministres protestants (ci-dessus, p. 130). C'est l'édit d'octobre 1685, portant révocation de l'édit de Nantes et expulsion hors du royaume des ministres de la R. P. F.

2. « On appelle *morte-paye*, dans les troupes, un soldat entretenu dans une garnison tant en paix qu'en guerre » (*Dictionnaire de Trévoux*).

bonne religion; qu'on leur augmenteroit le bien qu'on leur vouloit faire à proportion de celui qu'ils feroient, quand ils seroient retournés chez eux, et du nombre des conversions qu'ils feroient de ceux sur qui ils avoient eu l'autorité spirituelle. L'attention qu'il donna à tout mon discours, sans m'avoir aucunement interrompu, me fit croire qu'il avoit trouvé que cela auroit été meilleur que ce qui avoit été résolu, et même il me le dit; mais, en même temps, il ajouta qu'il ne pouvoit pas en parler au Roi, qui n'aimoit pas qu'on lui dît rien contre ce qui avoit été résolu en son Conseil; et moi, qui croyois que le Roi, en tout temps, prendroit volontiers de bonnes vues qui lui seroient présentées, pour en tirer le bien qui en pourroit venir, je pensai qu'apparemment c'étoit M. de Louvois qui avoit fait l'ouverture de l'avis, et qu'il ne jugeoit pas à propos d'en aller proposer un autre tout contraire.

M. le Tellier[1] étoit un très grand ministre, qui a toujours eu une conduite fort réglée, et qui avoit beaucoup de modération quand il donnoit des audiences aux officiers, une ambition modérée; et je ne sais si, quand il l'auroit pu, il auroit voulu jouer le rôle de premier ministre, par la crainte d'être chargé des mauvais événements. En un mot, je crois qu'il étoit né sage à l'excès; mais il avoit un peu de penchant à la rancune, et il le marqua assez à l'occasion de M. Desmaretz, neveu de M. Colbert[2]. Je me souviens

1. Comparez la *Relation de Spanheim*, p. 180, les *Mémoires de M*[me] *de la Fayette*, p. 177, les *Relazioni* des ambassadeurs vénitiens, t. III, p. 180, 209, 286, etc., et le portrait donné dans les *Archives curieuses de l'histoire de France*, 2e série, t. VIII, p. 413.

2. Nicolas Desmaretz, fils d'une sœur de Colbert, était intendant des finances à la mort de son oncle. Saint-Simon (*Mémoires*, éd.

qu'un jour, à Fontainebleau, me parlant de l'acquisition que M. de Louvois avoit faite de Meudon¹, il m'exhortoit à lui insinuer, autant que je pourrois, de revendre le château à quelque communauté de religieuses, craignant peut-être la dépense qu'il y pourroit faire par la grande envie qu'il auroit de l'embellir, et que cela ne convenoit point, surtout à cause du voisinage de Versailles : sur quoi, il me cita ce qu'il avoit fait à Chaville. Je lui répondis que sa modération et sa sagesse ne pouvoient pas servir d'exemples, parce qu'il faudroit être né, comme lui, naturellement sage, et qu'il en devoit être particulièrement redevable à Dieu, parce que je ne croyois pas que l'expérience et les réflexions pussent jamais faire un homme aussi sage qu'il l'avoit toujours été ; et que, par-dessus cela, j'étois persuadé qu'il y avoit toujours des temps qu'il couroit des maladies d'esprit comme du corps, par les folies que j'avois vu faire à beaucoup de gens dans les bâtiments et les jardinages ; que je m'en étois même senti si frappé, que j'avois entrepris de faire de Saint-Maur une maison agréable, et que j'avois commencé à faire des terrasses et un jardin où il y avoit de vilaines carrières, d'où on avoit même tiré une partie des pierres pour bâtir la maison² ; mais que, pour couvrir à moi-même ma folie, je me disois que cela ne m'incommoderoit pas, puisque, par le traité que j'avois fait avec Monsieur le Prince, je trouverois

Boislisle, t. VII, p. 134-135) raconte la disgrâce de Desmaretz, qui fut provoquée, dit-il, non pas par les le Tellier, mais par une lettre que Colbert mourant aurait écrite au Roi contre son neveu.

1. En 1680 ; ci-dessus, p. 52.
2. Ci-dessus, p. 65.

quasi l'intérêt, ma vie durant, de l'argent que j'y emploierois. M. le Tellier me croyoit si bien dans les bonnes grâces de M. de Louvois, que ce n'est pas la seule fois qu'il a jeté les yeux sur moi pour lui insinuer des choses qu'il ne vouloit ou n'osoit pas lui dire. M. de Louvois ayant obtenu du Roi la survivance de sa charge pour M. le marquis de Courtenvaux, son fils aîné[1], qui paroissoit avoir son mérite, mais qui me sembloit n'être pas tout à fait tourné à la destination qu'il en vouloit faire, et m'étant persuadé, par tout ce qui m'étoit revenu des dispositions de M. de Barbezieux[2], qu'il y auroit été plus propre, M. le Chancelier, l'ayant su et ayant fait ses réflexions là-dessus, convint avec M. l'archevêque de Reims qu'il me prieroit de leur part d'en vouloir parler à M. de Louvois selon ma pensée; et, étant venu à ma maison pour me le dire, je m'en excusai, en le priant de considérer que, étant une affaire purement de famille, la bienséance vouloit plutôt que ce fût M. le Chancelier ou lui qui en fissent l'ouverture. Mais, comme

1. Michel-François le Tellier, marquis de Courtenvaux (1663-1721), fut pourvu en survivance de la charge de secrétaire d'État de son père par brevet du 5 décembre 1681 (Arch. nat., O¹ 25, fol. 345 v°). Il s'en démit à la fin d'octobre 1685, quelques jours avant la mort du chancelier le Tellier, et devint alors capitaine des Cent-Suisses de la garde du Roi, puis colonel du régiment de la Reine (1688).

2. Louis-François-Marie le Tellier, marquis de Barbezieux (1668-1701), troisième fils de Louvois, était entré dans l'ordre de Malte et était connu sous le nom de commandeur de Louvois, quand, en 1685, sur la démission de son frère aîné, il fut pourvu en survivance de la charge de secrétaire d'État de son père; le brevet est du 3 novembre (Arch. nat., O¹ 29, fol. 489). Il succéda à Louvois le 16 juillet 1691, ayant à peine vingt-trois ans.

il me répliqua qu'ils auroient bien souhaité que ce fût moi, je lui dis, par tempérament, que, s'ils vouloient dire à M. de Louvois que ç'avoit été ma pensée, et que cela l'obligeât à m'en parler, je répondrois volontiers comme ils pouvoient attendre de mon zèle. Quelques jours après, M. de Louvois me dit qu'il avoit sujet de se plaindre de moi de n'avoir pas voulu l'avertir d'une chose que j'avois pensée, et qui étoit d'une grande conséquence pour sa famille, puisqu'il avoit résolu avec M. le Chancelier de suivre mon avis. Je lui dis que j'avois cru ne devoir pas faire davantage, puisque M. le Chancelier et M. l'archevêque de Reims étoient entrés dans la pensée que j'avois eue; que c'étoit plutôt à eux de lui en parler, qu'à moi. Il me dit qu'il ne laissoit pas de m'en être obligé, mais qu'il exigeoit de moi de lui parler à l'avenir ouvertement sur toutes les choses qui pouvoient le regarder, sans exception. Je lui dis que je n'y manquerois pas, et le remerciai bien fort de l'honneur qu'il me faisoit. M. le Chancelier, étant venu au point qu'il ne croyoit pas qu'il eût longtemps à vivre, et désirant que M. le Peletier pût être fait chancelier, en fit l'ouverture à M. de Louvois, qui, ayant toujours plus d'envie que moi à me faire contrôleur général, proposa que, en ce cas, il falloit me faire avoir cette charge, s'ils pouvoient venir à bout du reste. J'appris cela par M. de Tilladet[1], qui avoit été

---

1. Jean-Baptiste de Cassagnet, marquis de Tilladet, capitaine des Cent-Suisses (1679), chevalier du Saint-Esprit (1688), gouverneur d'Arras (1689), mourut en 1692. Il était cousin germain de Louvois, son père ayant épousé (quelques-uns disent enlevé) Madeleine le Tellier, sœur du chancelier.

présent à la conférence qu'on avoit tenue là-dessus. Pour cette fois-là, je n'eus pas peur de me trouver exposé à être accablé sous le poids de cet emploi, m'étant persuadé sur-le-champ que le Roi ne leur laisseroit peut-être pas la disposition de l'un ni de l'autre. En effet, M. le Chancelier étant mort[1], le Roi donna aussitôt sa charge à M. Boucherat[2]. Je me rendis à Saint-Gervais[3] le jour que l'on devoit y apporter le corps de M. le Tellier, et, m'étant approché de M. le Peletier, qui en faisoit les honneurs, il me dit : « Voilà le corps de l'homme de France qui vous estimoit le plus. » Je lui répondis naïvement qu'il eût été plus avantageux pour moi qu'il m'eût moins estimé, et qu'il m'eût aimé davantage.

Si j'ai bien connu M. le Peletier[4], je crois que ses talents lui auroient donné plus de facilité à la chancellerie qu'au maniement des finances ; et, comme les embarras qui me sont venus pendant son ministère m'ont souvent appliqué à pénétrer son caractère, j'ai cru que ce qui dominoit principalement en lui étoit un grand désir de faire son salut, et j'ai attribué à cela la résolution qu'il avoit prise de se démettre de son emploi, ayant été raisonnablement enrichi par les libéralités de S. M., la fortune lui ayant fourni une occasion de faire son fils président à mortier[5], qui est

1. Le 28 octobre 1685.
2. Ci-dessus, p. 138.
3. L'église Saint-Gervais, à Paris, où se trouve encore le mausolée de Michel le Tellier.
4. Comparez les *Mémoires de Saint-Simon*, éd. 1873, t. IV, p. 262.
5. Louis le Peletier, d'abord avocat du Roi au Châtelet (1684), fut nommé président à mortier au Parlement, avec dispense, en avril 1689, et devint premier président en 1707.

l'ambition de tous ceux qui sont de la profession de la robe. Il voyoit les dépenses que le Roi étoit obligé de faire s'augmenter de jour en jour, et il ne se sentoit peut-être pas l'esprit aussi fertile en expédients qu'il l'auroit désiré. Il étoit néanmoins bien aise de demeurer en état de pouvoir faire plaisir, quand il lui conviendroit. C'est ce qui lui fit désirer d'obtenir du Roi le contrôle général en faveur de M. de Pontchartrain, qu'il avoit tiré de la première présidence de Bretagne pour le faire intendant des finances, et qu'il avoit logé dans la maison qu'il occupoit à Versailles, en demeurant ministre d'État et toujours agréablement auprès de S. M.[1].

M. de Lionne[2] avoit beaucoup d'esprit, et consommé dans les affaires. Il avoit passé une bonne partie de sa vie dans les ambassades et séjourné longtemps à Rome, où l'on dit que se pratique la plus fine politique[3]. Il étoit laborieux et écrivoit toutes ses dépêches de sa main; agréable et commode dans le commerce ordinaire, ayant toujours eu jusqu'à sa fin quelques maîtresses obscures. Il n'a pas été heureux dans la famille qu'il a laissée, quoiqu'il lui eût procuré de grands établissements[4].

1. *Mémoires de Saint-Simon,* éd. Boislisle, t. IV, p. 264-265, et t. VI, p. 279-280.
2. Voyez les *Relazioni* des ambassadeurs vénitiens, série *Francia,* t. III, p. 93 et 152, les *Mémoires de l'abbé de Choisy,* t. I, p. 89-90, et les *Négociations relatives à la succession d'Espagne,* par Mignet, t. III, p. 329.
3. M. de Lionne fut en effet ambassadeur à Parme en 1642-43, près les princes d'Italie (1654), en Espagne (1656), à Francfort (1657) et à Turin (1658); en 1636, il avait séjourné assez longtemps à Rome, où il avait connu Mazarin.
4. Sur la destinée des enfants de M. de Lionne, voir les *Mémoires de Saint-Simon,* éd. 1873, t. IV, p. 69-70.

M. Colbert[1] avoit longtemps travaillé sous M. le Tellier, et, dès ce temps-là, il paroissoit fort laborieux et intelligent. Monsieur le Cardinal ayant demandé à M. le Tellier un homme pour en faire son intendant, M. le Tellier lui nomma M. Colbert comme étant, pour cet emploi, le plus propre de tous ceux qu'il connoissoit. En effet, Monsieur le Cardinal s'en trouva parfaitement bien. Il étoit né pour le travail au delà de tout ce qu'on peut s'imaginer, et fort exact. Je crois que son ambition étoit plus grande que le monde n'en jugeoit, et peut-être plus qu'il ne le pensoit lui-même, et je ne dirai pas de lui ce que j'ai pensé de M. le Tellier, qu'il n'auroit pas voulu être en place de pouvoir gouverner, de peur de se trouver chargé des événements ; mais, quand il a voulu faire quelques démarches pour sortir de sa place, il a bientôt jugé que le Roi ne s'en accommoderoit pas. J'ai toujours pensé qu'il n'y avoit que lui au monde qui eût pu mettre, en si peu de temps, un aussi grand ordre qu'il fit dans le gouvernement des finances. Il l'avoit poussé si loin, et si bien fait connoître au Roi les moyens d'en empêcher la dissipation, qu'il ne lui eût peut-être pas été facile d'en tirer de grandes utilités ; mais il trouva dans la bonté et la justice du Roi de quoi être enrichi au delà de ses espérances. Par-dessus tout ce qu'il employoit de temps aux affaires de S. M., il en prenoit encore pour apprendre le latin, et se fit recevoir

1. Comparez le *Parallèle des trois premiers rois Bourbons*, par Saint-Simon, p. 218 et 307 ; la *Relation de Spanheim*, p. 165 ; les *Mémoires de l'abbé de Choisy*, t. I, p. 90-96 ; les *Lettres de Mme de Maintenon* (1806), t. VI, p. 268 ; les *Archives curieuses de l'histoire de France*, 2e série, t. VIII, p. 410, et surtout les divers ouvrages de Pierre Clément sur Colbert.

avocat à Orléans, dans la vue et l'espérance de devenir chancelier[1]. Il présumoit si fort du bon état où il avoit mis les affaires du Roi, dont il avoit rendu le revenu certain au-dessus de cent millions, qu'il croyoit qu'il y en avoit suffisamment pour faire la guerre. Ayant supputé qu'il y avoit un fonds plus grand que la dépense n'avoit encore été, il avoit rendu un arrêt, je ne sais pas pourquoi, par lequel il étoit défendu aux gens d'affaires de faire des prêts au Roi sur peine de la vie[2]; et, s'étant trouvé ensuite dans la nécessité de faire des emprunts, il s'en ouvrit à moi, et me demanda si je croyois qu'il fallût donner un arrêt contraire au premier. Je lui dis que je pensois qu'il n'y avoit qu'à oublier qu'il eût été donné, et emprunter comme on auroit pu faire auparavant.

Il m'a souvent passé par l'esprit que les hommes ont leurs propriétés à peu près comme les herbes, et que leur bonheur consiste d'avoir été destinés, ou de s'être destinés eux-mêmes aux choses pour lesquelles ils étoient nés. C'est pour cela que j'ai pensé que, le bonheur de M. de Pontchartrain l'ayant conduit dans les finances, il y a si bien réussi que je ne crois pas que jamais homme ait eu plus de talents et de meilleures dispositions que lui pour le maniement des finances. J'eus le bonheur d'en être connu aussitôt qu'il

1. Pierre Clément (*Histoire de Colbert,* t. I, p. 5) établit que Colbert savait le latin et avait probablement étudié chez les Jésuites. Quant à sa réception comme avocat à Orléans, Gourville est le seul qui donne ce détail.

2. Pierre Clément (*Histoire de Colbert,* t. I, p. 163-164) a déclaré fausse l'assertion de Gourville. Malgré les recherches que nous avons faites, il nous a été impossible de retrouver l'arrêt dont parle notre auteur.

commença de s'en mêler, et j'oserois quasi croire que j'étois né avec la propriété de me faire aimer des gens à qui j'ai eu affaire, et que c'est cela proprement qui m'a fait jouer un beau rôle avec tous ceux à qui j'avois besoin de plaire. Mais je me suis proposé de faire, en quelque façon, le portrait de M. de Pontchartrain, et non pas le mien. Il me sembla[1] qu'il avoit bientôt pris des notions dans les finances qui ne seroient venues qu'avec peine à un autre. Il savoit distinguer ceux qui en savoient plus que lui, et je m'apercevois que bientôt il en savoit autant et plus qu'eux ; mais cela n'a pas empêché qu'il n'en ait toujours conservé un petit nombre avec qui il étoit bien aise de s'entretenir, et il les invitoit à lui parler de tout ce qui leur venoit dans l'esprit, sur le fait des affaires dont il étoit chargé. Il donnoit tout le temps nécessaire aux affaires ; mais, après cela, dans la conversation, il conservoit une grande gaieté, et, à mon avis, avoit peu de souci. Je ne crois pas devoir m'étendre davantage sur ses bonnes qualités, me souvenant de l'opinion qu'eurent M. de Louvois et M. de Croissy, lorsque je leur racontai toutes les grandes qualités que je croyois avoir trouvées en la personne de M. le prince d'Orange : ils s'imaginèrent que le bon traitement que j'en avois reçu m'avoit grossi les objets au delà de ce qui étoit en effet[2]. Mais, ici, je n'ai qu'à me confirmer dans mes pensées par les marques que M. de Pontchartrain a reçues des bontés du Roi pour son élévation.

1. On peut comparer le portrait tracé par Saint-Simon (*Mémoires*, éd. Boislisle, t. VI, p. 282) et ceux qui sont réunis dans l'appendice XV du même volume.
2. Ci-dessus, p. 101.

CHAPITRE XXI.   167

J'ai fort connu M. de Pomponne à l'hôtel de Nevers[1], même avant qu'il fût encore guères à la cour. Il étoit regardé, par un certain nombre d'honnêtes gens et d'esprit qui faisoient leurs délices de cette maison, comme un homme de bien et un bon esprit[2]. Il réussit si bien dans ses ambassades[3], et le Roi prit tant de goût pour lui, pour le bon style de ses lettres, que, M. de Lionne étant venu à mourir, le Roi, sans aucune insinuation et sans que personne en sût rien, lui envoya un de ses gentilshommes à Stockholm, où il étoit pour lors ambassadeur, qui le surprit extrêmement en lui apprenant que le Roi l'avoit fait secrétaire d'État et lui mandoit de venir incessamment pour en prendre possession. Ce ne fut qu'au retour de ce courrier que l'on sut ce que le Roi avoit fait là-dessus : ce qui fit que tous ceux qui le connoissoient donnèrent de grandes louanges à S. M. du bon choix qu'elle avoit fait[4]. Il s'acquitta fort bien de son devoir ; mais cela n'empêcha pas que M. de Louvois ne prît occasion, quand il la pouvoit trouver, de faire voir au Roi qu'il en savoit plus que les autres[5]. En effet, M. de Pomponne ayant oublié de mettre dans une dépêche tout ce qui avoit été résolu et n'ayant pas nommé quelques paroisses de Flandres au sujet de quelques limites,

1. C'est-à-dire chez les du Plessis-Guénegaud.
2. Comparez les portraits donnés par l'abbé de Choisy (*Mémoires*, t. I, p. 113), par Saint-Simon (*Mémoires*, éd. Boislisle, t. VI, p. 337-338), et les *Relazioni* vénitiennes, t. III, p. 275, 288, 513 et 592.
3. En 1665 à Stockholm, en 1668 à la Haye, en 1671 à Stockholm pour la seconde fois.
4. Comparez ce que raconte Saint-Simon (*Mémoires*, éd. Boislisle, t. VI, p. 334-336 et notes).
5. *Ibidem*, t. VI, p. 338-339.

M. de Louvois ne manqua pas de le relever fortement en présence de S. M., et c'est, si je ne me trompe, ce qui fut cause que le Roi établit de faire lire dans son Conseil les dépêches qui avoient été résolues dans celui de devant. Je ne sais pas même si S. M. n'a pas continué depuis de le faire toujours, et le Roi, ayant trouvé le remède pour l'avenir, ne parut point être mécontent de M. de Pomponne ; et il seroit mort dans sa charge, s'il n'avoit pas, lui seul, donné lieu à la disgrâce qui lui arriva à l'occasion du mariage de Madame la Dauphine[1]. M. de Croissy, qui étoit alors à Munich, ayant envoyé un courrier qui rendit sa dépêche à M. de Pomponne dans le temps malheureusement que M. de Chaulnes[2], et un nombre de dames[3] qui étoient chez lui, alloient monter en carrosse pour aller à Pomponne[4], il ne fit pas assez de réflexion que le Roi étoit dans l'impatience de savoir les nouvelles qu'apportoit ce courrier, et il en fit encore moins sur ce que c'étoit le frère de M. Colbert qui l'envoyoit. Il se contenta de lui dire de ne se pas montrer pendant deux ou trois jours qu'il devoit être avec sa compagnie à Pomponne. Le courrier, en sortant de chez lui,

1. La Dauphine-Bavière, en 1679. — Le récit de Saint-Simon est conforme à celui de Gourville, si ce n'est qu'il attribue à Louvois une part importante dans la chute de Pomponne (*Mémoires*, t. VI, p. 341-344 ; voir aussi les *Lettres de M*me *de Sévigné*, t. VI, p. 87, 136 et 140, etc.). Saint-Simon connaissait nos *Mémoires*.

2. L'édition de 1782 et les suivantes ont mis ici : « M. de Châteauneuf. » — Charles d'Albert, duc de Chaulnes, est celui qui, par son habileté et sa modération, parvint à terminer, pendant son ambassade à Rome, la fameuse querelle des Franchises.

3. Mme de Sévigné était du nombre (*Lettres*, t. VI, p. 88).

4. Cette terre, située près de Lagny-sur-Marne, avait été érigée en marquisat en avril 1682.

CHAPITRE XXI.   169

s'en alla chez M. Colbert porter une lettre qu'il avoit
de M. de Croissy, qui se remettoit au détail qu'il écrivoit à S. M., néanmoins avec quelques petites circonstances qui ne firent qu'augmenter la curiosité du Roi,
quand M. Colbert les lui eut dites, à mon avis sans
aucunes vues de nuire à M. de Pomponne, ne sachant
pas ce qui étoit arrivé. Un autre plus soupçonneux
que je ne suis pourroit peut-être bien penser que le
courrier lui avoit dit l'ordre qu'il avoit de M. de Pomponne de ne se pas montrer qu'à son retour. Le Roi,
par sa bonté ordinaire, eut patience jusqu'au lendemain matin, quoiqu'il eût fort envie de savoir ce que
portoit la dépêche, qui devoit être la décision du
mariage de Monseigneur. Le soir, l'impatience du Roi
augmentant, il envoya chez M. de Pomponne savoir
si les commis n'auroient point cette dépêche ; et il n'y
a peut-être que le Roi qui, en pareille occasion, eût
donné une aussi grande marque de patience. Il se peut
bien faire que M. Colbert ne s'étoit pas beaucoup mis
en peine d'excuser M. de Pomponne, cela n'étant
guères d'usage entre les ministres ; car, entre amis
particuliers, M. Colbert auroit envoyé un cavalier à
M. de Pomponne pour l'avertir de la peine où étoit le
Roi, et il ne falloit pas plus de trois heures pour cela.
Enfin M. Colbert, voyant la résolution que S. M. avoit
prise d'ôter la charge à M. de Pomponne, proposa au
Roi de la donner à M. de Croissy, et l'obtint. Aussitôt
il monta en carrosse pour venir à Paris, et, trouvant
M. de Pomponne de retour, il lui annonça le malheur
qui lui étoit arrivé[1]. M. de Pomponne fit incontinent

1. Mme de Sévigné confirme ce détail (*Lettres*, t. VI, p. 87).

fermer sa porte et donna ordre à son portier de dire qu'il n'y étoit pas [1], mais que, si pourtant je me présentois, il me fît entrer. Dès que j'eus appris la nouvelle, je ne manquai pas d'y aller ; et, d'abord qu'il m'eut aperçu dans sa galerie, où j'étois entré pour aller à son cabinet, il sortit et me dit, en m'embrassant, qu'il étoit bien persuadé de la part que je prenois au malheur qui lui étoit arrivé, et qu'il croyoit que M. de Louvois étoit cause de sa perte. Je savois assez les dispositions de celui-ci sur son sujet pour lui dire que je n'en croyois rien, et j'ajoutai qu'il étoit bien malheureux de n'avoir point connu la bonté du Roi et l'aisance avec laquelle il vivoit avec ceux qui avoient l'honneur de le servir ; que j'étois persuadé que, si, au lieu de dire au courrier de ne se pas montrer, il avoit baillé ce paquet à un de ses commis pour le porter à Versailles, le déchiffrer et en rendre compte au Roi, en s'excusant de ce qu'il ne l'avoit reçu qu'en montant en carrosse avec une nombreuse compagnie qu'il menoit à Pomponne, et lui demandant pardon de n'être pas venu lui-même, espérant que S. M. ne le trouveroit pas mauvais, cela n'auroit eu aucunes suites. Il me dit qu'il en étoit persuadé comme moi, mais que cela ne servoit qu'à augmenter sa douleur. Il me fit voir la lettre qu'il écrivoit au Roi, et trouva bon que je lui disse ce qui me venoit dans la pensée qui pouvoit y être mis. Il me pria de vouloir bien attendre

---

1. Tout le commencement de cette phrase a été biffé par le correcteur du manuscrit de M. le baron Pichon, et remplacé par la phrase suivante, qui a été reproduite dans les éditions : « Et, ayant averti M. de Pomponne du malheur qui lui étoit arrivé, il prit le parti de se retirer dans sa maison, et de faire dire par son portier qu'on ne le voyoit point. »

jusqu'à ce qu'il l'eût envoyée, afin que nous pussions un peu nous entretenir. Après que cela fut fait, il me parut qu'il lui restoit encore quelque doute que sa disgrâce ne lui eût été attirée par M. de Louvois ; mais je lui dis encore, comme j'avois déjà fait, que je ne le croyois pas, parce que M. de Louvois, en l'ôtant de là, n'auroit, en aucune façon, espéré d'en pouvoir mettre un autre à sa place, et qu'il n'eût pas été certain que celui sur qui le Roi jetteroit les yeux ne lui fît peut-être plus de peine que lui en causoit M. de Pomponne. Me trouvant embarqué à soutenir ce que je lui avois avancé, je fus comme nécessité de lui faire entendre, sans le lui dire positivement, qu'il ne faisoit aucun ombrage à M. de Louvois. Mais, bientôt après, il apprit la vérité de ce dont je l'avois assuré. Il supporta sa disgrâce avec beaucoup de patience et de modération par la retraite qu'il fit à Pomponne, se tournant tout à fait du côté de Dieu[1]. Je m'en allai aussitôt à Versailles, où je trouvai M. de Louvois précisément dans les mêmes sentiments que j'avois dit à M. de Pomponne, et il m'ajouta que, s'il se trouvoit quelque occasion de lui faire plaisir, il le feroit volontiers. En effet, M. de Pomponne m'a dit souvent depuis que, Messieurs ses enfants ayant pris le parti de se destiner à la guerre, M. de Louvois les avoit aidés en tout ce qu'il avoit pu[2]. Quelque temps après, j'appris que, quand

1. *Mémoires de Saint-Simon*, éd. Boislisle, t. VI, p. 347.
2. Deux des fils de Pomponne prirent en effet le métier des armes : Nicolas-Simon, qui devint brigadier et lieutenant général au gouvernement de l'Ile-de-France, mort en 1737, et Antoine-Joseph, mort colonel de dragons en 1693. Le troisième, Henri-Charles, entra dans les ordres : ci-dessus, p. 139.

il y avoit eu occasion de nommer le nom de M. de Pomponne, il avoit semblé à M. de Louvois que le Roi auroit voulu avoir encore poussé plus loin sa patience qu'il n'avoit fait : ce qui se justifia quelques années après, le Roi l'ayant remis dans le ministère[1] et lui ayant donné de si grands appointements, qu'il me passa par l'esprit alors que c'étoit une pénitence que le Roi s'étoit imposée pour lui faire oublier la peine qu'il lui avoit causée.

Peu de jours avant la mort de M. de Pomponne[2], il eut la bonté de me venir voir, et, ayant aperçu que j'entendois une messe du coin de ma chambre, où l'on me menoit dans une chaise roulante, il me dit qu'il me trouvoit bien heureux, dans l'état où j'étois, d'avoir cette consolation. Je m'efforçai de lui marquer combien je lui étois obligé de l'honneur qu'il me faisoit. Il me témoigna qu'il s'étoit fait un grand plaisir de m'être venu voir, et que sa joie redoubloit de me trouver en meilleur état qu'on ne lui avoit dit, le bruit ayant couru que mon esprit et mon corps étoient fort diminués, et qu'il s'en falloit bien que ce ne fût au point qu'on lui avoit dit.

Comme j'ai commencé de rappeler, autant que j'ai pu dans mon esprit, les idées que j'avois eues du caractère de Messieurs les ministres, après avoir eu plus d'occasions que personne de connoître M. le marquis de Louvois[3], je confesse ingénuement que je n'ai

1. En 1691, aussitôt après la mort de Louvois, Louis XIV rendit à Pomponne sa place de ministre d'État, et, plus tard, il dirigea les affaires étrangères sous son gendre Torcy.

2. Il mourut le 26 septembre 1699.

3. On peut comparer ce portrait avec ceux, moins favorables,

point vu homme qui eût généralement un esprit si étendu pour toutes choses, une compréhension si vive, ni une si grande application à remplir tous ses devoirs dans une grande perfection, et qui fût d'une prévoyance aussi étendue, au delà même de tout ce que l'on peut s'imaginer. Il me paroissoit que la quantité d'affaires dont il étoit occupé ne lui permettoit point de donner tout le temps qui lui eût été nécessaire pour entendre les officiers qui étoient nécessités de lui parler. Il avoit, ce me semble, une grande facilité à prendre et à choisir ce qu'il y avoit de bon dans ce qu'on lui disoit. Il m'a paru qu'il étoit bien aise de s'entretenir avec un petit nombre de gens sur les affaires présentes, et je ne me présentois jamais à la porte de son cabinet, soit à Versailles ou à Paris, sans qu'il me fît entrer, ou me fît dire d'attendre un peu de temps pour finir une affaire qui l'occupoit. Je ne sais si le plaisir que j'avois, et l'honneur que cela me faisoit dans le monde, ne pouvoit point avoir un peu favorablement augmenté les idées que j'avois de lui.

Après avoir perdu M. de Pomponne dans la place où il étoit, je retrouvai dans la personne de M. de Croissy plus de bonté, et, si j'ose dire, d'amitié, que je n'en aurois pu espérer. Je lui trouvois beaucoup d'esprit et d'entendement[1], et assez de talents pour la

qu'ont donnés Saint-Simon (*Parallèle*, p. 219, et Addition au *Journal de Dangeau*, t. III, p. 361), Spanheim (*Relation*, p. 182), Mme de Maintenon (*Lettres*, éd. 1806, t. VI, p. 269), et les ambassadeurs vénitiens (*Relazioni*, série *Francia*, t. III, p. 514).

1. *Relation de Spanheim*, p. 212; *Mémoires de l'abbé de Choisy*, t. I, p. 113; *Mémoires de Saint-Simon*, éd. Boislisle, t. III, p. 139-140; *Journal d'Olivier d'Ormesson*, t. II, p. 488; *Relazioni*, série *Francia*, t. III, p. 514.

charge où son bonheur et ses longs services[1] l'avoient élevé. Je crois que personne ne pouvoit mieux faire des instructions pour les ambassadeurs que lui ; il a eu la bonté de m'en lire souvent, lorsqu'il n'étoit plus question d'en garder le secret. Il n'y avoit point de maison où je fusse si à mon aise que dans la sienne[2], par les témoignages de bonté que je recevois de lui et de Mme de Croissy[3]. M. le marquis de Torcy[4] commençant à être fort raisonnable et dans un âge à pouvoir distinguer le bien et le mal, j'eus quelque commerce avec lui pour faire plaisir au père et à la mère, et je leur dis, à quelque temps de là, que je ne lui trouvois qu'un seul défaut, qui étoit d'être trop sage pour un homme de son âge, parce que j'avois remarqué qu'avec beaucoup d'esprit, il raisonnoit bien mieux sur toutes choses qu'on ne l'auroit dû attendre. Ce que j'ai vu de lui, par quelques écrits qui sont donnés au public[5] et par tout ce que j'en entends dire, m'en informant fort souvent, me fait juger qu'avec le temps il se trouvera, à quelque petite chose près, comme M. le Tellier, c'est-à-dire un aussi grand ministre, parce qu'il est né sage comme lui[6].

1. Dans le manuscrit de la Bibliothèque nationale, les quatre derniers mots ont été ajoutés par une main différente; mais ils existent dans les autres manuscrits.

2. Gourville rendait d'ailleurs à Croissy quelques services : ainsi, en août 1686, il accommoda un différend entre lui et l'abbé de Lagny, voisin de la terre de Croissy (Chantilly, correspondance).

3. Françoise Béraud, fille de Joachim Béraud, grand audiencier de France.

4. Jean-Baptiste Colbert, fils de Croissy, succéda à son père comme secrétaire d'État en juillet 1696.

5. Notamment la *Relation de la fontaine sans fond de Sablé*, communiquée à l'Académie des sciences.

6. Ce dernier membre de phrase, depuis *c'est-à-dire*, a été ajouté

Je ne doute pas que, si quelqu'un voyoit tout ce que j'ai écrit jusqu'à présent, il ne pût dire que je me suis un peu trop loué en faisant voir que j'ai toujours été bien avec Messieurs les ministres ; mais, y ayant beaucoup réfléchi, j'ai trouvé que je n'avois rien dit qui ne fût véritable, quoique fort à mon honneur. C'est peut-être encore un effet de ma vanité et de l'amour-propre qui me fait décider, si hardiment comme je fais, des gens dont je prends la liberté de parler. Mais, comme je n'écris que pour ma satisfaction particulière et le plaisir que j'y prends, je sens bien que je ne dis les choses que comme je les crois, et les ai pensées dans les temps où j'ai été en état de m'en instruire.

Je me suis si fort pressé de faire écrire mes Mémoires pour arriver au temps de représenter les extrêmes bontés du Roi et les obligations que j'avois à S. M., afin d'en marquer, s'il se pouvoit, ma reconnoissance, que l'envie que j'en ai eue m'a fait passer par-dessus beaucoup de choses : ce qui me donne occasion de revoir avec attention tout ce que j'ai fait écrire, pour y ajouter quelques particularités dont je me suis souvenu depuis, mais non pas de corriger le style, croyant que, pour un homme aussi ignorant que je crois l'être, il suffit que je me fasse aisément entendre[1].

sur le manuscrit de la Bibliothèque nationale ; mais il existe dans le texte des manuscrits de M. le baron Pichon et de Chantilly.

1. Ce dernier paragraphe n'existe que dans le manuscrit de M. le baron Pichon, où il a même été biffé postérieurement ; il établit que toutes les corrections de ce manuscrit sont l'œuvre de Gourville lui-même ; voir notre Introduction, t. I, p. cv.

APPENDICES

APPENDICE I.

ACTE DE BAPTÊME DE GOURVILLE[1].

Le treizième jour du mois de juillet mil six cent vingt-cinq a été baptisé, dans l'église collégiale de Notre-Dame de la Rochefoucauld, Jean Hérauld, fils légitime de Pierre Hérauld et de Souveraine Mesturas, ses père et mère. A été parrain Jean-Henri Fort, âgé de trente-un ans, et marraine Jeanne Mesturas, âgée de quarante ans; et ledit Jean Hérauld est né le dixième jour dudit mois, à dix heures du soir.

Fait en présence des soussignés : Jean-Henri FORT, parrain ; Jeanne MESTURAS, marraine ; DE PONTIGNAT ; DE VILLEMANDY ; DE LABROSSE ; DE RANCON ; AUGIER ; HÉRAULD ; ALANORE, curé[2].

1. Ci-dessus, t. I, p. 6.
2. Archives communales de la Rochefoucauld ; registre des baptêmes de l'église collégiale de Notre-Dame.

APPENDICE II.

TENTATIVE D'ÉVASION DES PRINCES[1].

M. le Tellier au cardinal Mazarin.

13 février 1650.

.... M. le Coadjuteur est allé ce matin trouver S. A. R. pour lui faire voir un billet qu'un prêtre lui avoit donné, qui portoit que l'on devoit tenter, aujourd'hui après midi, de faire évader les Princes; qu'on avoit gagné la garnison du château, qui devoit se saisir de M. de Bar, étant à vêpres, puis aller attaquer le donjon, dont elle se promettoit de forcer les portes; qu'il devoit y avoir de la cavalerie au dehors pour recevoir les Princes à leur sortie et les emmener. S. A. R. a aussitôt envoyé cet avis à M. de Bar par diverses personnes qui y sont allées à divers temps. L'on a fait battre l'estrade à l'entour du château, sans qu'il s'y soit trouvé un seul cavalier. L'on a même été dans tous les villages circonvoisins, où l'on a appris qu'il ne s'étoit fait aucune assemblée.

Sur le soir est venu un autre avis, qu'on prétend être plus assuré que le premier. Il porte que plusieurs sergents et soldats ont été effectivement gagnés, jusques au nombre de quarante; qu'ils ont des ferrements par lesquels ils prétendent s'introduire assez facilement dans le donjon, et qu'ils se sont engagés à cette entreprise sur la promesse qu'a faite Madame la Princesse de donner 400,000 livres à ceux qui procureroient la liberté de Messieurs ses fils et gendre. J'ai eu commandement de S. A. R. d'en donner part à M. de Bar, et de lui mander qu'il ne s'en ouvre point, parce que ce seroit ôter le moyen d'en découvrir la vérité, laquelle on se promet de tirer, mais bien d'observer soigneusement la garnison, de voir si l'on ne trouveroit point ces ferrements, et, comme, en cas que cela soit, la chose ne

---

1. Ci-dessus, t. I, p. 23 et suivantes.

peut avoir été tramée qu'avec des sergents ou soldats de la garnison, d'observer et faire suivre ceux qui vont et viennent à Paris; qu'on croit qu'ils ne doivent point sortir du donjon; qu'en faisant boucher de bon moëllon les fenêtres, qui sont si basses qu'un homme y peut toucher de la main, et tenant les trois portes fermées, il n'y aura rien à craindre, et que, quand il viendroit à être attaqué par la garnison du dehors, il pourroit être secouru assez à temps; qu'il seroit à propos qu'il essayât de diminuer le nombre des gardes du corps employés dans le donjon, pour y mettre en leur place des personnes fidèles et assurées. Ce dernier avis vient de bon lieu, étant donné par des personnes qui n'ont nulle aversion pour les prisonniers, mais qui ont cru s'en devoir découvrir par l'appréhension qu'elles ont du malheur qui arriveroit au royaume, s'ils étoient en liberté. On croit qu'il y a des gens de condition qui négocient cette affaire avec quelques sergents ou caporaux de la garnison. Je ne dois pas vous céler que M. de Rohan et M. de Saint-Aoust en sont soupçonnés, sans que j'en aie aucune autre connoissance que par le rapport qui m'en a été fait. On fait grande réflexion sur ce que, en ce même temps-là, MM. de Saint-Simon sont partis de Paris pour se retirer en leurs maisons, ayant pris la peine de passer chez moi pour m'en avertir; et le duc m'a ajouté qu'il étoit bien aise de se retirer, afin de n'être point mêlé dans les choses qui se pourroient passer[1]....

M. le Tellier au cardinal Mazarin.

19 février 1650.

.... Tandis que j'étois auprès de S. A. R., M. de Termes l'approcha et lui dit qu'un de ceux qui avoient connoissance de l'entreprise qui se tramoit pour l'évasion des Princes l'étoit venu trouver et lui avoit dit que celui qui faisoit les pratiques dans la garnison étoit un sergent de Riberpré, auquel il avoit été promis 4,000 livres pour lui et cinquante pistoles pour chaque soldat qu'il gagneroit, au cas que la chose réussit; que

1. Dépôt des Affaires étrangères, vol. *France* 870, fol. 118-119; voir aussi, aux fol. 144 et 148, les lettres des 16 et 18 février.

le même homme le devoit venir trouver, et qu'il le mèneroit à S. A. R. chez M. de Bautru. Cependant elle commanda à un de ses gardes d'aller trouver M. de Bar, auquel j'écrivis un mot pour arrêter le sergent : ce qu'il fit, l'ayant mis dans le donjon, ainsi qu'il me manda le soir, comme il a fait encore ce matin, ajoutant qu'il ne peut tirer aucun éclaircissement de cet homme-là. M. de Tilladet, qui le connoît pour avoir été sergent dans sa compagnie, m'a dit qu'il n'a pas le sens commun et n'est pas homme de main, si bien que, si les partisans des Princes se sont adressés à lui, ils ont assez mal choisi. Si M. de Termes a mené son homme à S. A. R., il y a apparence qu'il ne lui aura rien appris de nouveau, puisque sadite A. R. ne m'a point envoyé querir [1]....

1. Vol. *France* 870, fol. 153 v°.

APPENDICE III.

COMMISSION DE COMMISSAIRE GÉNÉRAL DES VIVRES

A L'ARMÉE DE CATALOGNE

EN FAVEUR DU SIEUR DE GOURVILLE[1].

20 août 1655.

Louis, etc., à notre cher et bien amé le sieur de Gourville, salut. Jugeant être profitable pour l'avantage de notre service de pourvoir à ce que la charge de surintendant et commissaire général des vivres en notre armée de Catalogne soit exercée par une personne capable et fidèle en l'absence de l'officier titulaire d'icelle, nous avons eu pour agréable la nomination qui nous a été faite de votre personne par notre amé et féal le sieur Rose, pourvu de ladite charge, portant que nous ne pouvons, pour ce, faire un meilleur choix que de vous, pour la confiance que nous prenons de votre capacité, expérience, diligence et bonne conduite, et de votre affection et fidélité à notre service, dont vous nous avez rendu diverses preuves dans notre armée de Catalogne. A ces causes et autres considérations à ce nous mouvant, nous vous avons commis et ordonné, commettons et ordonnons par ces présentes, signées de notre main, pour exercer ladite charge de commissaire général des vivres en notre armée de Catalogne en l'absence dudit sieur Rose, en faire les fonctions suivant nos ordonnances et règlements faits concernant les vivres et l'exercice de ladite charge, et en jouir aux honneurs, autorité, prérogatives et droits qui y appartiennent et dont jouissent et doivent jouir les intendants des vivres servant en nos armées,... et aux appointements qui vous seront ordonnés,... vous donnant pouvoir, autorité et mandat spécial par ces présentes. Si donnons en mandement à notre très cher

---

1. Ci-dessus, t. I, p. 116.

et très amé cousin le prince de Conti, vice-roi et notre lieutenant général en notre pays et armée de Catalogne, et, en son absence, à nos lieutenants généraux sous lui en ladite armée, intendants en icelle, et tous autres nos officiers qu'il appartiendra, de vous faire reconnoître dans les fonctions de ladite charge, et de vous donner toute l'assistance dont vous aurez besoin pour cet office. Ordonnons aux commissaires des vivres et autres officiers servant auxdites munitions de notredite armée de vous reconnoître, obéir, etc.... Donné au Quesnoy, le vingtième jour d'août mil six cent cinquante cinq [1].

1. Dépôt de la Guerre, vol. 146, n° 36.

APPENDICE IV.

LES ÉTATS DE LANGUEDOC EN 1655[1].

A Pezénas, le 7 décembre [1655].

Monseigneur,

J'ai cru que Votre Éminence n'auroit pas désagréable que je me servisse de la liberté qu'elle m'a donnée de lui écrire, pour lui rendre compte de ce qu'elle m'avoit fait l'honneur de me charger en m'envoyant en ce pays-ici…. Je me contenterai de dire à Votre Éminence que la seule approche des troupes qui doivent passer en Guyenne est capable de faire conclure ce qui aura été différé jusque-là. J'ai laissé croire que j'avois apporté les quartiers, mais que l'ordre étoit de ne les point distribuer jusques à ce qu'on fût assuré que la mauvaise volonté des États ne fît pas changer le dessein de les mettre en Guyenne. Je prends encore la liberté de dire à Votre Éminence que, si l'on étoit obligé de mettre les troupes en Languedoc, pourvu que l'on prît un peu de soin de visiter particulièrement les opiniâtres, que cela seroit d'un grand exemple, et que, après que les troupes y auroient été quelque temps, la province donneroit bien encore une somme fort considérable pour les faire sortir, et que cela, étant bien conduit, pourroit bien n'être pas une fort méchante affaire eu égard à tout. Le voisinage de Catalogne donneroit moyen d'y faire venir les troupes les unes après les autres sans rien hasarder, et leur donner par là le moyen de se mettre en état de servir et de se tirer de la grande misère où elles sont. Je suis résolu de ne point faire un secret de ma pensée; le bruit n'en sauroit faire de mal….

Je prendrai la liberté de dire encore un mot à Votre Éminence de l'affaire des États sur ce qui se passa hier, sur la délibération qui avoit été prise de ne vouloir point délibérer sur

---

1. Ci-dessus, t. I, p. 117.

l'affaire du Roi que, premier, ils n'eussent la révocation de quelques édits.... La chose va donc à présent à savoir si l'on se contentera d'une somme au-dessus de ce que l'on pouvoit prétendre pour le don gratuit pour récompenser les édits, ou si l'on rompra. Les États s'opiniâtrant, on pourroit aller jusques à 1,800,000 livres avec la révocation.... Je crois qu'il importe.... que les troupes soient dans leur passage, quand on leur fera réponse, pour les porter fort haut en cas de révocation, ou de les obliger à passer par-dessus. Tout leur but ne va qu'à prolonger jusques à ce que les troupes soient en Guyenne[1]....

1. Affaires étrangères, vol. *France* 1636, fol. 438.

APPENDICE V.

LES INTRIGUES DANS LA MAISON DU PRINCE DE CONTI[1].

Gourville au cardinal Mazarin[2].

A Paris, ce 7 juillet 1656.

Monseigneur,

J'ai fait tout ce qui m'a été possible pour ne rien oublier de tout ce que Votre Éminence m'avoit commandé de dire à M. l'archevêque de Sens; et, pour ne point embarrasser Votre Éminence d'un grand discours, je lui dirai seulement qu'il m'a fort assuré qu'à l'avenir il ne vous laisseroit plus aucun lieu de soupçon, et même il fera ce qu'il faut pour que tout le monde soit persuadé qu'il est tout à fait dans vos intérêts. Je lui ai seulement reparti qu'il n'y avoit plus de temps à perdre, et qu'il devoit se servir du reste de l'assemblée pour vous le persuader. Il ira dans deux jours à la cour, où il prendra les mesures avec Votre Éminence pour ce qu'il y a à faire sur la dernière délibération et sur le reste. Il croit que, sur la lettre de M. le cardinal de Retz, que si Votre Éminence répond qu'elle est pleine d'affaires temporelles, que cela satisfera assez. Il m'a dit, pour sa justification, toutes ces choses que Votre Éminence m'avoit dites par avance. Enfin, il assure que Votre Éminence sera satisfaite de lui.

Mgr le prince de Conti partira le lendemain de l'arrivée de S. A. R. pour aller à la Fère. Mme la princesse de Conti se porte un peu mieux. Je ne puis finir sans protester de nouveau à Votre Éminence que *je vas prendre une conduite qui devra être agréable à Votre Éminence par le peu d'empressement que j'au-*

1. Ci-dessus, t. I, p. 122.
2. Catalogue Ét. Charavay, 29 décembre 1892, n° 21.

rai sur tout ce qui regarde Mgr le prince de Conti, et j'attendrai les commandements de Votre Éminence sur cela comme sur toute autre chose, que j'essaierai d'accomplir avec tout le respect avec lequel je suis, etc.

Mᵐᵉ la princesse de Conti a senti remuer son enfant : ainsi, sa grossesse ne peut plus être douteuse[1].

*M. de Cosnac, évêque de Valence et de Die,
au cardinal Mazarin.*

A Paris, le 25 juillet [1656].

.... Il est bon que Votre Éminence sache qu'il y a longtemps que les sieurs de Langlade et Gourville avoient dessein d'entrer dans les affaires domestiques de Mgr le prince de Conti. L'intelligence qui étoit entre le premier et moi lui donna lieu de m'en faire plusieurs fois la proposition et me presser d'établir le dernier ; mais la précaution que j'ai toujours eue de ne vouloir présenter personne, de peur d'être obligé de répondre de sa conduite, m'obligea d'éloigner leur prétention, connoissant d'ailleurs par expérience qu'elle alloit à la ruine de la maison, le sieur Gourville ayant, dans le temps que M. de la Rochefoucauld étoit puissant, reçu des présents considérables pour faire donner un bénéfice de vingt mille livres de rente pour douze. Cela leur donna le premier fondement de cabaler contre moi. Ils tâchèrent d'aigrir les principaux domestiques, leur disant que la trop grande complaisance que j'avois pour Votre Éminence faisoit que je ne la pressois pas assez de leur accorder les grâces dont Mgr le prince de Conti me chargeoit de lui demander, et que, s'ils avoient mon emploi près de vous, ils savoient bien les moyens d'obtenir toutes choses.... Comme ce moyen n'étoit pas assez puissant pour me détruire,... ils firent entrer dans leurs intérêts MM. de Candalle et de Sens, faisant espérer au premier qu'ils persuaderoient, comme ils ont fait, à Mgr le prince de Conti, de lui laisser le commandement de l'armée de Catalogne, et promettant à l'autre de le rendre maître du secret

---

1. La princesse accoucha le 25 octobre d'une fille morte (lettre du médecin Vallot : Affaires étrangères, vol. *France* 900, fol. 397).

et de la confiance. Il y a quatre mois que ces Messieurs ont mis toute leur application à inventer des moyens de me perdre.... Leur principale batterie a été de dire que je m'étois donné à Votre Éminence, que j'étois son espion dans cette maison, que j'avois reçu pour cela dix mille écus, qu'il ne se faisoit rien dont je ne vous informasse.... Mgr le prince de Conti est fort délicat sur cette matière.... Cela fit effet contre moi; mais, pour le rendre plus infaillible, ils lui donnèrent du mécontentement, lui persuadèrent que vous ne lui donniez aucune part dans les affaires.... Je m'attachai, avec tout le soin possible, à détruire toutes ces malices, et je le fis avec succès. Gourville n'eut plus de part dans sa confiance; dans le temps même, il l'en exclut pour toujours. Mais il est arrivé que Votre Éminence eut la bonté d'écrire en ma faveur. Cela donna avantage aux sieurs de Langlade et Gourville, et leur servit de prétexte pour dire que j'étois absolument à Votre Éminence.... Ces Messieurs s'établirent par là. Ils songèrent après à s'assurer de Votre Éminence. Ils crurent qu'il ne falloit que trouver un prétexte d'envoyer Gourville près d'elle, parce que, Votre Éminence jugeant par cet envoi qu'il avoit la confiance de Mgr le prince de Conti, elle se confieroit à lui. Le prétexte du voyage fut bientôt trouvé. Ils savoient l'envie que Mgr le prince de Conti avoit de n'aller pas en Catalogne. Gourville s'offrit pour l'aller faire trouver bon à Votre Éminence. Il dit qu'il en savoit lui seul les moyens, qu'il connoissoit Votre Éminence, et, se servant des bruits qui commençoient déjà de n'être pas avantageux pour le siège de Valenciennes, il ne douta point que, se servant d'une mauvaise conjoncture, il ne trouvât auprès de vous toute facilité pour obtenir tout ce qu'il voudroit, et pour s'y établir. Il partit dans cette espérance, et revint en effet triomphant du malheur de Valenciennes. Il avoit mandé par avance, par M. le chevalier de Trélon, qu'il avoit eu des conférences avec Votre Éminence, de six heures. Il ajouta à cela tant d'artifices, lorsqu'il fut arrivé, pour persuader qu'il étoit cause que vous aviez envoyé à Mgr le prince de Conti le pouvoir de commander dans Paris, que personne ne douta qu'il ne fût le favori de Votre Éminence. Dès lors, tous les conseils de ces Messieurs furent suivis, et moi plus persécuté que jamais,... et je vis l'heure que j'avois mon congé comme un infâme et comme un traître....

Daniel DE COSNAC,
évêque de Valence et de Die.

P.-S. — Dès que le sieur Gourville eut rendu la lettre de Votre Éminence à Monsieur de Sens, il vint trouver Mgr le prince de Conti pour lui dire qu'on ne pouvoit pas être son ami impunément, que Votre Éminence l'avoit trouvé mauvais, et que c'étoit moi qui vous rendois compte de toutes choses, et à lui de mauvais offices; qu'il falloit me chasser de chez lui et me défendre de le voir[1]....

Mazarin à Colbert.

La Fère, 31 juillet 1656.

... Dites-lui aussi [à Mme la princesse de Conti], l'obligeant auparavant au secret, que Gourville se vante déjà de la gouverner, et je ne m'en étonne, car il avance aussi qu'il fait la même chose à mon égard et qu'il sait bien comme il me faut mener[2].

1. Affaires étrangères, vol. *France* 899.
2. P. Clément, *Lettres de Colbert*, t. I, p. 497.

APPENDICE V bis.

AFFAIRES DE FINANCES DE GOURVILLE[1].

Gourville au cardinal Mazarin.

Paris, 24 juin 1658.

Je n'ai pas manqué de rendre compte à M. le procureur général[2] de toutes les choses que Votre Éminence m'avoit fait l'honneur de me commander. J'en ai même depuis entretenu M. Colbert, qui aura peut-être mandé à Votre Éminence que M. le procureur général vouloit assigner les six cent mille livres qui lui sont dues du pays de Catalogne de l'année passée sur un traité de Chirol, qui est une affaire que j'ai proposée pour des gens à qui j'ai fait avancer deux cent mille livres comptant. Ce sont de celles qui furent vérifiées dernièrement, et, comme les payements ne viennent que de trois en trois mois, M. Colbert me parut ne s'en pas accommoder. Mais, après toutes les bontés que Votre Éminence m'a témoignées, et récemment dans cette affaire que M. Colbert a dit à M. le procureur général que Votre Éminence prendroit quelque confiance aux paroles que je lui donnerois pour les payements, il me semble que je ne répondrois pas à toutes ces obligations, si je ne m'efforçois de faire quelque chose d'extraordinaire. J'ai pris des mesures pour faire faire des avances à Votre Éminence, et l'indisposition de M. Colbert m'a empêché de lui en rendre compte, et ma pensée est d'ajuster avec lui les payements de Guyenne de l'année prochaine avec cette somme de six cent mille livres, et, sur le tout, faire toucher, dans le reste de cette année, à Votre Éminence, quatre cent mille livres et lui faire un fonds, pour les cinq mois de son quartier d'hiver, d'environ deux cent mille livres par mois, et le surplus dans le reste de l'année, à la réserve d'un

---

1. Ci-dessus, t. I, p. xi.
2. Foucquet.

fonds qu'on laissera pour les étapes et les cas fortuits, s'il en arrive. M. le procureur général ne peut pas ôter les particuliers assignés sur la Guyenne; mais il n'y donnera point le million à l'Épargne. Voilà à quoi je pourrois m'engager pour ne pas manquer d'un moment, et, si Votre Éminence a de temps en temps besoin d'avances, je crois que je trouverois les moyens de la secourir; mais je la supplie de trouver bon que je ne m'avance à lui promettre que ce que je serois bien assuré de lui tenir, et que j'aie le plaisir d'en faire au delà. Dès que M. Colbert se portera mieux, j'aurai l'honneur de l'entretenir là-dessus.

Les soixante-dix mille livres de ce mois sont prêtes; je saurai de M. Foucquet s'il les doit toucher, ou si je les donnerai à M. Colbert. L'intérêt des avances et quelque chose qu'on a été nécessité de payer à l'Épargne ont fait un manque de fonds sur ce qui reste à Votre Éminence de cette année; mais Votre Éminence n'y connoîtra rien : M. le procureur général m'a dit qu'il me le remplaceroit sur l'année prochaine.

M. Colbert ne m'a demandé que trois ou quatre mille setiers de blé. J'apprends qu'il pourra enchérir, et je l'en avertirai, afin qu'il prenne les mesures. S'il en veut davantage, je lui en fournirai, et j'aurai une grande application, pour qu'il coûte moins à Votre Éminence que celui qu'elle aura d'ailleurs.

Je crois que Votre Éminence aura bien su que M. le procureur général a été en quelque sorte de péril. Il se porte beaucoup mieux depuis hier. Il est ce soir sans fièvre. Dès qu'on lui pourra parler d'affaires, je ne manquerai pas de le faire souvenir de celles dont Votre Éminence m'avoit fait l'honneur de me charger.

J'ai appris de Guyenne que M. le prince de Conti avoit fait marcher tous les régiments qui y étoient, à la réserve de celui de M. de la Serre. Votre Éminence avoit eu la bonté de me promettre que ce seroit le sien. M. le procureur général en a écrit à M. le prince de Conti, et je crains bien que celui de M. de la Serre ne fasse bien des étapes; car la subsistance ne peut être qu'en formes d'étapes, et le régiment n'est pas en état qu'on s'en puisse servir, et je crains que les frondeurs du Parlement ne se prévalent de cela. Ils n'ont point révoqué l'arrêt qui ordonnoit les commissaires. Ils espèrent beaucoup du voyage de M. le prince de Conti, dans les bons sentiments où il est. La maladie de M. le procureur général a retardé mon voyage, qui n'est plus si pressé, par une espèce d'accommodement qu'a fait M. de Méliand, qui, à l'égard des levées, est quelque chose ; mais, à mon avis, il s'en faut de quelque chose qu'il rétablisse l'autorité royale, que ces Messieurs ont choquée assez imprudemment.

Je ne saurois finir sans dire à Votre Éminence que je ne crois pas que, depuis dix ans, il soit arrivé d'événement si considérable en France que la bataille de Dunkerque, et je n'en saurois donner une meilleure marque à Votre Éminence que le peu de joie qu'en ont eu les mauvais François, qui sont en grand nombre à Paris et dans les provinces, et je ne puis assez admirer le miracle que Votre Éminence a fait en moi, car je la puis assurer que personne en France ne souhaite tant que moi la tranquillité publique et le bien et le repos de l'État; et, comme toutes les pensées de Votre Éminence sont renfermées en cela, je la supplie très humblement de croire que personne ne s'intéresse tant que moi à la gloire de Votre Éminence[1].

Le même au même.

Paris, le 15 août 1658.

Il y a quelques jours que M. Colbert me témoigna qu'il étoit important de faire incessamment partir quelque vaisseau chargé de blés pour Calais[2]. Je fis à l'heure même partir un homme intelligent pour aller en Guyenne, afin d'être assuré que la chose s'exécutât sans perdre de temps. Je le chargeai de lettres de crédit et de tout ce qui étoit nécessaire. Il m'a écrit qu'il avoit trois mille setiers prêts à charger, et qu'il avoit mandé par un exprès à M. de Thoron d'envoyer un vaisseau. J'ai d'autres gens qui font encore d'autres diligences. Ainsi, je puis assurer Votre Éminence qu'elle recevra avec toute la diligence possible

---

1. *Catalogue of the collection of charters, etc...*, formed by *Alfred Morrison*, t. II, p. 195.
2. Voir les *Lettres de Colbert*, t. I, p. 305 et 309.

la quantité d'environ quatre mille cinq cents setiers de blé, que M. Colbert m'a ordonné de faire voiturer en deux fois. Pour ne point diminuer les fonds de Votre Éminence, j'ai fait ces achats sur ce que je devois seulement payer dans le reste de l'année pour la dépense que les troupes de Poitou n'ont pas consommée en Guyenne. J'ai bien des raisons de prétendre que Votre Éminence me fera justice sur l'impossibilité qu'il y a de retirer cet argent des communautés, les troupes qui y ont été les ayant absolument ruinées; mais je commence par payer, et puis je demanderai justice à Votre Éminence. M. Colbert m'ayant témoigné qu'il avoit besoin de cent mille livres compris les soixante-dix mille du mois de juillet de Guyenne, je lui ai payé les cent mille livres, dont il y en a trente sur un traité que j'ai fait faire, sur lequel M. Colbert s'est fait assigner. M. Colbert peut me rendre ce témoignage que j'ai payé par avance de deux mois, nonobstant qu'on m'eût gâté le traité, que j'ai fait seulement rajuster d'hier. Je ne dis tout cela à Votre Éminence que pour lui faire voir que j'ai la plus grande application du monde à faire tout ce que l'on me commande de la part de Votre Éminence[1].

1. *Catalogue of the collection...*, *formed by Alfred Morrison*, t. II, p. 196.

APPENDICE VI.

ACTE D'ACQUISITION DE LA TERRE DE GOURVILLE,

EN POITOU,

PAR JEAN HÉRAULD-GOURVILLE [1].

25 octobre 1660.

Furent présents en leur personnes très haut et très puissant prince Mgr Henri d'Orléans, duc de Longueville et d'Estouteville, pair de France, comte souverain de Neuchâtel et Vallengin en Suisse, de Dunois, Saint-Pol, Tancarville, seigneur de Gourville et autres lieux, chevalier des ordres du roi, gouverneur et lieutenant général pour S. M. en Normandie et connétable héréditaire desdites provinces, et très haute, très puissante et très illustre princesse Mme Anne de Bourbon, son épouse, qu'il a autorisée par ces présentes pour l'effet qui ensuit, demeurant à Paris en leur hôtel, rue des Poulies, paroisse Saint-Germain-l'Auxerrois, d'une part; et Messire Jean Hérauld-Gourville, conseiller du roi en ses conseils et secrétaire de S. M., demeurant à Paris rue Neuve-des Bons-Enfants, paroisse Saint-Eustache, d'autre part, lesquelles parties ont reconnu et confessé avoir fait, et font entre elles, de bonne foi, les échanges, permutations, cessions et transports qui ensuivent. C'est assavoir :

Leursdites Altesses de Longueville avoir baillé, cédé, quitté, transporté et délaissé à titre d'échange, par ces présentes..., audit sieur Gourville, ce acceptant, acquéreur pour lui audit titre, ses hoirs et ayants cause à l'avenir, la terre et seigneurie de Gourville, sise en la province de Poitou, et ses environs, consistant en justice haute, moyenne et basse conjointement avec M. l'abbé de Saint-Cybar d'Angoulême, prieur

---

1. Ci-dessus, t. I, p. xvi et 49.

dudit Gourville, château et bâtiments en dépendants, le tout en l'état qu'ils sont de présent, tant en fief qu'en terres, circonstances, dépendances et annexes,... tout ainsi que Leursdites Altesses en jouissent et ont droit d'en jouir ; icelle dite terre de Gourville, avec autres biens, donnée en faveur de mariage à madite dame la duchesse de Longueville par feu très haut, très puissant et très excellent prince Mgr Henri de Bourbon, prince de Condé, premier prince du sang, et très haute, très puissante et très excellente princesse Mme Charlotte-Marguerite de Montmorency, son épouse, ses père et mère, par contrat passé par-devant Lainé et Leguay, notaires au Châtelet, le 1er juin 1642 ; ladite terre et seigneurie de Gourville mouvante et relevante en partie dudit sieur abbé de Saint-Cybar, et le reste de divers seigneurs et dames, envers eux chargée des cens, rentes foncières, seigneuriales et autres droits censuels et féodaux tels qu'ils se trouveront dus, que lesdites parties n'ont pu, quant à présent, dire ni déclarer.... De l'état et consistance de laquelle terre ledit sieur Gourville s'est contenté et contente, disant la bien savoir et connoître pour l'avoir vue et visitée, etc....

Et, en contréchange de ce, ledit sieur Gourville avoir baillé, cédé, quitté, transporté et délaissé audit titre d'échange, par lesdites présentes..., à LL. AA. de Longueville, ce acceptant pour eux, leurs hoirs et ayants cause, cinq mille livres tournois de rente annuelle à prendre sur Messire Macé Bertrand, chevalier, baron de Vouvant, Mervant et Mouilleron, seigneur de la Bazinière et autres lieux, conseiller du roi en ses conseils et trésorier de son Épargne, par lui constituées au profit dudit sieur Gourville par contrat passé par-devant les notaires soussignés le 15e jour du présent mois, rachetable de la somme de cent mille livres pour quoi elles ont été créées, comme il est porté audit contrat[1],... à commencer la jouissance, tant de ladite terre de Gourville que des arrérages de ladite rente de cinq mille livres, du premier jour de janvier prochain en avant.... Ces échange, cessions et transports faits à la charge desdits cens, droits et devoirs seigneuriaux et féodaux, etc....

1. Cet acte du 15 octobre est conservé dans le minutier du successeur du notaire Gigault.

APPENDICE VI.

Fait et passé à Paris, audit hôtel de Longueville devant déclaré, l'an mil six cent soixante, le vingt-cinquième jour d'octobre avant midi, et ont signé : Henri d'Orléans ; Anne de Bourbon ; Hérauld-Gourville ; Anceau ; Gigault [1].

[Par deux autres actes du même jour, Gourville s'engagea : 1° à laisser Louis Mesnard, fermier de la terre de Gourville, jouir des revenus jusqu'à la Saint-Jean 1662, moyennant 3,800 livres de rente, en sus des charges portées par les baux précédents, et à ne renvoyer aucun des officiers du domaine, à moins de leur payer des indemnités ; 2° à trouver, avant le 1er janvier suivant, une personne qui rachèterait aux Longueville, pour 100,000 livres, la rente de 5,000 livres qu'il leur avait cédée en payement : faute de quoi, il promettait de leur payer lui-même ladite somme.]

1. Minutier du successeur du notaire Gigault.

APPENDICE VII.

LE PROCÈS DE GOURVILLE ET SES SUITES.

Apposition des scellés au logis de Gourville[1].

8 septembre 1661.

L'an mil six cent soixante et un, le huitième jour de septembre, sur les sept heures du matin, nous, Jean Baltazar, seigneur de Malherbe, conseiller du roi ordinaire en ses conseils, maître des requêtes de son hôtel, en conséquence de l'ordre exprès de S. M. à nous envoyé, sommes transporté au logis du sieur de Gourville, secrétaire au conseil des finances de S. M., sis rue de Guénegaud, au bout du Pont-Neuf, à Paris; et, ayant frappé à la porte dudit logis, le nommé Louis Leclerc, portier, en auroit fait ouverture : auquel aurions fait commandement, de la part de Sadite Majesté, d'apporter les clefs des chambres et cabinets dudit logis; où étant entrés et fait faire ouverture des coffres, armoires et cabinets, l'un après l'autre, étant dans le premier étage de ladite maison, dans lesquels nous avons trouvé quelques meubles et hardes, aucuns papiers, quelques lettres et parchemins que nous avons trouvés dans une cassette à laquelle avons apposé le scellé et cachet du sceau de nos armes aux quatre côtés de ladite cassette et serrure d'icelle, laquelle nous avons déposée entre les mains de Louis Raymond,... archer des gardes du roi....

Et, sur les dix heures, le sieur de Langlade, conseiller du roi en ses conseils, a demandé à nous parler, et, l'ayant fait entrer en l'une des chambres dudit logis où nous dressions le présent procès-verbal, nous a fait entendre qu'il étoit créancier dudit sieur de Gourville d'une somme de 98,000 livres, provenant de pareille somme de billets fournis par le sieur Talon,

---

1. Ci-dessus, t. I, p. 189-190.

pourvu de la charge de secrétaire du cabinet de S. M., dont il avoit traité avec ledit sieur de Langlade, lesquels billets auroient été donnés pour argent comptant audit sieur de Langlade par ledit sieur Talon : pour le premier payement desquels billets ledit sieur de Gourville ayant été payé par les particuliers débiteurs sur lesquels ils étoient tirés, il en auroit fait son billet pur et simple audit sieur de Langlade, lequel a été présentement transcrit et paraphé par nous, et commençant par ces mots :

« J'ai à M. de Langlade quatre-vingt-dix-huit mille livres, que je lui rendrai à sa volonté. A Paris, ce 23 août 1660. » Et signé : « GOURVILLE, » avec paraphe. Et au-dessous est écrit : « La Plante avoit baillé un billet de trente-huit mille livres, qu'il faudra rendre. » Lequel billet, paraphé de nous ce jourd'hui, avons remis ès mains dudit sieur de Langlade, lequel a signé en notre minute.

Et, entre onze heures et midi, nous avons enfermé ladite cassette dans la grand'chambre de l'appartement du premier étage où est le grand cabinet d'ébène, fait fermer les fenêtres par dedans et les deux portes qui entrent dans ladite chambre, auxquelles nous avons apposé le scellé avec deux morceaux de papier cachetés du cachet de nos armes, et mis la clef qui sert de passe-partout pour le premier appartement aux deux portes de ladite chambre entre les mains dudit Louis Raymond,...

Et, environ l'heure de midi, nous avons établi les gardes du roi en la grande prévôté et prévôté de son hôtel pour demeurer dans ladite maison jusques à ce qu'ils reçoivent autre ordre de S. M.

Et ont signé.

Fait les jour et an que dessus, en présence de David Borgion, commis dudit sieur de Gourville, et de Louis Leclerc, portier de ladite maison.

BALTAZAR[1].

Levée des scellés.

L'an mil six cent soixante-un, le dix-neuvième septembre,

1. Bibl. nat., ms. fr. 7620, fol. 425.

sur les huit heures du matin, nous, Jean Baltazar,... en conséquence de l'ordre exprès de S. M., étant venu de Fontainebleau en cette ville de Paris, nous sommes transporté au logis du sieur de Gourville.... Et, ayant frappé à la porte du logis, le nommé Louis Béguin, archer des gardes du roi en la prévôté de l'hôtel, nous en auroit fait ouverture ; et, étant monté au premier étage, serions allés à la porte de l'antichambre où nous avons apposé le scellé le huitième du présent mois, lequel nous avons trouvé sain et entier sur la serrure de ladite porte où les cachets de nos armes avoient été apposés en quatre endroits, lesquels nous avons fait lever en notre présence et de celle dudit Béguin et de ses compagnons. En suite de quoi, nous avons fait faire ouverture de la chambre, en laquelle serions entré, et, en même temps, aurions trouvé la cassette dans laquelle nous avions fait renfermer tous les papiers que nous avions trouvés dans ledit logis ledit jour huitième du présent mois ; laquelle ayant visitée, nous l'aurions trouvée cachetée en quatre endroits, et le cachet de nos armes sain et entier, en présence desdits archers.

Et à l'heure même seroit survenu ledit sieur de Gourville, lequel nous auroit requis de nous saisir de ladite cassette et de la transporter en notre hôtel, pour être portée à Fontainebleau et être déposée entre les mains de qui il plaira au Roi d'ordonner.

Et en même temps, nous étant fait apporter les clefs de la grande porte et de la petite, ensemble celle de la chambre où étoit enfermée ladite cassette de papiers, nous les avons rendues et restituées audit sieur de Gourville, afin qu'il eût liberté dans tous les appartements de sondit logis.

Après quoi, nous aurions levé la garnison par nous établie ledit jour huitième du présent mois de septembre, etc....

Et d'autant qu'il y a eu ci-devant opposition au levé du scellé, à la requête du sieur Ladvocat, conseiller maître en la Chambre des comptes de Paris,... nous leur avons donné acte de leur opposition, pour leur servir et valoir ce que de raison.

BALTAZAR [1].

---

1. Bibl. nat., ms. fr. 7620, fol. 428.

APPENDICE VII. 201

*Arrêt du Conseil d'État
défendant aux receveurs de rien payer au sieur de Gourville*[1].

16 novembre 1662.

Sur ce qui a été représenté au Roi en son Conseil que le sieur de Gourville, qui a fait les prêts du quartier d'hiver et autres impositions des tailles des généralités de Bordeaux et Montauban pour les années 1659, 1660 et 1661, s'étant absenté depuis plusieurs mois, n'a laissé néanmoins de recevoir journellement les deniers desdites impositions des mains des receveurs des tailles et commis aux recettes des élections desdites généralités, sans avoir payé aux assignés sur lesdits prêts les payements échus depuis ledit temps, en sorte qu'il a détourné la plus grande partie desdits deniers au préjudice desdits assignés et de S. M.; et qu'étant nécessaire de pourvoir et empêcher qu'à l'avenir les deniers qui restent à recouvrer desdites années ne soient ainsi dissipés :

S. M., en son Conseil, a ordonné et ordonne qu'il sera incessamment envoyé dans lesdites généralités de Bordeaux et Montauban des commis de l'Épargne, pour faire la vérification des deniers qui ont été reçus par les receveurs des tailles ou commis auxdites recettes des élections qui ont sous-traité des impositions desdites années 1659, 1660 et 1661, et les deniers par eux payés audit de Gourville, La Bussière, son commis, ou autres sous les noms desquels lesdits prêts et traités ont été faits.... Et cependant fait S. M. défenses auxdits receveurs des tailles ou commis auxdites recettes de plus payer aucune chose auxdits de Gourville, La Bussière et autres porteurs des quittances desdits receveurs généraux ou commis à la recette générale desdites généralités, à peine de payer deux fois.... — SÉGUIER; VILLEROY; COLBERT; DE SÈVE [2].

1. Ci-dessus, t. I, p. 195.
2. Arch. nat., E 359ᴮ, n° 29. — A cet arrêt sont jointes les instructions remises au sieur Bauyn, commis de l'Épargne, envoyé dans les généralités de Bordeaux et Montauban.

*Arrêt de condamnation de Gourville
par la Chambre de justice*[1].

Du samedi 7ᵉ avril 1663.

Mgr le Chancelier, M. le président de Nesmond, M. le président Phélypeaux;

MM. Poncet, Catinat, Masnau, La Baume, Verdier, La Toison, Le Cornier, Rafelis, Ayrault, Noguès, Ferréol, Voysin, Bénard, Renard, de Brilhac, Fayet, Le Bossu, Le Féron, Baussan, Cuissotte et Pussort.

M. Voysin s'est retiré lorsque M. Fayet a pris le bureau pour rapporter le procès contre le sieur Hérauld de Gourville.

.... M. Fayet, après avoir achevé le rapport du procès fait à M. Jean Hérauld de Gourville, secrétaire du Conseil[2], a dit qu'il s'agissoit d'une contumace qui avoit deux parties : la première concernoit le jugement de l'accusé et la peine personnelle, et l'autre la question de savoir si, en cas de confiscation de corps et de biens, et qu'il intervînt une condamnation capitale, la charge de secrétaire du Conseil dont il étoit pourvu seroit déclarée acquise et confisquée au Roi, ou bien éteinte et supprimée.

Sur quoi, la Chambre a arrêté que la question de la peine seroit jugée la première.

Lecture faite des conclusions du procureur général tendantes à ce que l'accusé fût déclaré atteint et convaincu de péculat et de vol des finances du Roi, et que, pour réparation de ce, il fût condamné d'être pendu et étranglé à une potence qui seroit plantée en la cour du Palais, si pris et appréhendé pouvoit être, sinon par effigie, et à restituer au Roi les sommes qu'il avoit mal prises, et que sa charge de secrétaire du Conseil fût déclarée supprimée ;

M. Fayet a dit qu'à l'égard de la première question concernant la peine, la fortune extraordinaire et subite de Gourville

1. Ms. Vᶜ de Colbert, n° 229, fol. 168 v° à 179; ci-dessus, t. I, 203.
2. Le rapport avait été commencé la veille.

et les preuves qui étoient au procès du vol et péculat par lui commis dans les finances étoient, à lui qui parloit, de suffisants motifs pour condamner l'accusé à une peine capitale ; qu'il étoit d'ailleurs suspect d'avoir eu communication de l'écrit du sieur Foucquet contenant les enlèvements et soulèvements qu'il vouloit faire dans l'État en cas qu'on lui voulût faire son procès ; que ce soupçon étoit fortifié par son absence et sa contumace, et qu'ainsi il étoit d'avis des conclusions à cet égard....

M. Cuissotte a dit que l'accusé étoit convaincu d'avoir participé au vol et dissipation des six millions procédants de l'ordonnance de différence de fonds d'une aliénation de 400,000 livres de rente sur l'hôtel de ville de Paris, et qu'il étoit de l'avis de M. le rapporteur.

M. Pussort a été de même avis,... ajoutant qu'à l'égard du crime de lèse-majesté les présomptions étoient si violentes qu'il avoit eu communication de l'écrit du sieur Foucquet, que, si l'accusé étoit présent, il y auroit lieu de l'appliquer à la question.

M. Fayet, rapporteur, opinant sur la question de savoir si la charge de secrétaire du Conseil dont étoit pourvu l'accusé, etc.... a dit.... qu'il estimoit que tout ce que l'on pouvoit faire pour satisfaire le Roi et les créanciers étoit de déclarer la charge acquise et confisquée au Roi....

Mgr le Chancelier, résumant ce qui a été dit ci-dessus, a été de l'avis de M. le rapporteur, lequel, après qu'il a été lu par trois fois, l'arrêt a été rédigé aux termes qui ensuivent :

« Vu par la Chambre le procès criminel poursuivi extraordinairement en icelle, à la requête du procureur général du roi, demandeur et accusateur, d'une part, contre Jean Hérauld de Gourville, conseiller secrétaire du roi et secrétaire du Conseil d'État et finances, défendeur accusé et défaillant,... — information du 3 février 1662,... — interrogatoires prêtés,... par les fermiers des aides et autres y dénommés, — arrêt de décret de prise de corps décerné contre ledit Hérauld, — procès-verbal des 9, 10 et 11 du mois de mars 1662, contenant la perquisition faite de la personne dudit Hérauld, — procès-verbal de Canto, juré-crieur de cette ville de Paris du 15 dudit mois, contenant les assignations à trois briefs jours,... — les trois défauts à ban obtenus par le procureur général,... — déclaration donnée par ledit de Gourville lors de sa réception de ladite charge de secrétaire du Conseil, par laquelle il se seroit soumis à la perte de la charge en cas qu'il se trouvât, après sa réception, directement ou indirectement intéressé dans les affaires du Roi,... — conclusions du procureur général,... — ouï le rapport du sieur Fayet, commissaire à ce député, et tout considéré ;

« La Chambre.... a déclaré et déclare ledit Hérauld de Gourville atteint et convaincu du crime de péculat et concussions : pour réparation de quoi, l'a condamné et condamne d'être pendu et étranglé, si pris et appréhendé peut être, sinon effigié à un tableau qui sera attaché à une potence, laquelle sera, à cette fin, plantée en la cour du Palais, et en outre rendre et restituer au Roi toutes les sommes de deniers qui se trouveront avoir été par lui prises et appartenir à S. M.; a déclaré et déclare tous et chacuns ses biens, tant meubles qu'immeubles, acquis et confisqués au Roi ou à qui il appartiendra, sur iceux préalablement pris la somme de 24,000 livres parisis d'amende, applicable à qui par la Chambre sera ordonné. »

Le présent arrêt a été prononcé et exécuté le 9 avril 1663.

Gourville à M. de Lionne[1].

La Haye, ce 26 avril 1668.

.... Je ne doutai point, en écrivant ma lettre à Amsterdam, que ce que je vous écrivois ne donnât lieu à juger de moi comme l'on pourroit faire de beaucoup d'autres du métier que j'ai fait, qui ne parleroient pas si sincèrement; mais, si l'on veut considérer que, en partant de Fontainebleau, je donnai 400,000 livres à M. Berryer, par les ordres de M. Colbert, et que, depuis ce temps-là, j'ai rendu de l'argent à plusieurs particuliers, l'on pourroit croire ce que je dis assez vraisemblable. Je sais bien que l'on a dit à M. Colbert que j'avois reçu un million en Guyenne depuis mon départ de la cour; mais je me déclare indigne de vivre si j'ai touché que 118,000 livres, dont 100,000 furent envoyées à M. Berryer pour parfaire 500, à quoi je

1. Ci-dessus, t. I, p. 241.

m'étois obligé. Mais, à vous parler franchement, je fus la dupe, parce que l'on me ferma les mains par un arrêt; car je ne manquois pas de bonne volonté. J'ai des effets en France qui s'achèvent de périr. J'avois pour 100,000 livres de maisons auprès de la rue Montmartre ; la femme sous le nom de laquelle elles étoient est morte, et les dévôts lui ont persuadé qu'elle n'iroit pas en paradis si elle ne faisoit donner une bonne partie de cela à l'Hôpital général; et il s'est fait là-dessus un tripotage par lequel je suis frustré de tout. Et je vois très bien que, si je suis jugé indigne d'être écouté, je serai abîmé dans peu de temps, sans que S. M. en tire aucun avantage; mais cela, ni tout ce qui me pourra arriver, ne m'empêchera jamais de sacrifier ce qui me pourra rester de bien, et ma vie, s'il étoit besoin, pour donner des marques de mon attachement et de mon zèle au service de S. M.

Puisque voilà la paix faite, je vous prie de me mander si je puis essayer de faire par mes amis de Bruxelles que M. Don Juan me permette de reprendre la maison que j'y avois; et, en cas que vous ne me conseilliez pas de le faire, je tirerai ce que je pourrai de mes effets pour m'en aller acheter une charge à Rome qui me donne de quoi vivre le reste de mes jours. Je me mets dans la tête qu'après y avoir demeuré quelques années, je pourrai n'y être pas tout à fait inutile au service de S. M.; du moins pourrai-je être un homme commode pour les nouveaux ambassadeurs qui y viendront. Si je suis assez malheureux pour ne pouvoir pas retourner en France, voilà les deux partis que je me propose. J'ai mené une vie fort douce à Bruxelles ; mais, outre que cela pourra n'être plus de même, je vois bien que je ne puis pas m'y établir pour toujours, à cause des affaires qui peuvent encore arriver. MM. les princes de Brunswick m'ont fait l'honneur de me vouloir assurer une pension pour ma vie pour demeurer avec eux; mais les autres partis sont plus selon mon goût. Je vous supplie que ce petit détail ne soit point comme au ministre de S. M., mais bien à une personne qui sera assez charitable pour ne pas dédaigner de me donner ses avis [1].

1. Affaires étrangères, vol. *Hollande* 88.

M. de Lionne à Gourville.

11 mai 1668.

.... Vous ne douterez pas, je m'assure, que je ne voulusse de bon cœur donner beaucoup de choses qui me seroient fort chères et avoir le crédit d'accommoder vos affaires avec le Roi. Quand j'eus lu, il y a quelques jours, à S. M. les deux articles de votre lettre du 26, qui vous regardent, M. Colbert s'appliqua sur votre sujet plus avant que je ne lui avois jamais ouï faire. Il dit que vingt personnes lui avoient parlé de vos intérêts, qu'il avoit répondu à tous et répondroit toujours, si le Roi le trouvoit bon, que S. M., avant toutes choses, désiroit savoir ce qu'étoit devenue une somme de huit cent et quelques mille livres (qui n'est point comprise dans celle qu'il convient que vous avez fournie à M. Berryer) que vos gens ont touchée, et dont les receveurs rapportent leurs quittances; que, sur cette question, vous avez toujours, comme on dit, dansé sur la corde, sans jamais vouloir éclaircir le Roi. Il me semble d'avoir vu, en ce rencontre, que votre accommodement ne tient qu'à cet éclaircissement, et j'avoue que je serai ravi si vous pouvez me le donner bien net, car j'espérerois, en ce cas, de faire ici quelque chose pour votre satisfaction. Quant au conseil que vous me demandez sur le choix de votre séjour après la paix faite, comme le Roi ne s'expliqua de rien après avoir ouï la lecture de l'article, j'en tire la conséquence que vous pouvez prendre la résolution qui sera le plus de votre goût, et, sans m'ingérer de vous donner conseil là-dessus, je me contenterai de vous assurer que je m'emploierai très volontiers pour tâcher de faire approuver ici le parti que vous prendrez. Cependant j'ai beaucoup de déplaisir de voir qu'avant la cessation de notre commerce, que la paix aura produite, je n'aie pas eu l'industrie de me prévaloir de tant de preuves de votre zèle et de votre habileté que vous venez de donner à S. M., pour vous rendre ici quelque service solide [1].

---

1. Affaires étrangères, vol. *Hollande* 88.

APPENDICE VII.

Gourville à M. de Lionne.

A la Haye, le 17 mai 1668.

.... Je ne demande, pour toute grâce, que de pouvoir être écouté, pour rendre raison de l'affaire dont M. Colbert désire un éclaircissement pour S. M.

Il y a longtemps que l'on me manda que l'on avoit voulu persuader à M. Colbert que, depuis mon départ de la cour, j'avois touché en Guyenne un million, et qu'il falloit que je le rapportasse, le devant avoir en France ou dans les pays étrangers. Je n'ai donc songé qu'à me justifier de cela en disant que j'étois prêt de bailler tout l'argent que j'avois touché depuis mon départ de la cour, et je vois présentement que M. Colbert me fait justice là-dessus, et qu'il demande que j'éclaircisse S. M. d'une somme de 800,000 livres dont on me fait redevable par un compte qu'a rendu La Bussière, frère de Tabouret. Il est vrai que je le suis par son compte, qui, néanmoins, n'est pas de ma connoissance; mais, si cela est, il se trouvera que je l'avois touchée longtemps devant les recettes dont je rendois compte. Je vous dirai en gros qu'à mesure que j'ai touché cet argent, je le prêtois à S. M., et que j'avois des assignations pour une bien plus grande somme, que S. M. a touchées. Voilà, en peu de mots, ce qu'en pareil cas j'aurois pu et dû répondre à tous les rois qui ont été jusqu'à présent. Mais, comme S. M., par ses lumières, pénètre toutes sortes d'affaires et qu'elle en veut elle-même connoître le fonds pour faire justice, je joindrai ici un mémoire du détail, suppliant très humblement S. M., si elle ne se trouve pas assez suffisamment éclaircie, de me vouloir accorder un sauf-conduit pour que je puisse donner toutes les lumières que l'on pourra désirer, et, si S. M. l'a agréable, je lui remettrai tout ce que j'ai d'effets pour recevoir ce qu'elle me voudra bien laisser, ne souhaitant rien ensuite que de le dépenser en cherchant les occasions de lui pouvoir rendre quelque service [1].

1. Affaires étrangères, vol. *Hollande* 88; le mémoire dont il est question dans cette lettre ne s'y trouve pas joint.

Rétablissement du sieur de Gourville, secrétaire du roi, en l'état qu'il étoit auparavant l'arrêt de condamnation contre lui donné en la Chambre de justice.

22 avril 1671.

Louis, par la grâce de Dieu, roi de France et de Navarre, à nos amés et féaux conseillers les gens tenant notre cour de Parlement à Paris et à tous nos autres officiers et justiciers qu'il appartiendra, salut. Jean Hérauld, sieur de Gourville, conseiller secrétaire ordinaire de notre conseil d'État et finance, nous a très humblement fait remontrer que la Chambre de justice établie par nos lettres patentes du 30ᵉ novembre de l'année 1661 auroit donné un arrêt de décret de prise de corps contre ledit suppliant le 6ᵉ du mois de mars 1662, et ensuite auroit fait et parfait son procès par contumace, et icelui jugé par arrêt de la Chambre du 7ᵉ avril 1663, par lequel il a été condamné à mort pour crime de péculat, et à nous rendre et restituer toutes les sommes de deniers qui se trouveront avoir été par lui prises à nous appartenantes, et tous ses biens à nous acquis et confisqués ; et, par notre édit du mois de juillet 1665, nous avions quitté, remis, pardonné et aboli tous les crimes, abus et malversations par péculat et concussions au fait de nos finances depuis l'année 1635 jusques au mois de novembre 1664, à la réserve néanmoins dudit suppliant, que nous aurions exclu du bénéfice de notre dit édit. Mais, du depuis, ayant été bien informé que ledit suppliant nous rendoit des services considérables dans les États des princes de la maison de Brunswick et de Lünebourg, nous l'aurions employé auprès d'eux comme notre agent, et, dans la confiance que nous avons en lui, nous lui aurions donné pouvoir de traiter et signer avec lesdits princes telles conventions, articles et traités qu'il avisera bon être pour notre service, duquel emploi il s'est si dignement acquitté et nous a donné tant de preuves de sa fidélité, que nous l'avons encore chargé de nos ordres au voyage qu'il a fait depuis peu en Espagne, où nous ayant rendu ses services comme nous le pouvions désirer, il nous a très humblement fait supplier, à son retour, de le décharger de la condamnation contre lui rendue par ledit jugement de ladite Chambre de justice dudit jour 7ᵉ avril 1663, en conséquence de notre édit du mois de juillet 1665, par lequel nous avons pardonné et aboli tous les crimes, abus et malversations commises par péculat et concussions, nonobstant que, par icelui, nous ayons exclu ledit suppliant, et lui accorder nos lettres de réhabilitation à ce nécessaires.

A ces causes, désirant favorablement traiter ledit suppliant en considération des fidèles services qu'il nous a rendus et nous rendra à l'avenir, Nous, de notre grâce spéciale, pleine puissance et autorité royale, avons déclaré et ordonné, voulons et nous plait que ledit suppliant jouisse de ladite rémission, pardon et abolition par nous accordées par notre dit édit de 1665, nonobstant que, par icelui, nous ayons exclus ledit suppliant de jouir de la grâce et bénéfice de notre dit édit, à laquelle exclusion, et à celle portée par autre notre édit de 1669, nous avons dérogé et dérogeons par ces présentes signées de notre main, et, ce faisant, avons déchargé et déchargeons ledit suppliant de la condamnation portée par notre dit arrêt de la Chambre de justice dudit 7ᵉ avril 1663, et... avons remis, rétabli et réhabilité, remettons, rétablissons et réhabilitons ledit suppliant en ses bonnes fame et renommée et en tous ses biens, en même état qu'il étoit auparavant le susdit arrêt de la Chambre de justice, lequel ne voulons lui nuire ni préjudicier en quelque sorte et manière que ce soit. Vous mandons, et à chacun de vous ainsi qu'il appartiendra, que ces présentes nos lettres de réhabilitation et décharge vous fassiez registrer, et du contenu en icelles jouir et user ledit suppliant pleinement, paisiblement et perpétuellement, nonobstant toutes choses à ce contraires, auxquelles et aux dérogatoires des dérogatoires nous avons dérogé et dérogeons par ces présentes lettres. Car tel est notre plaisir.

Donné à Saint-Germain-en-Laye, le vingt-deuxième jour d'avril mil six cent soixante-onze, et de notre règne le vingt-huitième. Signé : Louis, et, plus bas : Par le Roi : Colbert; et scellées du grand sceau de cire jaune.

Registrées, ouï et consentant le procureur général du Roi, pour être exécutées selon leur forme et teneur suivant l'arrêt de ce jour. A Paris, en Parlement, le vingt-quatre avril mil six cent soixante-onze. — Du Tillet[1].

Arrêt du Conseil d'État déchargeant définitivement Gourville de toute réclamation au sujet de sa participation aux affaires de finance.

16 août 1683.

Sur la requête présentée au Roi, étant en son Conseil, par Jean Hérauld, sieur de Gourville, contenant qu'il avoit été intéressé aux prêts faits pour le recouvrement des impositions des généralités de Bordeaux et Montauban des années 1658 et 1659, et au traité particulier des élections de Bordeaux, Condom, les Lannes et Cognac de ladite année 1659 ; qu'il avoit fait les prêts desdites généralités de l'année 1660 sous le nom de M⁰ Henri de Saunières, sieur de l'Ermitage, et de l'année 1661, sous le nom de Nicolas Tabouret, sieur de la Bussière, et qu'il avoit fait faire plusieurs recettes èsdites généralités par divers particuliers, savoir : en la généralité de Bordeaux, la recette des taille et taillon de l'élection d'Agen, les années 1659, 1660, 1661 et 1662, par M⁰ Guillaume-Paul Malbastit ; celle de Cognac, les années 1661 et 1662, par M⁰ Charles Préveraud ; et en la généralité de Montauban, la recette générale des finances de l'année 1660, par M⁰ Théodore de Villemandy et Pierre Pasquet, sieur de Closlas ; la recette des taille et taillon de Lomagne, les années 1658 et 1659, par M⁰ Nicolas Prechandier, et les années 1660, 1661 et 1662 par M⁰ Pierre Texier, sieur de la Nogerette ; celle de Rivière-Verdun, l'année 1658, par ledit Texier de la Nogerette, et l'année 1659, par M⁰ Martin le Roy ; celle d'Armagnac, les années 1659, 1660 et 1661, par M⁰ Samuel de la Baune ; celle de Cahors, les années 1660 et 1661, par M⁰ Robert Briant ; celle de Figeac, l'année 1660, par David Boisgion, et l'année 1661, par M⁰ Jean de la Farge ; celle de Rodez, les années 1660, 1661 et 1662, par M⁰ Jean Sorbières ; et celle de Milhau, l'année 1660, par ledit Sorbières ; — de toutes lesquelles recettes, prêts et maniements des susdites années, le suppliant étoit res-

---

1. Arch. nat., X¹ᴬ 8668, fol. 397 v°.

ponsable, lesdits particuliers n'ayant fait lesdits recettes et prêts que par ses ordres, sous la direction dudit Saunières de l'Ermitage, contre lesquels on faisoit diverses poursuites, tant pour raison desdits que pour ces amendes, charges et débets qui se trouvoient dans les comptes desdits exercices, qui ont été rendus, que pour compter de ceux desdits exercices dont n'a été rendu compte,.... remontroit ledit suppliant que lesdites poursuites retomboient sur lui, étant tenu d'acquitter et indemniser lesdits particuliers, et, comme il étoit dans l'impossibilité de pouvoir satisfaire auxdits prêts, de faire apurer lesdits comptes rendus et de rendre ceux qui restoient à rendre, attendu que, pendant son absence du royaume, on a diverti et perdu plusieurs pièces et acquits des payements faits, lesquels sont nécessaires pour la décharge des débets des comptes rendus; d'ailleurs, qu'il étoit en avance de notables sommes pour plusieurs prêts et avances par lui faits à S. M. pour différentes natures d'affaires, requéroit ledit suppliant qu'il plût à S. M. le décharger, et les susdits particuliers qui ont fait lesdits recettes et prêts, de tout ce qui avoit été par eux fait concernant lesdits prêts, recettes et maniements,.... et de rendre compte de ceux desdits exercices dont n'a été compté, et faire défenses aux sieurs procureur général de la Chambre des comptes, contrôleur général des restes assignés sur lesdites recettes, et tous autres, de faire, pour raison de ce, aucunes poursuites contre le suppliant et ceux par lui commis et préposés ci-dessus nommés, leurs cautions et certificateurs....

Vu ladite requête, ouï le rapport du sieur Colbert, conseiller au Conseil royal, contrôleur général des finances, et S. M. voulant pourvoir au suppliant en considération de la prière qui lui a été faite par son cousin le prince de Condé et des services qui ont été rendus à S. M. par le suppliant, tant en Espagne qu'en Allemagne,

Le Roi, étant en son Conseil,.... a déchargé et décharge le suppliant, ses commis et préposés, leurs cautions et certificateurs...., desdites amendes, prêts, charges et débets des comptes rendus pour les recettes et exercices des susdites années, de quelque nature qu'ils soient ou puissent être, même de rendre compte des maniements et exercices dont n'a été compté;

ordonne S. M. que les promesses faites à l'Épargne pour lesdits prêts et exercices demeureront nulles et sans effet; fait S. M. défenses à son procureur général en sa Chambre des comptes, contrôleur général des restes assignés sur lesdites recettes, et à tous autres, de faire aucunes poursuites contre le suppliant et ceux par lui commis, nommés et préposés, leurs cautions et certificateurs, à peine de nullité; desquels débets, ensemble de toutes les autres sommes qui pourroient être dues à S. M. par le suppliant à cause des autres traités et affaires par lui faites, S. M. a fait compensation avec les avances prétendues par le suppliant, même, en tant que besoin seroit, lui en a fait don et remise, à quelque somme que le tout se puisse monter, nonobstant tous édits, déclarations, arrêts et règlements au contraire, auxquels S. M. a dérogé à cet égard; et en conséquence a fait et donné pleine et entière main levée de toutes saisies et oppositions, poursuites et procédures.... — Le Tellier; Villeroy; Colbert; Boucherat; Pussort[1].

Arrêt du Conseil confirmatif de l'arrêt du 16 août 1683.

14 mars 1690.

Vu par le Roi, etc....

Le Roi, étant en son Conseil, faisant droit sur les requêtes respectives, sans s'arrêter à l'opposition du sieur Bauyn, a ordonné que l'arrêt du Conseil du 16 août 1683 sera exécuté selon sa forme et teneur, en rapportant par le sieur de Gourville les sous-traités des impositions des élections des généralités de Bordeaux et Montauban énoncés dans ledit arrêt, en vertu desquels il a commis auxdites recettes, ou pièces équipollentes; ce faisant, l'a déchargé des demandes dudit sieur Bauyn, et en conséquence a ordonné que les sommes pour lesquelles les commis aux recettes des tailles des élections de Lomagne 1658, 1659, 1660 et 1661, Cahors 1660 et 1661, Figeac 1660 et 1661, Rodez 1660 et 1661, et Milhau 1660, sont compris dans l'état de recouvrement du 31 décembre 1663,

1. Arch. nat., E 1845, pièce mise par erreur à la date du 16 août 1688.

seront déduites et diminuées audit sieur Bauyn sur celle de 802,272 l. 18 s. 1 d., à laquelle il a été condamné envers S. M. par l'arrêt du Conseil du 28 août 1688.... — BOUCHERAT; DE HEUDEBERT DU BUISSON; PHÉLYPEAUX; BÉNARD; D'ARGOUGES; LE PELETIER; LE TONNELLIER DE BRETEUIL[1].

Lettres de jussion à la Chambre des comptes.

6 février 1694.

Louis, par la grâce de Dieu roi de France et de Navarre, à nos amés et féaux les gens tenant notre Chambre des comptes à Paris, salut. Notre cher et bien amé Jean Hérauld, seigneur de Gourville, nous a très humblement fait remontrer que, ayant été intéressé aux prêts faits pour le recouvrement des impositions des généralités de Bordeaux et Montauban, etc.... Et voulant reconnoître les services que ledit exposant nous auroit rendus,.... nous aurions, par arrêt de notre Conseil du 16ᵉ août 1683, déchargé ledit exposant, ses commis et préposés,.... et, à cet effet, nous aurions fait expédier nos lettres patentes qui furent scellées le 17 dudit mois d'août de ladite année 1683, à vous adressées.... Néanmoins, le sieur Bauyn.... se rendit opposant à l'exécution dudit arrêt du 16 août 1683 et forma une instance en notre Conseil contre ledit exposant.... Et, par arrêt contradictoire de notre Conseil rendu entre lesdites parties le 14 mars 1690, il a été ordonné que ledit arrêt de notre Conseil du 16 août 1683 seroit exécuté selon sa forme et teneur, en rapportant par ledit exposant les sous-traités des impositions des élections desdites généralités énoncées dans ledit arrêt, ou pièces équipollentes. A quoi ayant satisfait, et le tout ayant été communiqué au contrôleur général des restes, il a été rendu un arrêt contradictoire de notre Conseil,.... le 17 novembre dernier, par lequel il a été ordonné que ledit arrêt de notre Conseil du 16 août 1683 seroit exécuté purement et simplement selon sa forme et teneur.... Et alors, l'exposant voulant poursuivre par-devant vous l'enregistrement de nosdites lettres

1. Arch. nat., E 1855.

patentes du 17 août 1683, on lui a opposé l'arrêt par vous rendu le 15 avril 1684, par lequel vous avez ordonné que, avant faire droit, les comptes des maniements contenus en nosdites lettres seroient mis à la correction à la manière accoutumée.... Contre lequel arrêt,.... l'exposant s'étant pourvu à notre Conseil, nous y avons fait rendre un autre arrêt le 30 janvier dernier, par lequel.... il a été ordonné que nos lettres patentes dudit 17 août 1683 seront enregistrées purement et simplement, pour être exécutées selon leur forme et teneur. A ces causes, voulant que ledit arrêt, etc...., nous vous mandons et très expressément enjoignons par ces présentes, signées de notre main, de procéder à l'enregistrement pur et simple de nosdites lettres patentes,.... sans aucune difficulté ni restriction, et sans vous arrêter à votre arrêt du 15 avril 1684, et nonobstant tous édits, déclarations, arrêts et règlements à ce contraires.... Car tel est notre plaisir. Donné à Versailles, le sixième jour de février l'an de grâce mil six cent quatre-vingt-quatorze et de notre règne le cinquante-unième. Signé : Louis. Et plus bas : Par le Roi : Phélypeaux, et scellé sur simple queue du grand sceau de cire jaune.

Registrées en la Chambre des comptes, ouï le procureur général du Roi, pour être exécutées selon leur forme et teneur, le 26 février 1694. (Signé :) Richer[1].

1. Archives nationales, P 2394, p. 105-112.

APPENDICE VIII.

MISSION DE GOURVILLE EN ALLEMAGNE.

(1667-1668.)

M. de Lionne à Gourville.

Le 16 décembre 1667.

Le Roi a eu avis certain de Vienne que M. d'Amberstein, passant bien au delà du compliment dont il paroissoit seulement chargé sur la naissance de l'Archiduc, a offert à l'Empereur, de la part de MM. les ducs de Brunswick, un corps de douze mille hommes pour le secours des Espagnols aux Pays-Bas, en convenant du payement pour sa subsistance et de la protection qu'on devra leur donner, si cette entreprise causoit dans les suites des embarras à leur maison. Vous savez que je suis votre serviteur de longue main, et je ne prends aujourd'hui la plume qu'en cette qualité seule, pour vous dire que je suis très fâché qu'une proposition de cette nature, et si préjudiciable à cette couronne, ait été faite dans une conjoncture où vous ne vous trouvez pas seulement dans la cour desdits sieurs princes, mais très particulièrement favorisé des bonnes grâces de LL. AA., parce que, si ce projet a la suite qu'on en peut craindre, je vois qu'il sera malaisé de persuader au Roi que ce ne soit vous qui, par ressentiment de ce qui se passe en vos affaires, aurez donné le principal coup à celle-ci. A dire vrai, S. M. ne peut comprendre que, dans les motifs de cette offre, il n'y ait quelque chose de plus extraordinaire encore que la prétention que M. le comte de Waldeck a d'être fait prince de l'Empire ; car cette considération seule n'obligeroit pas des princes amis et anciens alliés du Roi, et qu'il n'a jamais désobligés, à vouloir être les seuls princes de tout l'Empire qui, de gaieté de cœur, offrent de faire la guerre à S. M., sans espérance d'en tirer autre avantage que la simple subsistance d'un corps de troupes, qui ne sera pas même trop bien assurée, et cela dans une conjoncture où ils venoient d'offrir à Sadite Majesté leur médiation, et qu'elle l'avoit acceptée avec joie et estime, et, pour dire encore plus, lorsqu'ils ne peuvent encore savoir si ce sera la France ou l'Espagne qui refusera l'accommodement à des conditions équitables. Je veux encore espérer que, LL. AA. faisant réflexion à toutes ces circonstances et à plusieurs autres considérations que j'omets par modestie (le grand pas qu'ils ont offert de faire n'étant pas d'ailleurs exempt de divers embarras et écueils), vous n'aurez pas grand'peine (si vous voulez vous y appliquer un peu, comme, en particulier, je ne doute nullement que vous n'en ayez l'intention) à leur inspirer en ce rencontre des sentiments plus convenables à leur propre intérêt et à détruire tout ce que M. le comte de Waldeck a peut-être fait proposer de lui-même sans leur su, dans l'espérance de les y porter après insensiblement, et je vous avoue que j'en serois ravi pour avoir plus d'occasions et de moyens de vous rendre ici mes offices auprès de S. M. pour le raccommodement de vos affaires[1].

Gourville à M. de Bidal, résident à Hambourg.

Lünebourg, 16 décembre 1667.

.... L'on m'écrit du 2 de ce mois, de Paris, que Monsieur le Prince devoit le lendemain faire voir au Roi la lettre que j'avois écrite sur le chapitre de MM. les princes de Lünebourg, et prendre de là occasion de parler de mes affaires. Je ne sais quel succès cela aura ; mais, si S. A. ne s'est pas d'abord adressée à M. Colbert, j'ai méchante opinion de l'affaire[2]....

Monsieur le Duc à M. de Lionne.

De Chantilly, le 18 [décembre 1667].

Je vous envoie une lettre de Gourville qu'il a écrite à Guitaud[3], et que Monsieur mon père m'a envoyée de Dijon pour

1. Affaires étrangères, vol. *Hanovre* 1, fol. 444.
2. *Ibidem*, fol. 446.
3. La lettre n'est pas jointe ; elle est du 26 novembre, d'après la lettre de Lionne du 23 décembre, ci-dessus, t. I, p. 234.

savoir de vous quelle réponse il faut que l'on y fasse. Il y a quelque temps que Gourville écrivit une première lettre à Guitaud, où il lui mandoit que, depuis quelque temps, il étoit auprès des princes de Lünebourg et Brunswick, et qu'il étoit assez bien avec eux, et même qu'il s'étoit aperçu de quelque pouvoir qu'il avoit sur leur esprit, et il demandoit par cette lettre si on n'avoit rien à lui ordonner d'ici là-dessus. Monsieur mon père lui fit écrire simplement que, s'il trouvoit quelque occasion de rendre quelque service au Roi, il lui conseilloit d'y employer tout son savoir-faire, mais qu'il ne croyoit pas que l'on lui donnât d'ici d'ordre plus précis. Cette réponse-là a attiré la lettre que je vous envoie, sur laquelle je vous supplie, Monsieur, de me faire savoir ce qu'il faut que l'on écrive, s'il y faut faire réponse, et de quelle manière. C'est mercredi le courrier de Bourgogne; je vous prie de vouloir bien me faire réponse là-dessus devant ce jour-là; ou, si vous avez quelques ordres à faire donner à Gourville, et qu'il vaille mieux que je vous voie, je dois être mardi sur le soir à Paris : je vous irai voir à l'heure qui vous sera le moins incommode. Je vous prie de me mander de vos nouvelles. Je vous assure, Monsieur, que personne au monde ne prend tant de part à votre santé que moi et n'est si fort à vous. Vous seriez un méchant homme, si vous n'en étiez pas bien persuadé.

H.-J. DE BOURBON[1].

[Ici se place la seconde lettre de M. de Lionne, 23 décembre 1667, que Gourville a intercalée dans les Mémoires, ci-dessus, t. I, p. 234-236.]

Gourville à M. de Lionne.

A Lünebourg, le 6 janvier 1668.

J'ai reçu la lettre que vous m'avez fait l'honneur de m'écrire le 23 de l'autre mois. Je ne saurois vous exprimer la joie que j'ai de voir que le Roi ait eu la bonté d'agréer que j'essayasse ici de lui rendre quelque service. Je vous assure que je m'y comporterai avec tout le zèle et l'attachement dont je suis capable.

1. Affaires étrangères, vol. *Hanovre* 1, fol. 447.

M. le comte de Waldeck avoit déjà su, par M. le baron de Platen que vous le regardiez comme un homme fort suspect et entièrement opposé aux intérêts de S. M. La lettre que vous m'avez fait l'honneur de m'écrire le 16 de décembre, que j'ai cru devoir montrer à MM. les princes de Lünebourg, et qu'il a vue, lui a fait croire que vous cherchiez à le rendre suspect. J'ai fait ce que j'ai pu pour lui faire comprendre qu'ayant autrefois gardé beaucoup de mesures avec le Roi, et n'ayant rien voulu entendre de sa part dans cette conjoncture, [il] avoit justement donné lieu à des soupçons, et que je voudrois bien le voir dans des sentiments qui me donnassent lieu de désabuser S. M.[1]....

M. de Lionne à Gourville.

Le 9 mars 1668.

Je me suis trouvé si accablé d'affaires depuis trois jours, qu'il m'a été impossible de commencer à m'appliquer à cette dépêche qu'une heure avant le départ de l'ordinaire, et néanmoins, comme je veux tenir la parole que je vous donnai par ma précédente lettre, je vous envoie le pouvoir du Roi. Pour les instructions touchant le traité que vous pourriez faire, je n'ai pas le temps qui seroit requis de m'y étendre. Je vous dirai pourtant, en substance, que vous pourrez traiter pour six mille hommes et pour un temps de six mois, sauf à le proroger de commun concert; que vous pouvez engager le Roi à payer ledit corps sur le même pied que les Hollandois payoient et auroient payé un pareil nombre; que, pour l'emploi desdits six mille hommes, vous devez engager Messieurs les princes le plus avant qu'il vous sera possible, afin que S. M. reçoive quelque avantage réel de la dépense qu'elle fera par l'action dudit corps pour son service, selon les occasions qui s'en offriront, ou contre ses ennemis, ou contre ceux qui prendroient leur protection; que, si cela ne se peut obtenir (en quoi vous vous conduirez par degrés du plus au moins), vous pourrez, à toute extrémité, vous contenter de la neutralité desdits sieurs princes et de leur enga-

1. Affaires étrangères, vol. *Hanovre* 1, fol. 451.

gement à n'accorder point le reste de leurs troupes à ses ennemis ou à leurs adhérents, alliés ou protecteurs, ni aucun passage, quartiers ou levées dans leur État aux troupes d'aucun potentat ou prince, de quelque dignité qu'il puisse être, soit au dedans ou hors de l'Empire, qu'on voudroit envoyer aux Pays-Bas au secours des Espagnols ou contre la France.

J'ai reçu votre lettre du 24. Le Roi a été bien aise d'y voir l'assurance que vous lui donnez que M. le comte de Waldeck n'agit point avec la passion qu'on lui avoit fait entendre, et qu'il marche maintenant dans le chemin que S. M. peut désirer.

Celui qui me rend vos lettres n'étant pas ici, je fais adresser mon paquet au sieur Mendez Florès, au quartier des Juifs, à Amsterdam, et lui fais marquer que, si vous n'y êtes pas arrivé, il vous l'envoie à Lünebourg[1].

Pouvoir à M. de Gourville de faire un traité avec les princes de Brunswick.

9 mars 1668.

Le Roi n'ayant rien plus à cœur que de maintenir inviolables, autant qu'il dépendra de lui, les traités de paix faits en Westphalie en l'année 1648, et nommément d'empêcher que l'Empire ou aucun État d'icelui ne puisse être enveloppé dans les guerres qui se sont allumées au dehors, et S. M. considérant combien, pour la fin qu'elle se propose, peut être utile une plus grande liaison entre elle et MM. les princes de la maison de Brunswick et de Lünebourg, Sadite Majesté a, par ces présentes signées de sa main, donné pouvoir, autorité, commission et mandement au sieur de Gourville, conseiller en ses conseils, de conférer et concerter avec lesdits sieurs princes de la maison de Brunswick et de Lünebourg, ou en commun, ou trois ou deux d'entre eux, ou chacun en particulier, ou avec leurs ministres munis d'un pareil pouvoir, et arrêter, conclure et signer telles conventions, articles et traités qu'il avisera bon être pour ladite plus étroite liaison entre S. M. et lesdits sieurs princes; promettant Sadite Majesté, en foi et parole de roi,

1. Affaires étrangères, vol. *Hanovre* 1, fol. 501.

d'avoir agréable, tenir ferme et stable à toujours, sans jamais y contrevenir ni permettre qu'il y soit contrevenu, tout ce que par ledit sieur de Gourville aura été arrêté et signé en vertu du présent pouvoir, comme aussi d'en fournir sa ratification en bonne forme dans le temps qui aura été stipulé. En témoignage de quoi elle a signé les présentes de sa main et y a fait apposer le scel de son secret. Fait à Saint-Germain, le 9 mars 1668[1].

Gourville à M. de Lionne.

Amsterdam, 18 mars 1668.

.... Si j'avois pu ramener M. le comte de Waldeck à mon avis, nous aurions surmonté toutes les autres difficultés. Monsieur l'évêque[2] y a fait tout de son mieux, et n'en a su obtenir sinon qu'il ne pouvoit être de sentiment d'entrer en rien avec S. M. dans cette affaire-ici....

.... Il[3] fait l'amoureux d'une demoiselle françoise qui est ici avec Mme la duchesse, et je crois qu'il l'est un peu. J'ai prié la demoiselle d'essayer toutes sortes de voies avec lui pour le tirer de son opiniâtreté, et que je lui donnerois pour elle 2,000 ducats, que j'aurois donnés dans l'extrême désir où je suis de faire réussir cette affaire, et n'en aurois jamais parlé. Il a pris l'affaire fort galamment, et lui a encore offert autant, et qu'il feroit ce que je voudrois, pourvu qu'elle voulût aller jusques au bout. Cette impertinente n'a pu se résoudre, quoique je croie lui avoir dit les meilleures raisons du monde. Nous nous en allons, elle et moi, tête à tête dans une calèche, jusqu'à Osnabrück. Je ferai tout mon possible pour la mettre à la raison[4]....

Gourville à M. de Lionne.

A la Haye, ce 17 mai 1668.

J'ai reçu la lettre que vous m'avez fait l'honneur de m'écrire

1. Affaires étrangères, vol. *Hanovre* 1, fol. 500.
2. L'évêque d'Osnabrück, Ernest-Auguste de Brunswick.
3. M. de Waldeck.
4. Affaires étrangères, vol. *Hollande* 87.

le 11 de ce mois, et, quoique je sois assez malheureux pour n'être plus chargé de rien de la part de S. M., je ne laisserai pas de vous dire que des gens ici font une grande affaire de leur triple ligue signée à Londres. L'on ne manquera pas de la vouloir faire passer comme une chose désavantageuse à S. M.; mais, si je suis un bon prophète, cette belle union apparente ne durera guère. M. de Witt seroit hors de son centre; la haine de l'Angleterre et de cet État n'est pas finie, et je crois entrevoir bien des choses là dedans[1]....

1. Affaires étrangères, vol. *Hollande* 88.

APPENDICE IX.

MISSION DE GOURVILLE EN ESPAGNE.

(1670.)

Ratification par le roi d'Espagne du traité conclu par Don Louis de Haro pour le remboursement des sommes dues au prince de Condé.

14 avril 1660.

Yo, don Luis de Haro y Guzman, como plenipotentiario de Su Majestad Catholica para el tratado de la paz con Francia, declaro que, haviendo tratado con los ministros del señor principe de Conde sobre los intereses que dicho señor principe tiene con Su Majestad, y especialmente sobre la cantidad de dinero que se deve a dicho señor principe conforme al tratado hecho en Madrid en el mes de novembre del anno pasado de 1659, hemos combenido que, para todos los creditos del dicho señor principe respecto de dicho tratado, quentas y devitos, Su Majestad le pagara un millon de escudos de a dies reales de plata, mediante el qual millon el dicho señor principe se dara por contento y satisfecho de todo lo que ha de haver; y el pagamento sera en el termino de cinco annos, a razon de docientos mill escudos cada anno, en dos pagas de seis en seis meses, comenzando la primiera de cien mil escudos el dia de San Juan del anno venidero de 1660, y el secundo el dia de Navidad del mismo anno, y d'esta manera todos los annos siguientes, hasta quedar enteramente pagado del dicho millon de escudos, que se havra en fin del anno de 1664.

Assi mismo obligo a Su Majestad a que pagara ademas de lo referido quatro cientos mill escudos dentro de seis meses, para pagar a todas las personas que han seguido al señor principe, el valor de sus officios que se les han quitado....; los quales quatro cientos mill escudos remitira Su Majestad tam bien a manos

APPENDICE IX. 223

del señor principe, para que todos los interesados recivan la satisfacion per su mano....

Fecha a Fuenteravia, a doze de noviembre de mill y seis cientos y cinquenta y nueve annos.

Por tanto, despues de haverlo visto y considerado, he tenido por bien de aprovar, como apruevo, lo referido, y, en virtud de la presente, lo confirmo y ratifico y doi per bien firme y valedero...., la presente firmada de mi mano.... Dada en Madrid, a catorçe de abrill de mill y seis cientos y sesenta annos.

Yo el Rey [1].

Distribution de largent qui me vient despagne sur les assignations que iai sur la croisade cette ennée en suitte du tretté de pais [2].

[1662.]

Je dois toucher cette année le mois de ianuier de lennée prochene compris sur la ditte croisade deus cent quatre vint dis huit mil et quelques escus, mais a cause des difficultes qui sont suruenues on me mande que ie nen toucheray que deus cent cinquante mil, le reste estent remis iusques au mois de iuin et iuillet de lennée prochaine.

a madame de longueville, pour le principal de ce que ie luy dois et tascher dobtenir delle quelle attende quelque temps pour les arerages . . .	300,000 liv.
a ceux qui mont preste pour laquisition du borbonois, et a madame dangoulesme pour le reste de ce qui luy est deu, ou a dame chauvelin . . .	214,000 »
a boucher	60,000 »
a m^r omer talon	50,000 »
a m^r talon, auocat general	40,000 »
a dame marie chouar	21,000 »
a chouart, mestre des contes	20,000 »

1. Chantilly, carton relatif aux affaires d'Espagne. — 7 novembre 1659. Consentement du cardinal Mazarin, au nom du Roi, autorisant le prince de Condé à recevoir les 1,800,000 écus qui lui sont dus par le roi d'Espagne.
2. De la main du grand Condé. Nous conservons l'orthographe.

le président viole, sur son principal . . . . 40,000 »
a luy cinq mil francs sur ses interets . . . 5,000 »

Note du trésorier :

Cette distribution est de . . . . 750,000 liv.
Et nous n'avons que 244,264 écus, qui font en
livres . . . . 732,783 »
Partant, il manque de fonds . . . . . . 17,247[1] »

Pouvoir donné par le prince de Condé à Gourville à l'effet de poursuivre le recouvrement des sommes qui lui sont dues par la monarchie d'Espagne.

9 novembre 1669.

A tous ceux qui ces présentes lettres verront, Achille de Harlay, chevalier, comte de Beaumont, seigneur de Stains et autres lieux, conseiller du Roi en ses conseils d'État et privé et procureur général de S. M. en son parlement de Paris, salut. Savoir faisons que, par-devant Jean Carnot et François Lange, notaires gardes-notes du Roi notre sire en son Châtelet de Paris soussignés, fut présent très haut et très puissant prince Monseigneur Louis, duc de Bourbon, prince de Condé, premier prince du sang, premier pair et grand maître de France, duc d'Anguien, Châteauroux, Montmorency et Fronsac, gouverneur et lieutenant général pour le Roi en ses provinces de Bourgogne et Bresse, demeurant en son hôtel sis à Saint-Germain-des-Prés, rue Neuve-Saint-Lambert, paroisse Saint-Sulpice, lequel a fait et constitué son procureur général et spécial Me Jean Hérauld, seigneur de Gourville, conseiller du Roi en son conseil d'État et secrétaire du conseil d'État des finances de S. M., et intendant des maison et affaires de S. A. S. mondit seigneur le Prince, étant de présent à Paris, et que S. A. S. envoie en Espagne, par la permission de S. M.; auquel mondit seigneur a donné et donne pouvoir et puissance de, pour et au nom de S. A. S., recevoir, suivant la permission du Roi, de Sa Majesté

---

1. Chantilly, carton relatif aux affaires d'Espagne.

Catholique ou de ses ministres, toutes et chacunes les sommes qui sont dues à S. A. S. par Sadite Majesté Catholique, tant celles dont il lui a déjà été dépêché des livrances sur la plate des galions et flottes qui viennent des Indes, que pour les autres livrances qui pourront être ci-après dépêchées à S. A. S. sur tels autres effets tels qu'ils pussent être, pour l'effet du payement de ce qui est dû de reste à S. A. S. par Sadite Majesté Catholique en conséquence du traité de paix fait avec les deux couronnes, le quinzième jour de novembre mil six cent cinquante-neuf, et les conventions particulières qui ont été faites lors dudit traité, et, de tout ce que ledit sieur procureur recevra, donner quittances et décharges et faire tous endossements nécessaires, et généralement faire par ledit sieur procureur tout ce qu'il sera à propos pour le fait susdit, même substituer, si besoin est, en son lieu et place, telle personne qu'il jugera à propos, promettant S. A. S. avoir le tout pour agréable et le ratifier toutes fois et quantes qu'elle en sera requise. Et a mondit seigneur révoqué et révoque tous les pouvoirs que S. A. S. a ci-devant donnés à qui que ce soit, tant à l'effet susdit que de partie d'icelui, promettant S. A. S. ne contrevenir, etc.... En témoin de ce, nous, à la relation desdits notaires, avons fait mettre et apposer le scel de la prévôté de Paris à cesdites présentes, qui furent faites et passées en l'hôtel de S. A. S., l'an mil six cent soixante-neuf, le neuvième jour de novembre, avant midi. Et a signé la minute des présentes, demeurée par devers Lange l'un des notaires soussignés, et, pour plus grande validité desdites présentes, S. A. S. les a voulu aussi signer de sa main. — LOUIS DE BOURBON; CARNOT; LANGE[1].

Gourville à Monsieur le Prince.

A Madrid, le 24 décembre 1669.

Je suis ici dès le 19 de ce mois, ainsi que je m'étois donné l'honneur de l'écrire à V. A. S. Les gens que je pus voir à mon arrivée me dirent tous que l'affaire de la Franche-Comté avoit rendu presque impossible celle pourquoi j'étois venu; mais,

1. Chantilly, carton relatif aux affaires d'Espagne.

comme je me suis beaucoup plus proposé, en cette affaire, de tâcher de surmonter les difficultés, que de les craindre, tout ce que l'on m'a pu dire ne m'a fait aucune impression. La conduite de V. A. S. me donne tant de bonnes raisons, que, pour peu que je les sache faire valoir, je ne doute point d'un heureux succès. Et pour entrer en matière, j'eus audience de M. le marquis d'Aytona le 21, qui me reçut avec beaucoup d'honnêteté et de témoignage de vouloir servir V. A. S. Le 22, je rendis à Don Pedro Fernandez del Campo la lettre de V. A.; il me dit tout ce que j'aurois pu souhaiter. Le même jour, je demandai audience au cardinal d'Aragon, à M. le comte de Peñaranda et à M. le marquis de la Fuente, aux deux premiers pour ne leur point donner de jalousie, et à l'autre dans l'opinion que j'ai qu'il me sera donné pour commissaire, ayant résolu d'en demander un pour mener l'affaire de V. A. S. avec plus de diligence.

M. le cardinal d'Aragon est allé à Tolède et sera ici dans trois ou quatre jours. J'ai vu aujourd'hui M. le comte de Peñaranda, qui m'a reçu, traité et parlé très honnêtement.

M. le marquis de la Fuente m'a donné heure pour après-demain, qui, je m'assure, en fera autant; mais l'on me dit que tout cela ne signifie pas grand'chose en ce pays-ici. Cependant, dans ma pente naturelle à bien espérer, je ne laisse pas de tirer bon augure de ces premières démarches. Don Manuel de Lyra, qui est introducteur des ambassadeurs et très galant homme, que j'ai déjà vu céans deux fois, m'a dit, ce matin, qu'il me viendroit prendre jeudi avec les carrosses du roi, pour me mener au palais pour avoir l'honneur de saluer LL. MM. Je ferai un petit compliment au roi en espagnol, et dirai à la reine en françois celui dont j'envoie la copie à V. A., que je fais mettre à peu près en espagnol, que je lui donnerai en forme de mémorial avec la lettre de V. A. S. Je suis persuadé que, cinq ou six jours après, j'aurai un commissaire, auquel j'établirai la dette de V. A. S., et ma pensée est ensuite de leur demander ce qu'ils veulent faire, et les voir venir. Il me semble que c'est le meilleur moyen pour connoître leurs intentions. Et, quoique tout le monde se moque de moi quand je dis que je prétends m'en retourner au printemps, je ne laisse pas d'espérer que j'aurai vu clair avant ce temps-là et que je pourrai prendre mon parti, du moins avec un honnête dégagement.

J'ai déjà mandé à V. A. S., c'est-à-dire à M. Caillet, pour lui dire que M. le marquis de Castel-Rodrigo m'a fait faire toutes sortes d'offres. Il est fort incommodé. Il m'a déjà fait l'honneur de m'envoyer visiter trois fois, son indisposition m'ayant empêché de le voir. Il a commencé à se mettre aujourd'hui au lait. Depuis six semaines, il n'a eu que trois jours à pouvoir agir et voir le monde. M. de Salcède, qui est toujours son bras droit, me fait beaucoup d'amitiés. Après que j'aurai eu l'honneur de voir LL. MM., je ferai mes diligences pour voir le reste de la *Junta* et du conseil d'État. Il n'y a encore nulles nouvelles certaines de l'arrivée de la flotte, et il semble que ma fortune m'ait justement conduit ici au temps précis que j'y devois venir. Je n'ai pas eu un instant de pluie dans tout mon voyage. Les montagnes, toutes les autres années, étoient pleines de neige, qui m'auroit furieusement incommodé et retardé ; il n'a commencé d'en tomber que le lendemain de mon arrivée. Tout cela me fait si bien espérer un bon succès aux affaires de V. A. S., que, si ces gens-ici ne me donnent rien, je croirai qu'il se devra bientôt présenter une occasion qui vaudra mieux que tout ce qu'ils auroient pu faire, s'ils en avoient usé honnêtement avec V. A. S.

M. Chauveau m'est d'un grand secours ; il trouve ici bien des connoissances....

M. de Guitaud m'a mandé que M. Colbert ne lui avoit fait régler que 20,000 livres. Il faut avoir soin de les faire retirer par M. de la Tour. Si V. A. se trouve pressée par le procès de M. de Richelieu, je crois qu'il seroit bon de m'écrire une lettre que je pourrois montrer[1].

Mémorial présenté à la reine d'Espagne le 7 janvier 1670.

Madame,

S. A. S. Mgr le prince de Condé, mon maître, m'a commandé de venir ici pour assurer V. M. de la continuation de ses très

1. Chantilly, registre de la correspondance de Gourville en Espagne.

humbles respects, et pour la supplier de vouloir faire mettre fin à un traité qui fut fait par le feu roi Philippe IV, de glorieuse mémoire, avec beaucoup de bonté et de générosité, et qui a été exécuté par S. A. S. mon maître avec autant de fidélité que de respect.

Je ne parlerai point à V. M. des services qu'il a tâché de rendre à cet État, ni que ce qu'il prétend lui a été promis par le traité des Pyrénées, S. A. voulant bien devoir à la bonté de V. M. la justice qu'il lui demande. Mais, afin que V. M. puisse connoître par le détail les justes prétentions de S. A., j'ai dressé ici un état[1] de ce qui lui reste dû, qui monte à 598,271 écus de plate, ainsi qu'il se justifiera, si V. M. a la bonté de charger quelqu'un de ses ministres de l'examiner.

Je puis donc dire à V. M. que le retardement du payement de cette somme a beaucoup incommodé les affaires domestiques de Monseigneur le Prince, ayant été obligé de payer de grands intérêts pour les dettes qu'il avoit contractées à l'occasion de la guerre, pendant laquelle tous ses biens ont été au pillage. Mais, encore que, depuis deux ans, il ait été dans une nécessité très pressante, considérant que la dernière guerre avoit pu, comme c'est l'ordinaire, incommoder en quelque façon les finances de V. M., il a attendu le plus qu'il a pu à la supplier très humblement d'y avoir égard, et, comme S. A. a reçu tant de témoignages de la bonté du feu roi, de glorieuse mémoire, et, depuis, de celle de V. M., elle ne doute pas qu'Elle ne veuille bien lui en donner encore une marque essentielle en ce rencontre, en considération de ce que la somme qui lui est due devoit lui être entièrement payée sur les flottes des années 1660, 1661, 1662, 1663 et 1664, avec cette condition que ce qui ne se payeroit pas dans les flottes et galions de quelqu'une desdites années se payeroit dans la suivante : ce qui lui donne lieu présentement d'oser supplier V. M. de lui vouloir faire payer la meilleure partie de ce qui lui reste, sur la flotte et galions qui doivent arriver, et lui assigner le reste sur des payements prompts et assurés[2].

1. La pièce suivante.
2. Chantilly, *ibidem*. — L'original en espagnol de ce Mémorial se trouve aux Archives nationales, carton K 1398.

Mémoire de ce qui étoit dû à Monsieur le Prince par S. M. C., de ce qu'il a reçu et de ce qu'il lui est encore dû.

Par le traité de paix des Pyrénées, S. M. C. s'obligea de payer à Mgr le Prince un million quatre cent mille écus de plate, savoir : un million pour ses prétentions, et quatre cent mille écus pour ses alliés; qui furent consignés, savoir : 456,000 écus sur la Croisade, et 944,000 écus sur les flottes et galions des années 1660, 1661, 1662, 1663 et 1664, ci . . . 1,400,000 écus.

Par le même traité des Pyrénées, l'on s'obligea aussi de payer 153,009 écus pour reste de plusieurs lettres de change qui avoient été protestées en Flandres, pendant le séjour de S. A. en ce pays-là; sur quoi, ayant été payé à Irun, à M. Lenet, la somme de 53,009 écus, il reste de cette partie . . 100,000 écus.

Plus, est dû à S. A., suivant la livrance du 8 mars 1662, pour l'intérêt de deux années des 400,000 écus des alliés. . . . . 64,000 écus.

Plus, avoit été accordé à Monseigneur le Prince 166,000 écus pour le dégagement de ses pierreries, dont il a été fait assiento avec Don Sevastian Cortizos, de laquelle somme n'a été payé que 66,000 écus; partant, reste de cette partie . 100,000 écus.

Toutes lesquelles montent à celle de . . 1,664,000 écus.

Parties qui ont été reçues en déduction des 1,664,000 écus :
400,000 écus qui furent payés à Anvers, pour les alliés, en vertu de deux lettres de change du 6 mars 1662 des sieurs Don Sevastian Cortizos et Don Andrea Piquenoty, de 200,000 écus chacune, ci . . . . 400,000 écus.

Plus, 456,000 écus qu'on a reçus de la Croisade en diverses années et en diverses parties, qui est la même somme dont S. A. avoit des livrances sur la Croisade, qui ont été rendues, ci . . . . 456,000 écus.

Au mois de février 1664, l'on donna des lettres de change de Don Ambrosio Lomelin, de 200,000 écus, payables à Anvers en neuf payements, sur laquelle somme il n'a été reçu que 112,875 écus, le surplus, montant à 87,125 écus, ayant été protesté, comme il appert des protêts, ci. . . . . 112,875 écus.

Au mois de juillet 1665, on donna des lettres de change de Don Sevastian Cortizos pour remplacement des 87,125 écus protestés et ci-dessus mentionnés, de laquelle a été touché 61,854 écus seulement, ci . . . . 61,854 écus.

Au mois de juillet 1666, il fut tiré lettre de change de 25,000 écus de Juan-Thomas Bianco pour reste de la partie ci-dessus, de laquelle on n'a rien touché, comme il appert par les protêts; mais il est vrai qu'il fut donné ici [Madrid] à M. de la Fuye, acompte de cette partie . . . . 5,000 écus.

Depuis a été donné un ordre de la Reine au sieur de la Fuye, sur M. le duc d'Alburquerque, de 30,000 écus, qui ont été reçus à Palerme, ci . . . . 30,000 écus.

Somme totale de ce qui a été reçu . . . 1,065,729 écus.

Il lui reste encore dû . . . . 598,274 écus[1].

État auquel j'ai trouvé les affaires d'Espagne à la fin de décembre 1669, que je suis arrivé à Madrid[2].

A Madrid, le 31 janvier 1670.

Encore que la reine ait beaucoup d'esprit, le peu d'expérience qu'elle a dans les affaires la rend fort timide, et, d'un autre côté, ses bonnes intentions et, de l'autre, la délicatesse de sa conscience lui font prendre presque toutes ses délibérations à la pluralité des voix de son Conseil, et il y a même encore assez d'apparence que la sortie de l'Inquisiteur[3] lui a donné des ombrages de tous les ministres, étant bien persuadée que pas un n'a agi de bonne foi pour empêcher son éloignement.

M. le marquis d'Aytona, à cause de sa charge, a seul l'accès libre pour lui parler en particulier, et cela me paroît un si grand avantage, que je ne doute presque pas qu'en peu de temps il ne s'établisse une confiance qui le rendra le maître des affaires, s'il a l'audace de l'entreprendre et du fonds pour s'y maintenir.

M. le comte de Peñaranda, sous main à la tête du parti de Don Juan, non pas tant par amitié pour lui que pour s'en ser-

1. Chantilly, registre de la correspondance d'Espagne.
2. Pièce adressée à M. de Lionne.
3. Le P. Nithard.

vir, est le plus puissant dans les conseils. Cet avantage et celui que lui donne la présidence des Indes le font quasi regarder comme premier ministre : aussi a-t-il la plus grande cour.

Soit que le cardinal d'Aragon ait quelque inclination pour Don Juan, ou que Peñaranda ait pris soin de le ménager, il me paroît tout à fait dans ses intérêts, et, l'humeur du cardinal étant un peu brusque et hautaine, Peñaranda s'en sert souvent pour opiniâtrer dans la Junte et dans le Conseil les choses qu'il y veut soutenir.

Le vice-chancelier d'Aragon, homme d'esprit vif, et, si je ne me trompe, de bon sens, est entièrement dévoué à Don Juan.

L'Inquisiteur général, homme de bonnes intentions et qui a l'obligation à la reine de sa charge, est, à mon avis, tout à fait dans ses intérêts et concerte les choses avec le marquis d'Aytona.

L'on peut dire la même chose du président de Castille[1]; mais, si je ne me trompe, ces deux-ici ont plus de bonne volonté que d'expérience dans les affaires.

Le Conseil d'État est composé des cardinaux d'Aragon et Montalte, du comte de Peñaranda, du marquis de Castel-Rodrigo, du comte de Ayala, du marquis de la Fuente et de l'Amirante.

Le cardinal de Montalte passe ici pour un homme de grand esprit et fort voluptueux. Il a paru, dans ces derniers temps, le principal ami de Don Juan, et ce fut lui qui, par les soins du marquis de Castel-Rodrigo et sa persuasion, ménagea son accommodement. Mais, depuis ce temps-là, il n'est point entré dans les Conseils, et semble s'être éloigné des affaires, toutefois sous prétexte d'infirmité.

M. le marquis de Castel-Rodrigo a été aussi près de deux mois sans entrer dans le Conseil, soit par politique, ou qu'il souffre avec peine l'autorité qu'y a Peñaranda, ou que ses incommodités l'en aient empêché, et, si je ne me trompe, il y entre un peu de tout. La cabale de Peñaranda a tâché de donner quelque soupçon au marquis d'Aytona de l'esprit et de l'ambition du marquis de Castel-Rodrigo ; néanmoins, ils sont fort unis.

1. *En marge :* C'est le comte de Villombrosa, Guzman.

Le comte d'Ayala, à cause de son infirmité, ne va guère au Conseil.

Le marquis de la Fuente est, ce me semble, fort dans les intérêts du comte de Peñaranda.

L'Amirante de Castille[1] s'est déclaré en faveur de la reine contre M. Don Juan. C'est un homme qu'on dit qui a beaucoup d'esprit, mais élevé dans les plaisirs de Madrid et depuis peu dans les affaires.

Encore que les choses du Conseil d'État viennent toutes à la Junte, les consultes qui s'y font ne laissent pas d'être, dans l'esprit de la reine, de quelque considération, et vous jugerez aisément, par la disposition que je vous ai marquée ci-dessus, que le comte de Peñaranda a beaucoup de part aux résolutions qui s'y prennent.

Et, comme le cardinal d'Aragon et le vice-chancelier agissent tout à fait de concert avec le comte de Peñaranda dans la Junte, ils sont par là toujours assurés de partager les voix, outre que, par leur fermeté et leur supériorité de génie sur les autres, ils peuvent emporter une partie des affaires.

Don Pedro Fernandez del Campo, qui est un honnête homme, est, à mon avis, des amis du marquis d'Aytona et du marquis de Castel-Rodrigo, ce que n'étoit pas Don Blasco de Loyola.

Le président de hacienda[2] est, à ce qu'on dit, un homme qui fait sa charge avec un grand désintéressement, et qui se croiroit fort soulagé, si l'on l'en avoit déchargé.

Après avoir passé quelques jours à démêler tout ceci, je me trouvai bien embarrassé, ayant déjà eu une preuve de la mésintelligence et de la jalousie des ministres, dans le premier pas qu'il me fallut faire pour mon audience. L'introducteur des ambassadeurs m'étant venu dire qu'il me viendroit prendre dans un carrosse du Roi pour me mener au palais, parce que le marquis d'Aytona et Don Pedro Fernandez del Campo m'avoient adressé à lui, les autres en firent une affaire qui dureroit encore, si j'avois voulu m'y arrêter. Mais je la finis en disant que, si l'on n'en faisoit pas assez pour l'envoyé de Mon-

---

1. *En marge :* Don Gaspar Henriquez de Cabrera.
2. *En marge :* Don Lopès de los Rios.

seigneur le Prince, il y en auroit toujours trop pour Gourville, et qu'ainsi je les priois de ne pas s'arrêter davantage là-dessus.

En cherchant la conduite que j'avois à tenir pour faire réussir l'affaire pour laquelle j'étois venu, il m'a semblé que, tant que les choses seroient en cet état, il étoit impossible de venir à bout d'aucune affaire en cette cour.

Et, comme je ne saurois m'empêcher de penser éternellement aux moyens de rendre quelque petit service à S. M., pour tâcher de me rendre digne de l'honneur de ses bonnes grâces, j'ai donné toute mon application pour voir dans tout ceci ce qui pouvoit être de ses intérêts. Et ma folie étant toujours que l'on peut avoir les Pays-Bas par un accommodement, soit avec les Espagnols ou avec la Hollande, j'ai cru que l'on pouvoit faire naître de tout ceci une conjoncture favorable en achevant de former ces deux partis et en les éloignant les uns des autres encore plus qu'ils ne le sont, parce que, quand il y auroit de l'impossibilité à faire réussir ma pensée sur les Pays-Bas, S. M. peut profiter, dans le cours des affaires, de cette division, puisqu'il est presque impossible, dans la suite, que l'un ou l'autre des partis ne vienne dans la dépendance de S. M. par leur extrême jalousie.

J'ai donc considéré que, le marquis d'Aytona ayant la *privanza*, il étoit impossible qu'il ne lui passât pas par l'esprit de songer à se mettre au-dessus de ses compétiteurs, et qu'ainsi, quand je le hâterois un peu en entrant avec lui là-dessus, je ne saurois faire qu'une chose utile au service de S. M., puisque cela me donneroit d'autant plus de lieu d'en pénétrer le fonds, remettant après aux grandes lumières de S. M. d'en tirer les conséquences et, ensuite, par ses instructions à Monsieur de Béziers, une partie des avantages que je lui souhaite.

Outre toutes ces matières, j'ai encore considéré que, le parti du marquis d'Aytona ne se formant pas, les autres pourroient songer au rétablissement de Don Juan, qui, à mon avis, ne peut jamais être favorable aux intérêts de S. M.

Mon esprit plein de toutes ces idées, j'ai cru que, pour donner des lumières plus parfaites à S. M., il étoit nécessaire d'entrer en quelque chose, pour voir si l'on pourroit commencer à tourner toutes mes imaginations en quelque réalité.

Et, afin de ne pas faire un faux pas en commençant d'entrer avec M. de Castel-Rodrigo, quoique j'aie cru que M. d'Aytona ne s'en pouvoit guère passer, j'ai cherché les moyens de pénétrer là-dessus l'esprit de ce dernier.

Et, ayant trouvé, par le commerce que j'ai eu avec M. Du Pré, qu'il avoit assez d'esprit et d'accès avec lui, je lui insinuai de lui dire que tout le monde disoit qu'il ne tenoit qu'à lui de se rendre le maître des affaires, et que les plus habiles croyoient que sa retenue apparente étoit un effet de son jugement, mais que l'on s'attendoit d'en voir bientôt de son ambition, et que l'on voyoit assez, dans l'esprit des amis de Peñaranda et de sa cabale, la peine qu'ils en avoient, et qu'ils n'oublieroient rien pour les brouiller, lui et M. le marquis de Castel-Rodrigo, et que, comme il trouvoit S. Exc. plus facile et plus portée de bonne volonté pour les intérêts de S. M. que les autres, il étoit bien aise de lui dire qu'il faisoit des vœux pour l'augmentation de sa faveur.

M. Du Pré me vint dire que M. le marquis d'Aytona s'étoit beaucoup plus ouvert que je ne m'étois attendu, et que, non seulement il lui avoit parlé de la jalousie qu'il avoit contre les autres, mais même qu'il lui avoit dit qu'il falloit songer à l'échange des Pays-Bas ; que, après plusieurs discours généraux là-dessus, M. le marquis d'Aytona l'avoit prié de voir M. le marquis de Castel-Rodrigo, en qui il avoit toute confiance, pour lui rendre compte de leur conversation. Cela m'éclaircit tout à fait sur l'union de ces deux ministres ; et, comme je ne savois pas à quel dessein on avoit si tôt mis l'affaire des Pays-Bas sur le tapis, je demandai incessamment à M. Du Pré d'aller bride en mains, et me mis dans la tête de chercher les moyens de profiter de tout cela.

Quelque temps [après], M. le marquis de Castel-Rodrigo m'envoya prier de le voir. Après quelques discours généraux, il me dit ce qu'il m'avoit déjà fait dire par Salcède, qui est que, en me voyant venir ici, sans que j'eusse pu accommoder mes affaires en France, il n'avoit pas douté que ce ne fût avec intention de m'y établir, et qu'il avoit témoigné à M. le marquis d'Aytona la joie qu'ils en devoient avoir tous deux.

Je l'interrompis pour lui dire que, si cela étoit, bien loin de lui en faire façon, je serois obligé de lui demander ses assistances, mais qu'il savoit bien que, dans le temps où mes affaires avoient été les plus désespérées, je lui avois toujours témoigné que je voulois passer le reste de ma vie à chercher quelque occasion de mériter les bonnes grâces de S. M., et que, à mon retour d'Allemagne, j'avois hasardé un voyage à Paris, et que, si je m'étois vu sans aucun espoir de retour, ma résolution avoit été prise de m'aller établir à Rome; mais que, ayant été assez heureux pour avoir été souffert en France, et S. M. ayant trouvé bon que je vinsse ici pour les affaires de Monseigneur le Prince, il pouvoit juger des espérances que je pouvois avoir, et, par là, de l'éloignement où je devois être de prendre un engagement que je n'avois jamais voulu envisager au plus fort de mes malheurs. Après m'avoir fait les offres qu'attirent les refus, il me parla des grands revenus d'Espagne et de leur mauvaise administration. Je ne vous aurois pas dit tout ceci, si je n'étois persuadé que vous pouvez tirer des conséquences des choses qui me paroîtroient les plus indifférentes. Après cela, et y ayant ajouté des choses de pure flatterie, il me dit qu'il prétendoit que nous vivrions, pendant que je serois ici, dans la dernière confiance, et me pria de lui dire sans façon si j'étois chargé de quelque chose de la part de S. M., en m'assurant que, bien loin d'en abuser, il en useroit en sorte avec moi que j'en serois plus en état de servir S. M.

Je lui répondis que je lui avois parlé sincèrement quand je lui avois dit que non, mais que je pouvois lui dire ingénuement que j'étois persuadé que, quand on avoit trouvé bon que je vinsse ici pour les affaires de Monseigneur le Prince, on avoit bien cru que je ne gâterois rien dans celles du Roi, et que j'étois homme à profiter de l'occasion, si elle se présentoit, et que ma disgrâce ne m'avoit pas empêché que S. M. ne m'eût honoré de quelque confiance en quelques occasions, et que vous aviez beaucoup meilleure opinion de mon savoir-faire que je ne le méritois, et que je me donnois toutes ces vanités pour répondre précisément à la question qu'il m'avoit faite et à la confiance dont il me vouloit honorer. Et ensuite il me dit qu'il me vouloit faire part d'une conversation que M. Du Pré avoit eue avec M. le marquis d'Aytona.

Je l'interrompis brusquement, et lui dis : « Afin, Monsieur,

« que vous comptiez juste, c'est moi qui ai donné lieu à l'ouver-
« ture de cette conversation, dans le seul dessein de pénétrer
« comment vous étiez avec M. le marquis d'Aytona, et dans la
« vue que j'avois de lui insinuer que ses ennemis, craignant
« votre union, vouloient lui donner de la jalousie sur votre
« chapitre. »

Et puis il me demanda si je croyois que M. Du Pré n'eût eu nul ordre de parler de l'affaire des Pays-Bas. Je l'assurai que non, et que M. Du Pré m'avoit dit que c'étoit M. le marquis d'Aytona qui avoit commencé de s'ouvrir sur ce chapitre; mais qu'il étoit inutile de revenir là-dessus; qu'il suffisoit que je lui disse que, s'il tiroit aucune conséquence de cette conversation, il se tromperoit assurément, et qu'il pouvoit s'assurer que l'on ne leur feroit jamais aucune ouverture là-dessus, et que c'étoit à eux à voir ce qui leur étoit bon. Et je lui contai mot à mot comme cela s'étoit passé, et que, puisqu'il vouloit que je ne lui cachasse rien, je lui avouois bonnement que, après avoir connu la division de leur ministère, j'avois trouvé de l'impossibilité de faire réussir aucune chose en cette cour, et que, lui ayant les dernières obligations, j'avois songé à ses affaires et aux miennes tout ensemble, et que, s'il vouloit marcher aussi droit que moi, peut-être ferions-nous les unes et les autres, et que je voyois fort bien l'avantage qu'avoit la cabale de Don Juan, et ses ennemis et ceux de M. d'Aytona dans les conseils.

Sur cela, il me dit qu'ils alloient songer à se rendre les maîtres dans la Junte et dans l'esprit de la Reine, et que, après cela, ils seroient en état de voir s'il y avoit quelques mesures certaines à prendre avec S. M. pour l'ajustement des deux couronnes, et qu'il m'avouoit qu'il étoit persuadé que cela ne se pouvoit guère sans l'échange des Pays-Bas.

Je lui repartis que, quand il me disoit cela, je commençois par en chercher le motif, et l'avantage qu'il se proposoit d'en tirer, et que je le suppliois très humblement de ne pas se mettre en tête qu'aucune finesse leur pût être bonne, et que, si, contre mon avis, il en vouloit user, je lui demandois pour toute grâce de ne point s'adresser à moi, et que, outre qu'il n'étoit pas trop aisé de m'en faire tâter, il étoit impossible de dérober quelque chose à la pénétration de S. M., et, par-dessus tout cela, que Monsieur de Béziers alloit arriver, qui en savoit beaucoup plus que moi, et que c'étoit à M. le marquis d'Aytona et à lui à songer à ce qu'ils avoient à faire pour se mettre au-dessus de leurs ennemis, et qu'il étoit vrai que je croyois qu'ils auroient de la peine d'en venir à bout, s'ils n'avoient de puissantes protections, et qu'il savoit bien que Don Juan ne demeuroit sans action que sur la prédiction qu'avoit faite un homme de la mort du roi catholique dans le 19 du mois de mai prochain, et que, encore que je fusse fort persuadé que c'étoit une folie, je ne laissois pas de croire que, pour le service de leur maître et le leur particulier, il falloit qu'ils donnassent une forme à leurs affaires et qu'il ne tiendroit qu'à eux de se prévaloir des offres que S. M. avoit faites à la reine d'Espagne, mais que tout cela n'étoit pas mon affaire qu'autant qu'ils croiroient m'y devoir mettre, et que je serois ravi de les servir, quand je serois persuadé qu'ils vouloient marcher d'un aussi bon pied avec S. M. que je croyois que leurs intérêts et ceux de leur roi le requéroient, mais que je prétendois que tout cela étoit plus leur affaire que celle de S. M., et que la mienne étoit de faire réussir celle de Monseigneur le Prince, et que je le conjurois instamment d'y vouloir servir de toutes ses forces. Il m'assura que M. le marquis d'Aytona et lui entreroient de bonne foi avec moi pour chercher les moyens d'y parvenir. Et ensuite il revint, après beaucoup d'autres choses, à me dire que, si la confiance se pouvoit établir entre les deux couronnes, il y auroit bien des gens attrapés.

Et, battant du pays, après m'avoir parlé sur le Portugal, et en passant par l'Angleterre, où il me marqua que l'argent que M. Colbert l'ambassadeur avoit répandu dans la cour de Londres n'avoit pas eu tout le succès qu'on en pouvoit attendre, il me mena en Hollande et me voulut faire voir que les Hollandois avoient traité pour avoir six mille hommes de MM. de Brunswick, qu'ils faisoient de grandes levées, et qu'ils alloient ruiner la Guyenne et les autres provinces dont ils avoient accoutumé de tirer les vins et d'autres denrées, par l'interdiction du commerce qu'ils avoient publiée dans leur pays, et qu'ils négocioient avec les princes du Rhin pour les droits qui se lèvent, pour faire avec les vins d'Allemagne ce qu'ils avoient fait jusques ici avec les vins de France; et tout cela, à mon avis, pour me faire voir l'avantage que la France tireroit de l'union des deux couronnes.

Je lui répondis que les provinces de France ne pouvoient plus être ruinées, parce que la pénétration de S. M. et sa puissance à cet égard n'avoient point de bornes, et que, ne doutant nullement de ses bonnes intentions, j'étois persuadé que, par sa prévoyance, elle remédieroit aux maux de ses sujets avant même qu'ils eussent le temps de les sentir, et que, comme j'avois été de tous métiers, je savois très bien qu'une médiocre diminution des tailles sur quelques élections remplaceroit facilement le prétendu mal que croyoient faire les Hollandois, mais que, pour peu que cela durât, je croyois que l'on s'apercevroit bientôt que c'étoit l'avantage de la France et la ruine des Hollandois, puisque cela avoit fait jusqu'ici la meilleure partie de leur négoce, et que cela alloit accoutumer les François à faire eux-mêmes le transport de leurs denrées dans la mer Baltique et partout ailleurs, d'où ils rapporteroient, à un prix raisonnable, les mêmes choses que les Hollandois leur vendoient bien cher; que c'étoit un abus de dire qu'ils pouvoient se prévaloir des vins du Rhin, puisqu'ils n'en pouvoient faire de commerce qu'à proportion de ce qu'il leur en falloit pour la consommation qui s'en faisoit dans leur pays, parce que le peu qui s'en use dans la Westphalie ne passe pas même par leurs mains, et qu'il s'y vend au triple de celui qui s'y consomme de France; outre, si je voulois passer plus avant, [que] je pourrois encore lui dire que l'Allemagne ne pourroit pas suffire, et qu'il faudroit plus de vingt ans pour augmenter leurs vignes et faire de nouveaux vignerons, n'y en ayant présentement que pour en faire à proportion de ce qu'ils ont accoutumé d'en débiter, et qu'il étoit impossible que M. de Witt ne se trouvât pas bien embarrassé de ce que lui diroient dans peu de temps les villes de Hollande, quand les deux tiers de leurs vaisseaux leur demeureroient inutiles, et que je tiendrois les Hollandois en méchant état, si je ne leur voyois une ressource, et que M. de Witt étoit trop habile pour ne s'en pas servir dans la nécessité, qui étoit de revenir au partage des Pays-Bas, et que je ne voudrois pas jurer qu'il n'eût dès à présent cette vue et que ce ne fût son principal but dans ces levées, afin d'avoir suffisamment de troupes pour avoir aussitôt pris sa portion que la France auroit pris la sienne, parce que je savois que la principale raison qu'il a eue, dans ces derniers temps, pour ne pas entrer dans le partage, c'est qu'il ne le pouvoit faire alors qu'en s'abandonnant entièrement à la discrétion de S. M., puisqu'il eût fallu qu'elle eût conquis la part des Hollandois aussi bien que la sienne, à cause de leur peu de troupes. J'ose dire qu'en cet endroit j'ai remarqué quelque étonnement au marquis de Castel-Rodrigo; et, sans faire semblant de m'en apercevoir, je continuai mon discours en disant qu'il n'y avoit pas d'apparence que les Hollandois voulussent faire bien longtemps une si grande dépense, et que, en tenant leurs voisins armés, c'étoit se mettre à leur merci; et j'ajoutai que, encore que je pensasse beaucoup de choses là-dessus, je ne lui en dirois pas davantage, étant bien persuadé qu'il voyoit bien plus clairement que moi tout ce que je lui en pourrois dire. Notre conversation finit par les plus grandes amitiés du monde, et en me priant de vouloir parler avec la même liberté à M. le marquis d'Aytona qu'à lui.

Ayant laissé passer quelques jours, je fus le soir chez M. le marquis d'Aytona. Après qu'il eut achevé avec M. le comte de Molina, celui-ci lui dit mille choses obligeantes sur mon chapitre. Et m'ayant fait approcher, et le comte de Molina étant parti, M. le marquis d'Aytona me dit que j'avois ensorcelé les Espagnols qui avoient été en Flandres, et que, quelques avis qu'on lui eût donnés de prendre garde à moi, qu'il avoit envie de se laisser charmer comme les autres, et que M. le marquis de Castel-Rodrigo lui avoit dit toute notre conversation, et qu'il étoit persuadé qu'il falloit nécessairement qu'ils prissent un parti, tant sur leurs affaires particulières que sur les générales, et que, sur l'une et sur l'autre, il m'en parleroit avec la dernière confiance.

Il commença par me dire que le premier pas étoit de penser à ce qu'il falloit faire pour n'être pas obligé tous les jours de faire décider par la reine contre la pluralité des voix ou du partage, et qu'il étoit persuadé que, après cela, il falloit chercher les moyens de contenter S. M. sur les Pays-Bas, et se prévaloir par là de son amitié pour rétablir les autres affaires de son maître, et qu'il falloit songer de faire cela aux dépens de la Hollande et du Portugal.

Je lui dis qu'il étoit constant que la sûreté des bons accords ne se pouvoit jamais trouver que dans l'ajustement du fonds des querelles, mais que, d'ordinaire, l'aigreur qui se mettoit entre les gens qui avoient des affaires à démêler leur fascinoit entièrement la vue, et que souvent c'étoit assez que l'on crût qu'une des parties souhaitât une chose, pour que l'autre ne songeât qu'aux moyens de l'empêcher, avant même que d'avoir regardé le bien ou le mal qui en pourroit arriver, et que, à mon avis, c'étoit la pierre de touche des hommes de bon sens, et que ceux-ci regardoient seulement ce qui leur convenoit et tâchoient de profiter des occasions, et que je m'attendois qu'il sauroit bien prendre son parti en toutes choses, et que, comme je m'étois bien trouvé, selon ce qu'il m'avoit dit, de ma manière avec les Espagnols, je ne la changerois point avec lui, et qu'elle avoit été de parler toujours bonnement et sincèrement sur les choses qui s'étoient présentées, et de n'avoir jamais songé à me prévaloir à leur préjudice d'aucune chose pour chercher mes avantages particuliers, et que, en suivant ce même chemin, je lui voulois dire de bien regarder ce qui étoit avantageux à son maître dans la conjoncture présente, et ne compter pour rien tout ce que nous dirions sur toutes les affaires jusqu'au jour que, leur résolution étant prise, ils voudroient de bonne foi entrer en matière et me charger d'entamer quelque chose avec Monsieur de Béziers; que je ne leur conseillerois jamais rien là-dessus, mais bien de ne point songer à mettre aucune affaire sur le tapis pour tâcher, par quelque contrecoup, de s'en prévaloir, et que, à ma façon de parler, je lui voulois dire que j'étois persuadé que les finesses, dans les partis foibles, étoient de peu d'utilité et de grande (sic) risque, et que je pouvois l'assurer que ce seroit le plus méchant parti qu'il y eût à prendre avec S. M.

Il me remercia de ma franchise, et m'assura que tout ce que je lui disois étoit fort selon son esprit et sa manière d'agir, et qu'il me prioit de le voir de temps en temps. Mais, comme je m'imagine qu'il est bon d'être un peu sur la défiance, et ne pouvant pas juger avec certitude avec quel esprit ces gens-ici agissent, j'ai laissé passer huit ou dix jours, que j'ai employés à la sollicitation de l'affaire de Monseigneur le Prince, que j'ai fait renvoyer au conseil d'*hacienda,* pour examiner les payements qui ont été faits, et à me ménager avec M. de Peñaranda et les autres autant qu'il m'est possible.

Je pris hier occasion d'aller chez le marquis d'Aytona pour lui parler des affaires que Monseigneur le Duc a faites avec le roi de Pologne, résolu de ne lui pas dire un mot sur aucune autre chose. J'y rencontrai M. le duc de Veragua, qui, de lui-même, dans le discours, dit qu'il étoit impossible que les Pays-Bas pussent subsister en l'état qu'ils étoient. Je ne fis pas semblant d'entendre. Étant sorti, M. le marquis d'Aytona, après m'avoir dit qu'il falloit donner un mémorial au Conseil, m'ajouta qu'ils devoient être bien aises de cette affaire, puisque, en temps de paix, Monseigneur le Duc en profiteroit, et eux, en cas que l'on leur voulût faire la guerre comme on le disoit. Je lui dis que je n'en croyois rien; que, du moins, si j'y avois vu quelque apparence, je ne serois pas venu ici.

Il me dit qu'assurément le Roi songeoit à faire quelque chose contre les Hollandois, et que leur abaissement feroit la perte des Pays-Bas, et que c'étoit bien cette fois qu'il falloit qu'ils prissent un parti.

Je lui dis premièrement que je n'en croyois rien, mais que, si, contre ma pensée, cela étoit, j'étois bien persuadé qu'il ne me demanderoit pas mon avis sur le choix du parti qu'ils avoient à prendre, mais que, avec tout cela, je ne saurois m'empêcher de plaindre leur destinée, puisque je ne pouvois pas nier que la perte des Hollandois ne fît suivre celle des Pays-Bas, mais que ce n'étoit pas une chose si faisable, et que, d'un côté, s'ils s'embarquoient avec eux, leur mauvaise condition étoit encore plus assurée, parce que les Hollandois n'auroient pas sitôt senti le poids de l'affaire, qu'ils feroient une paix aux dépens du reste des Pays-Bas.

Il me répondit que ce que je disois étoit supposé que la France fût toujours victorieuse, et que le cardinal de Richelieu avoit bien conseillé au feu roi de faire la guerre à l'Espagne dans un temps où elle étoit toute florissante, et que ce fut même la principale raison qu'il allégua, en disant que tant de gens avoient intérêt à l'abaissement de cette monarchie, que cela pourroit changer la face des affaires.

Je lui repartis que, en ce temps-là, il n'y avoit pas de minorité en France ni de division dans le Conseil, et qu'il y avoit alors dans le royaume des généraux et une infinité d'hommes pleins d'ambition et d'envie de se distinguer, et qu'il connoissoit mieux l'Espagne que moi, mais que, pour ne laisser rien à dire, il falloit présupposer que, contre toutes les apparences, la France pouvoit avoir du désavantage; qu'il étoit donc question de voir l'utilité qu'en pourroient tirer les Espagnols après tant de risques et de pertes d'hommes et d'argent, et le miracle de la maison d'Autriche ayant attiré sur la France beaucoup plus de malheur que la prudence humaine n'en pourroit imaginer, et que, par là, l'Espagne fût en état de conquérir une partie de la France, les Hollandois ne manqueroient pas de dire qu'il faudroit faire la paix aux conditions du traité des Pyrénées, mais que, avant d'espérer cela, il falloit passer bien des années sans pouvoir jamais être assurés un jour de n'être pas trompés l'autre par ces gens-là; mais qu'il n'y avoit pas de remède, si la destinée d'Espagne, après avoir été affoiblie par la révolte des Hollandois, la devoit encore porter à sa ruine pour leur conservation. Et, après lui avoir fait des excuses de toutes mes libertés, je le suppliai de ne me plus faire parler sur toutes ces affaires, et de m'aider à celles qui m'amenoient ici.

Il me répondit qu'il feroit tout ce qu'il pourroit dans l'affaire de Monseigneur le Prince, et que je lui faisois un très grand plaisir de lui parler de la sorte, et qu'il me pouvoit assurer que nous n'étions point du tout éloignés de sentiments; et, le cœur gros, il me dit que le jeune prince étoit bien à plaindre, et se remit sur la division des ministres et l'embarras où se trouvoit la reine, dont elle avoit de la peine à se tirer; et tout cela avec des termes qui me devoient faire juger que cela partoit du cœur, si je ne savois que les ministres ne sont pas payés pour paroître toujours ce qu'ils sont, ni dire ce qu'ils pensent.

Si j'ai failli en quelque chose, je vous supplie de vouloir assurer S. M. que ce ne peut être qu'un effet de mon zèle et de mon peu de jugement, n'y ayant jamais eu de meilleures intentions;

et, pour ne pas appuyer davantage les fautes que je pourrois avoir commises, j'éviterai autant que je pourrai toutes sortes de rencontres, me donnant entièrement à la sollicitation de mes affaires et à voir les environs de Madrid, jusqu'à l'arrivée de Monsieur de Toulouse, avec lequel je me comporterai de sorte que j'ose dire par avance qu'il sera content de ma conduite. Je n'ai pas cru me devoir faire une affaire pour savoir de M. le marquis d'Aytona qui, de lui ou de M. Du Pré, avoit le premier nommé les Pays-Bas, cela n'étant pas même venu à propos....

Comme les affaires ne vont pas trop vite en ce pays, vous aurez, à mon avis, tout le temps de faire savoir à Monsieur de Béziers s'il est à propos de tâcher de faire prévaloir la cabale de Don Juan, ou d'aider à l'autre à se mettre au-dessus, pour voir si l'on en pourra tirer quelque avantage particulier, parce que l'on tâcheroit, avec un peu d'industrie, de donner le branle à l'un ou à l'autre[1].

M. de Lionne à Gourville.

2 mars 1670.

Monseigneur le Prince m'ayant remis la belle relation que vous lui aviez adressée par un courrier exprès sur des matières assez importantes, je l'ai aussitôt lue au Roi, qui y a pris un singulier plaisir et a donné à votre habileté, à votre adresse et à votre zèle toutes les louanges que vous méritiez si justement. S. M. m'a chargé de vous mander de sa part de communiquer à M. l'ambassadeur le même écrit et tout ce qui pourroit être depuis arrivé dans la suite de cette affaire, comme aussi de vous y conduire à l'avenir, pendant tout le séjour que vous ferez à Madrid, en la manière que ledit sieur ambassadeur vous fera connoître qu'il le juge plus à propos pour le bien de son service. Après les sentiments du Roi et ses ordres expliqués, je ne puis finir sans vous témoigner l'admiration que j'ai pour vos faits et gestes, et surtout pour le grand chemin que vous avez déjà fait dans l'intime confidence de gens qui étoient si prévenus d'une forte impression, qu'ils devoient se tenir extrê-

---

1. Chantilly, registre de la correspondance d'Espagne.

mement en garde contre vous, et qui déposoient néanmoins, quinze jours après, dans votre sein les secrets de leurs desseins pour leur propre fortune. Courage, Messieurs! Qu'est-ce qui n'est pas possible à l'activité, à l'application et à l'industrie de M. l'ambassadeur, étant aidé d'un batteur d'estrade comme vous [1]?

M. de Bonsy, évêque de Béziers, archevêque nommé de Toulouse et ambassadeur de France à Madrid, à M. de Lionne.

5 mars 1670.

.... M. de Gourville, par le zèle qu'il a pour le service du Roi et par les ouvertures qu'on lui a faites, a peut-être espéré plus que la nature des choses, les conjonctures et les divisions de ce ministère ne permettoient raisonnablement. Ce n'est pas qu'il n'y ait lieu d'en tirer parti; mais il faut bien du secours de votre part.... Vous pouvez croire que j'ai bonne envie d'avoir quelque petit mérite en une si grande affaire.... Comme M. de Gourville m'a demandé ce qu'il diroit à M. le marquis de Castel-Rodrigo, s'il lui demandoit ce que je disois de l'échange, je lui ai conseillé de lui dire que j'étois fâché de prévoir que S. M. feroit plus aisément et plus vite cette affaire-là, si elle vouloit, avec les Hollandois qu'avec les Espagnols. J'en ai parlé de même à M. Du Pré, qui est fort bien avec le marquis d'Aytona et très propre à bien employer une fausse confidence [2].

M. de Bonsy à M. de Lionne.

A Madrid, le 19 mars 1670.

.... Le comte de Molina a tenu un discours à M. de Gourville, que je n'ose mander qu'à vous en particulier.... Après avoir battu du pays sur l'état des affaires, il a dit qu'il ne pouvoit pas durer longtemps sans guerre ou sans échange, et que ce dernier conviendroit aux deux couronnes, mais qu'il n'y avoit ni foi ni sûreté avec un roi ambitieux et puissant, et qui suit tantôt les

---

1. Affaires étrangères, vol. *Espagne* 58, fol. 88.
2. *Ibidem*, fol. 98.

mouvements de son Conseil, qui veut la paix, et tantôt ceux des courtisans, qui veulent la guerre. Quelle confiance prendre à un prince qui a fait la guerre dans le temps qu'il assuroit le plus l'Espagne de la paix, ni en un ministère qui n'est pas assez autorisé pour répondre de la durée d'un traité? Que l'échange seroit, à la vérité, de l'intérêt de deux couronnes, s'il ôtoit le sujet des guerres et des démêlés ; mais que, à la première envie qui prendroit au Roi, ou à la première conjoncture qui lui paroîtroit favorable, S. M. prendroit la Catalogne ou le Milanois. De tout ce discours, M. de Gourville juge qu'il faut pousser ces gens-là dans la nécessité de faire la guerre ou l'échange, et que, en examinant les inconvénients et l'impossibilité à la soutenir, ils pourroient prendre l'autre. Je lui ai conseillé de rabattre ces sujets de méfiance par la modération du Roi d'avoir donné la paix à la tête de cent mille hommes, et par les sûretés qui se pourroient trouver avec l'échange même et dans les manières de l'exécuter, et, sur le tout, par l'intérêt qu'auroit l'Espagne de mettre le Roi et les Hollandois aux mains, pour respirer pendant la minorité du roi catholique. Je suis embarrassé comme je devrai me gouverner avec ces Messieurs sur cette matière. Vous avez su le manège que M. le marquis d'Aytona et le marquis de Castel-Rodrigo ont joué avec MM. de Gourville et Du Pré avant mon arrivée....

Le comte de Molina me vint voir le lendemain de sa conversation avec M. de Gourville. Il n'entra en rien, ni moi aussi. Si on veut faire quelque chose, je pense qu'il faut les obliger à parler les premiers en bonne forme [1].

M. de Lionne à M. de Bonsy.

13 avril 1670.

.... Le Roi trouve bien, comme M. de Gourville l'a proposé ici en écrivant à Monseigneur le Duc, que vous disiez aux ministres que vous auriez grand déplaisir de voir que, après la peine qu'ils se sont donnée de faire ajuster les comptes de Monseigneur le Prince, la reine prit le parti de ne rien faire pour

---

1. Affaires étrangères, vol. *Espagne* 58, fol. 132-133.

lui, parce qu'il semble que c'est faire envisager à S. A. qu'elle n'a plus rien à prétendre de leur bonne volonté, l'arrivée de la flotte et des galions ne lui laissant pas de lieu de s'excuser sur son impuissance, et que le Roi auroit fort souhaité qu'on eût voulu faire justice à Sadite Altesse.

Le sieur de Gourville proposoit que vous passassiez bien plus avant : ce qu'il vous expliquera lui-même plus particulièrement; mais le Roi n'a pas trouvé à propos que vous disiez rien qui sente la menace, ni de permettre à Monseigneur le Prince, comme il suggéroit, de poursuivre son droit par toutes les voies qu'il pourra, de quelque nature qu'elles soient, et, pour cela, d'assembler ses amis, S. M. croyant que ces discours-là ne doivent jamais sortir de votre bouche; mais elle ne trouvera rien à dire que ledit sieur de Gourville dise à qui il voudra qu'il croit que, à son retour, Monseigneur le Prince s'adressera au Roi pour lui demander ces mêmes choses-là, et qu'il croit qu'elles ne lui sauroient être refusées sans injustice[1]....

M. de Lionne à Gourville.

13 avril 1670.

Je vois, par les dépêches de M. l'ambassadeur, que vous faites des merveilles. C'est la chose du monde qui me peut le moins surprendre. Il témoigne au Roi qu'il est infiniment satisfait de vous, que vous ne faites pas un seul pas sans l'avoir consulté, et n'avez non seulement aucun avis, mais même aucune pensée, que vous ne lui communiquiez. Je remarque qu'il croira perdre beaucoup quand vous serez obligé de revenir. Voilà ce qui arrive quand deux habiles gens sont ensemble; l'un ne va pas se mettre en tête que sa gloire puisse être en rien diminuée, quand il emploie de bons instruments à ce qu'il ne sauroit faire tout seul, et le bon instrument se laisse conduire à la main qui a l'autorité avec autant de docilité que s'il n'étoit propre à rien de soi-même.

Comme vous me parlez d'un premier et d'un second pas, dont j'ai vu l'explication dans votre dépêche à Monseigneur le

---

1. Affaires étrangères, vol. *Espagne* 58, fol. 187.

Prince, je vous répondrai, en faisant la même distinction, que S. M. a approuvé le premier, mais non pas le second, dans la bouche de son ambassadeur, qui vous déchiffrera plus particulièrement cet article et certaines autres choses aussi qui pourroient bien, dans quelque temps, rabattre un peu de la grande fierté que vous rencontrez de delà, que je trouve appuyée sur des fondements bien fragiles ; mais il ne faut encore se vanter de rien [1].

Gourville à Monsieur le Prince.

Madrid, 26 avril 1670.

.... M. l'ambassadeur ayant fort souhaité que nous trouvassions quelque voie de savoir une partie de ce qui se passoit dans les Conseils, et lui étant bien aise de ne pas paroître, j'ai fait un traité pour mon compte, et, dans la vérité, de son argent, et, par cette voie, j'ai été confirmé de ce que l'on m'avoit dit de Peñaranda ; et, ayant voulu parler à cette personne de l'union de celui-ci avec Don Pedro Fernandez del Campo, elle m'assura qu'il n'y avoit aucune confiance et que cette cabale craignoit que Don Pedro Fernandez del Campo ne s'accommodât avec Castel-Rodrigo. M. l'ambassadeur m'ayant souvent dit qu'il faudroit tâcher de fortifier un parti contre Peñaranda, je lui demandai s'il trouveroit bon que j'essayasse de raccrocher Don Pedro Fernandez del Campo avec le marquis de Castel-Rodrigo ; et, m'ayant dit que cela ne pourroit être que bon pour le service de S. M., j'ai commencé mes batteries de cette sorte.

Ayant su par la même voie de notre honnête espion que le marquis de la Fuente espéroit, par le moyen du crédit de Peñaranda, faire demander en Angleterre M. de Molina sous prétexte des affaires de cette cour, et, par ce moyen, faire envoyer son fils en France, j'en ai fait une confidence au comte de Molina, et puis je lui ai dit que je le plaignois depuis la mort du marquis d'Aytona, le marquis de Castel-Rodrigo n'étant pas assez fort, et surtout par le grand éloignement qu'il y avoit de lui et de Don Pedro Fernandez del Campo. Celui-ci me dit que Don

1. Affaires étrangères, vol. *Espagne* 58, fol. 188.

Pedro Fernandez del Campo étoit assez de ses amis, et qu'il croyoit qu'il ne seroit pas fâché de se raccommoder ; mais que Castel-Rodrigo étoit dans une grande fierté. Après avoir bien échauffé celui-ci à parler de Don Pedro, je dis à Salcède, qui m'avoit souvent parlé de la brouillerie de M. de Castel-Rodrigo avec Don Pedro, qu'il avoit raison d'en être fâché, parce que leur union lui auroit donné lieu de faire beaucoup d'affaires en Flandres, et, dans la chaleur du discours, je lui dis que je connoissois bien que le marquis seroit un grand personnage, s'il étoit le maître, mais que je ne lui trouvois pas les qualités nécessaires pour le devenir. Celui-ci m'ayant dit qu'il lui diroit, j'ajoutai que c'étoit par une grandeur d'âme qui l'éloignoit de la souplesse que je voulois qui se trouvât dans l'esprit de ceux qui avoient l'ambition de s'élever au-dessus des autres. Peu de jours après, le comte de Molina me dit qu'il avoit parlé à Don Pedro Fernandez del Campo, qu'il trouvoit très raisonnable, mais que la chaleur du marquis le faisoit désespérer. Salcède me vint dire, il y a cinq ou six jours, que le marquis étoit seul à la Floride, où il demeure, à la porte de Madrid, et que j'y devrois aller, et me dit que je devrois lui parler sur le chapitre de Don Pedro Fernandez del Campo, et qu'il ne connoissoit que moi qui pût le ramener. L'ayant trouvé seul, après beaucoup d'autres choses, je lui dis que je croyois avoir découvert que Don Pedro n'avoit pas fait, comme l'on le croyoit, l'affaire du duc del Infantado, et que son dessein avoit été de servir S. Exc. Il me dit, avec quelque chaleur, qu'il y étoit assez obligé, et me conta tout ce qu'il avoit fait pour lui dans les derniers temps de Don Blasco de Loyola et pour le mettre dans le poste; et puis m'exagéra les maux qu'il lui pouvoit faire, et, entre autres, de faire courre des contes de lui et de la reine, qui la nécessiteroient à ne plus dépêcher seule avec lui, et qu'alors elle appelleroit un de ceux de la Junte. Je lui dis que c'étoit le grand chemin de désespérer celui-ci et de faire que Peñaranda se fît nommer pour être celui de la Junte, ou que du moins il y mettroit le marquis de la Fuente, et je le laissai juge du reste. Enfin, après beaucoup de choses qui alloient à lui montrer les raisons qu'il y avoit de s'accommoder, je lui dis qu'il ne me devoit pas soupçonner de ne point parler de bonne foi dans les conseils que je lui donnois, puisque je lui voulois dire que ce qui me faisoit tant opiniâtrer étoit que, s'il vouloit bien s'accommoder avec Don Pedro, je l'en croyois beaucoup plus en état de servir V. A. S. Il prit un air de plaisanterie et me dit que je savois bien que je lui avois fait faire à Bruxelles tout ce que j'avois voulu sur le chapitre de M. de Marcin, et que je n'avois pas moins de pouvoir sur lui à Madrid. Je fus avertir de ceci le comte de Molina, pour parler à Don Pedro Fernandez del Campo, et, deux jours après, Salcède me vint dire avec un grand empressement que j'avois fait des merveilles et que ces Messieurs s'étoient revus....

Je ne saurois m'empêcher de dire à V. A. que tout le monde parle ici des prophéties qui prédisent la mort de ce pauvre jeune roi, que l'on dit être marquée depuis le 6 du mois prochain jusques au 20. Je regarde cela comme une grande folie, et je trouve qu'il y a plus à craindre de la foiblesse de sa constitution. Mais, de quelque sorte que ce malheur arrivât, je ne vois point de parti ici pour l'Empereur, ni qu'il s'y en puisse faire. Don Juan a quelques amis dans les personnes médiocres; mais il a aussi presque tous les grands contre lui, et j'oserois dire que, en ce cas, S. M. pourroit ici peut-être beaucoup plus qu'elle ne s'imagine. Mais, encore qu'il ne m'appartienne pas de pénétrer dans ses desseins, je ne laisserai point, avant que de m'en retourner, de tâcher de découvrir les secrets sentiments du plus de gens qu'il me sera possible, et j'oserois dire que j'aurai des facilités d'y voir aussi clair qu'aucun autre qu'y pourroit employer M. l'ambassadeur, qui est empêché de bien des choses, qu'il feroit mieux que personne, si l'éclat de son caractère ne lui en ôtoit les moyens [1]....

M. de Bonsy à M. de Lionne.

A Madrid, le 30 avril 1670.

Ayant voulu essayer l'espion qui s'étoit en quelque façon offert, et n'ayant pas cru me devoir commettre, ni au payement, que je ne reconnusse la qualité de la marchandise et que je ne susse la volonté de V. M. pour entretenir ce commerce, je l'ai

1. Chantilly, registre de la correspondance de Gourville en Espagne.

fait commencer par M. de Gourville, par qui il m'étoit venu, et, pour ne pas paroître encore, je lui ai donné de quoi payer l'espion un mois sur mon compte, comme si c'étoit sur le sien, parce que, lorsqu'il partira, si V. M. juge de son service d'employer cent pistoles d'or par mois à cet espion, j'établirai avec les précautions requises cette secrète correspondance, et, s'il ne donnoit rien qui vaille, ou que V. M. ne me donnât pas les moyens de continuer cette pension, le départ de M. de Gourville rompra tout, et je n'aurai pas paru....

L'espion sait assez en général ce qui se passe, mais proprement l'esprit du marquis de la Fuente, et tout ce qui lui passe par les mains lui est connu, par la confiance qu'il a en cette personne et par l'esprit qu'elle a de le faire parler au retour du Conseil. M. de Gourville, en payant le premier mois de mon argent, a demandé en quel esprit étoit le marquis de la Fuente pour l'affaire de Monsieur le Prince, quelle instruction auroit le comte de Molina, et en quel esprit on étoit pour la France. La première conversation, après ces demandes, et le premier essai de la fidélité de l'espion ont été que le marquis de la Fuente a dit qu'il valoit mieux donner à l'Empereur l'argent qu'on pourroit donner à Monsieur le Prince....

Voilà, Sire, les premiers fruits de mon argent, d'où V. M. pourra tirer les conséquences que j'en puis espérer de plus importants dans les occasions, puisque cet espion ne ménage pas même le ministre de qui il soit (*sic*). Cette personne dit.... qu'elle ne peut savoir les choses qu'en faisant parler le marquis de la Fuente principalement, mais que rien ne lui échappera de ce qu'on lui dira de savoir au vrai. M. de Gourville lui a trouvé un esprit et une adresse admirable pour bien cacher sa curiosité, et le marquis de la Fuente s'y confie si fort, qu'il lui communique très souvent les consultes qu'il fait.... Il n'y a aucune matière qui ne passe par le conseil d'État, et dont le marquis de la Fuente ne soit informé : d'où je juge le commerce de cet espion très utile au service de V. M. et assez aisé à conserver avec secret....

Je priai, ces jours passés, M. de Gourville de mettre un peu le marquis de Castel-Rodrigo en train de parler, ce qui n'est pas difficile, sur les ouvertures qu'il m'avoit faites de former une cabale aussi forte que celle de M. de Peñaranda…. Le marquis de Castel-Rodrigo lui dit que ses amis le persécutoient de pardonner à Don Pedro Fernandez et de se raccommoder avec lui,…. mais que l'honneur alloit avant l'intérêt; qu'il vouloit se venger de Don Pedro et le perdre en semant parmi le peuple, et le disant même à la reine d'Espagne, que, si elle n'avoit pas voulu un majordome qui ne fût pas vieux, il ne falloit pas aussi qu'elle eût un secrétaire *del despacho universal* si jeune, avec lequel elle est seule enfermée trois heures par jour; que sa réputation en souffroit, et que, après cela, il vouloit proposer qu'un de ceux de la *Junta* seroit présent quand la reine d'Espagne expédieroit avec Don Pedro; et que, par là, cet ingrat seroit perdu. M. de Gourville…. lui fit voir que ce témoin de la *Junta* seroit ou M. de Peñaranda ou un ami dudit Peñaranda; que Don Pedro, à la vérité, seroit moins autorisé, et lui vengé, mais que ce seroit à ses propres dépens, puisque M. de Peñaranda seroit encore plus le maître, au lieu que, se raccommodant avec Don Pedro, il balanceroit l'autorité de son ennemi…. Le marquis de Castel-Rodrigo se laissa ramener par ces bonnes raisons[1]….

M. de Bonsy à M. de Lionne.

A Madrid, le 22 mai 1670.

J'appris hier au soir, par l'espion, que l'ambassadeur de l'Empereur avoit demandé permission à la reine d'Espagne d'envoyer un courrier à Vienne pour donner part de la maladie du roi catholique; qu'elle la lui avoit refusée, disant que le mal n'étoit pas de conséquence,…. mais que, ayant insisté,…. elle lui avoit permis de dépêcher hier. Je résolus, sur cet avis,…. de prier M. de Gourville de faire partir ce soir M. de Ville-Évrard, afin que le Roi ne tardât pas à être informé sans éclat de l'état véritable où se trouve le roi d'Espagne….

L'espion ayant questionné le marquis de la Fuente sur ce qui arriveroit si le roi d'Espagne mouroit, celui-ci a répondu que Don Juan seroit à craindre plus que tout, étant sur les lieux, et qu'il y auroit des biens pour les François pour réussir à tout

---

1. Affaires étrangères, vol. *Espagne* 58, fol. 224.

ce qu'ils voudroient, mais qu'il ne croyoit pas qu'ils s'en avisassent. J'ai chargé l'ami de le faire expliquer davantage au premier rencontre....

M. de Gourville, qui entre dans ce moment, embarrasse bien davantage mon esprit. Il me demande si, en cas que le roi d'Espagne empire, je désire qu'il me mette en main des plus grands seigneurs d'Espagne pour traiter avec moi en faveur de la Reine[1] et de Messeigneurs ses enfants, ou si je veux qu'il traite comme de soi. J'avoue que j'ai bon besoin que Dieu m'inspire bien en un rencontre où je considère, d'un côté, les ordres du Roi, et, de l'autre, le peu de figure que fera l'Empereur de son chef, et le risque de tout perdre en rejetant les offres et les pensées de ces principaux seigneurs que M. de Gourville a tournés de tant de côtés, depuis qu'il entendit parler de la prophétie du 19 de ce mois, qu'il a si bien connu le fond de leur âme; que nous jugeons que, si la Reine paroissoit à la frontière, avec M. le duc d'Anjou[2], pour venir ici avec très peu de François, et que Monsieur le Prince fût à Perpignan en même temps, avec une armée, vous verriez toute l'Espagne se donner à elle, tandis que les Pays-Bas feroient le même pas pour le Roi. Je ne sais ce que Dieu m'inspirera; mais, assurément, je ne ferai rien contre les ordres du Roi, autant que l'état des affaires de l'Empereur et de la reine d'Espagne le permettra, ni le moindre pas que le roi d'Espagne ne soit mort[3]....

Gourville à M. de Lionne.

A Madrid, ce 22 mai 1670.

La fièvre tierce qu'a le roi catholique n'alarmeroit guère dans une personne ordinaire, n'y ayant encore paru aucun accident fâcheux; mais la délicatesse de sa constitution et la prophétie sur laquelle Don Juan compte, il y a longtemps, pour le 19 de ce mois, ainsi que je me donnai l'honneur de vous écrire au commencement de cette année, fait que tout le monde regarde cette maladie avec plus d'attention.

1. Marie-Thérèse d'Autriche, femme de Louis XIV.
2. En marge, de la main de Lionne : « Non. »
3. Affaires étrangères, vol. *Espagne* 58, fol. 290-296; ci-dessus, p. 16-17.

La mort de ce jeune prince semble entraîner après elle de si grands événements, que l'on ne le sauroit voir malade sans promener son imagination. Il y a longtemps que ma curiosité, par des voies indirectes, m'a fait tâcher de pénétrer les pensées de plusieurs des plus considérables personnes de Madrid sur les choses qui pourroient arriver, et, comme la mort de ce prince est appréhendée depuis longtemps, j'ai cherché ce que j'ai pu là-dessus, par l'extrême désir que j'aurois de me trouver capable de pouvoir rendre quelque petit service à S. M., et que je me suis toujours proposé de lui faire parfaitement connoître cette cour à mon retour, surtout pouvant être aidé et redressé par les grandes lumières et la pénétration de M. l'ambassadeur. Et voici ce qui me semble de la situation des esprits.

Tous ceux qui ont paru des amis de Don Juan pour chasser le confesseur, et qui depuis ont tâché de s'en servir pour faire peur à la reine, ne sont pas ceux qui le souhaiteroient le plus sur le trône. Il y a ses ennemis parmi les autres grands et les plus considérables familles d'Espagne, et, si quelque chose a fait jeter les yeux sur lui, c'est, si je l'ose dire, le peu de cas que l'on fait ici de l'Empereur, surtout depuis les brouilleries du P. Nithard, outre que la conduite de son ambassadeur lui a attiré ici bien des gens contre lui. Le peuple, qui a vu Don Juan secondé par une partie des ministres, croyant de bonne foi que cela se faisoit pour son mérite, l'a fait regarder (*sic*) comme un remède à leurs maux, et juger digne de la couronne, si le roi venoit à mourir. La vérité est que l'aversion que ces gens ici auroient d'être gouvernés par un roi de France, ne leur ayant donné lieu de balancer l'affaire qu'entre l'Empereur et Don Juan, a fait paroitre tout du côté de celui-ci. Mais j'oserois dire que je sais que, quand on leur a ouvert les yeux sur les inconvénients qui arriveroient du couronnement de Don Juan, demeurant d'accord avec eux des difficultés de joindre les deux royaumes, et convenant d'un autre côté que l'Empereur ne leur étoit pas propre, ils ont extrêmement goûté comme un bon remède de songer à Mgr le duc d'Anjou, qu'ils pourroient élever à leur mode, et, par là, se procurer une paix de longue durée. Cela a réveillé un bruit de l'amitié que l'on avoit pour la Reine, qui sembloit s'être augmentée depuis que, entre eux, ils se sont laissé entendre les uns et les autres là-dessus. Le bruit de la prophétie et la foible constitution du prince ayant donné lieu d'en parler plus haut que l'on auroit pu ni osé faire auparavant, j'oserois avancer, à cette heure, qu'il y a beaucoup de gens de la première considération qui préféreroient Mgr le duc d'Anjou à tout autre.

Après cela, je suis bien aise de vous dire que, outre que je suis regardé comme une personne privée, le peu que j'ai fait a été conduit de sorte que je n'en crains aucun inconvénient, quelque dessein que puisse avoir S. M., dans lesquels je sais bien qu'il ne m'appartient pas de pénétrer, si ce n'est par les mêmes esprits prophétiques que souvent les goujats des armées ont deviné les desseins les plus cachés des généraux. Mais, sans entrer plus avant dans les commerces que vous pouvez avoir en Allemagne, il pourra fort bien arriver, si, par malheur, ce pauvre prince venoit à mourir, que le peu d'envie en général qui paroît d'attendre l'Empereur pourra bien établir Don Juan, qui sera ici en deux jours, si l'on ne met sur le tapis quelque autre chose qui oblige les grands de balancer le premier mouvement des peuples, qui, selon les apparences, sera porté pour Don Juan, et il est à craindre que les grands même, qui ne sont ni vigilants ni hasardeux, ne se laissent aller contre leur gré, outre que Don Juan les peut gagner par des promesses.

Encore que je sois persuadé que les demi-partis ne valent guère dans ces extrémités, le seul qui me vient en écrivant, dans la nécessité d'en trouver un en attendant les ordres de S. M., seroit que, voyant venir le torrent de Don Juan, l'on proposât à ceux qui n'en veulent point de se joindre à la reine pour empêcher le coup, et la faire aussi convenir, pour arrêter la fougue de ceux qui ne veulent point de l'Empereur, de se contenter d'empêcher Don Juan d'entrer à Madrid, en disant qu'il est de la prudence des Espagnols de ne pas précipiter en ce rencontre, et que Don Juan sur le trône leur attire l'Empereur et S. M. pour ennemis, en état de se venger ensemble de l'injustice qui leur seroit faite, et que, pour être assurés d'une paix, ils peuvent espérer un ajustement entre eux, ou du moins que l'Espagne seroit en état de se choisir un maître. Ceci est écrit un peu à la hâte, et, pour mon honneur, je vous prie de croire que ce que je pense vaut mieux que ce que j'écris, et, sur le tout, soyez en repos que mes pensées ne peuvent nuire, puisqu'elles sont toutes rectifiées par M. l'ambassadeur, qui, par conséquent, saura tout ce qui viendra à ma connoissance, et n'y entrera qu'autant qu'il le jugera du service et des intentions de S. M. Le roi catholique se porte beaucoup mieux, comme l'on dit que ce quatrième accès a peu duré. J'aurai le plaisir de vous porter moi-même tous mes raisonnements, si vous faites tant que de les vouloir entendre, parce qu'il me semble que, comme dans la comédie des *Fâcheux*, tout le monde doit être retenu dans les entêtements que chacun peut avoir, et surtout dans ses narrations[1].

M. de Bonsy à M. de Lionne.

A Madrid, 4 juin 1670.

.... Comme S. M. a bien voulu ordonner que l'on me rendît les cent pistoles que j'avois fait bailler par M. de Gourville à l'espion, je prendrai sur moi le surplus et le contenterai jusqu'à ce qu'il vous dise son nom. Si la denrée n'a pas encore paru mériter la dépense, c'est peut-être plutôt faute de matière que de volonté et d'occasion de bien servir. S. M. en jugera et en ordonnera après l'arrivée de M. de Gourville, par qui je tâcherai de faire modérer le prix de la denrée, et sans paroître en rien : ce que j'ai évité jusqu'à présent. M. de Gourville conservera ce commerce jusqu'à ce qu'il vous ait dit le nom du personnage, et que je suis de serment de ne pas fier au papier, et que S. M. croira peut-être de quelque importance. Cependant je ne prétends pas que ce qui m'en coûte et coûtera au delà des cent pistoles soit sur le compte de S. M., s'il ne trouve pas de son service de conserver cette pratique. Je vous supplie de les faire toujours payer, car de petites choses soutiennent. Si je pouvois tenir ce personnage en suspens, je le ferois; mais M. de Gourville dit qu'il ne se peut[2]....

1. Affaires étrangères, vol. *Espagne* 58, fol. 297; Chantilly, registre de la correspondance de Gourville en Espagne.
2. Affaires étrangères, vol. *Espagne* 59.

Louis XIV à M. de Bonsy.

8 juillet 1670.

[Après avoir expliqué les motifs qui l'engagent à ne pas entrer dans les vues de Gourville au sujet de la succession de Charles II, le Roi ajoute :]

.... Je vous dirai, et ceci vous le réserverez pour vous seul et ne le communiquerez à personne, pas même à Gourville, qu'il y a une fort bonne et même très étroite intelligence entre moi et l'Empereur, et que j'ai grand intérêt de la conserver pour l'empêcher d'entrer dans la triple alliance [1]....

Le même au même.

8 juillet 1670, au soir.

.... J'aime mieux, comme de raison, mes avantages que ceux de l'Empereur, et si vous voyez un parti assez bien fondé pour pouvoir espérer de réunir en la personne de mon second fils, sous la direction de la Reine, la monarchie d'Espagne, vous ne devez pas perdre les occasions de pousser ce projet, bien entendu pourtant que vous ne direz pas d'en avoir eu de moi un pouvoir formel, parce que j'ai quelque engagement de parole avec l'Empereur [2]....

Gourville à Monsieur le Prince.

12 juillet 1670.

.... Je me suis allé poster entre la Cavachuela et la porte de la Junte, pour ne pas manquer Don Pedro Fernandez del Campo. Mettant pied à terre pour monter à la Junte, et me voyant venir, il a tâché de m'esquiver par le moyen des autres gens qui lui vouloient parler. De quoi m'étant aperçu, je me suis avancé sur un petit degré où il falloit nécessairement qu'il

1. Affaires étrangères, vol. *Espagne* 59, fol. 14.
2. *Ibidem*, fol. 17.

passât, et l'arrêtai en lui disant que j'avois reçu des ordres précis de V. A. de m'en retourner, et que je le suppliois de donner ce mémorial à la reine. Il n'a pas manqué de me dire qu'il falloit m'adresser au marquis de la Fuente. Je lui ai répondu qu'il y avoit trois mois qu'il me disoit la même chose, et que je m'apercevois qu'il ne suffisoit pas de parler aux autres, puisque la reine ne s'arrêtoit guère à leurs sentiments, et que, s'il ne vouloit pas se charger de mon mémorial, en lui présentant le mémoire de mes hardes [1], je lui dis : « Du moins, « Monsieur, est-ce à vous à qui il faut s'adresser pour avoir un « passeport pour me retirer ? » Alors, fort étonné, il prit le mémorial et le mémoire de mes hardes, et, ayant pris le branle pour s'en aller, se tourna et me dit, avec quelque émotion, que le passeport seroit bientôt prêt. Je lui répondis que je n'avois pas moins attendu que cela de sa courtoisie, et nous nous retirâmes chacun de notre côté, comme gens peu contents l'un de l'autre....

Je me suis trouvé, au sortir de la Junte, chez M. de Peñaranda.... Il m'a appelé, à son ordinaire, le premier, mais avec un air beaucoup plus grave.... *(Il lui parle de ce qui s'est passé entre lui et Don Fernandez del Campo.)* .... Il a repris son air ordinaire avec moi en me disant que j'étois *el mayor vellaco* [2] qu'il y eût dans le reste du monde, et que tout cela n'étoit qu'un jeu joué par moi pour parvenir à ma fin [3]....

Mémorial présenté à la reine, le 11 juillet 1670.

Madame,

Après tant de témoignages d'amitié et de bienveillance que le feu roi a donnés à Mgr le prince de Condé, et celles (*sic*) dont V. M. l'a honoré depuis, S. A. avoit espéré que, en peu de temps, j'aurois réglé les affaires qui lui restent en cette cour, et je puis dire que les longueurs qui s'y sont trouvées lui auroient fait soupçonner les bonnes volontés de V. M., si je n'avois pas pris

---

1. Ci-après, p. 262.
2. Le plus grand coquin, au sens badin.
3. Chantilly, registre de la correspondance de Gourville en Espagne.

soin de lui faire connoître qu'elles ne venoient pas tant d'elle, ni de son Conseil, que de quelques particuliers poussés par leur mauvaise volonté. Enfin, Madame, les comptes qui pouvoient être réglés en huit jours l'ont été en quatre mois et demi, en sorte qu'il n'a plus été question, depuis plus de trois, que de supplier V. M. de déclarer ses intentions sur l'argent comptant qu'elle voudroit donner de celui des galions, sur lequel on me remit après l'arrivée de la flotte.

M. le marquis de la Fuente, par les ordres de V. M., en deux séances, avec des assurances de la continuation des bontés de V. M. et cette exagération qu'elle n'avoit pas moins de bonne volonté et d'estime pour Monseigneur le Prince qu'en avoit eu le feu roi, m'a exhorté à diminuer mes demandes sur l'argent comptant, disant que V. M. souhaiteroit de faire la chose avec l'entière satisfaction de S. A. : ce qui m'obligea de me réduire de 400,000 écus à 200,000, qui étoit le plus que je pouvois suivant mes instructions. La voix publique m'a appris ensuite que V. M. n'en vouloit donner que 100,000, mais qu'elle désiroit, pour le surplus, faire tout ce qu'elle pourroit pour la satisfaction de Monseigneur le Prince suivant les propositions que j'avois pris la liberté de lui en faire. Je l'ai ainsi écrit à S. A., en m'efforçant de lui faire voir que la médiocrité de la somme ne venoit pas tant du peu de bonne volonté de V. M. que de ce que les galions n'étoient pas venus aussi riches que l'on l'avoit dû espérer, et que je chercherois quelque autre moyen qui ne fût point, s'il se pouvoit, à charge aux finances de V. M., et qui pourroit servir à faire voir à tout le monde l'extrême considération que V. M. auroit eue pour S. A. J'étois si persuadé, Madame, de la bonne volonté de V. M. et de l'effet du bruit qui s'étoit répandu, que je donnai toute mon application pour faire que Monseigneur le Prince fût content de ce que V. M. vouloit lui donner, et à tâcher de faire en sorte que mes ennemis ne me rendissent pas de mauvais offices sur la conduite que j'ai tenue ici, que j'empêchai d'agir M. l'ambassadeur de France, quoiqu'il eût des ordres très précis, et c'est en effet avoir hasardé quelque chose par la grande envie que j'avois d'ajuster cette affaire avec une satisfaction commune de V. M. et de Monseigneur le Prince. Mais, Madame, les longueurs qui ont suivi depuis que l'on a dit les choses faites, me font craindre avec raison que V. M. n'ait été prévenue et, si je l'ose dire, surprise par des vues de quelque intérêt particulier qui se couvre de l'apparence du bien public et du service de V. M. Mais, comme il ne m'appartient pas de pénétrer dans les secrets de la sage conduite de V. M., croyant n'avoir rien à me reprocher sur la fidélité et le zèle que je dois à Monseigneur le Prince, ni sur l'envie que j'avois de reconnoître en toutes occasions, sans sortir de mon devoir, les témoignages de bonté que j'ai reçus de cette nation, je demande la liberté à V. M. d'aller à ses pieds lui témoigner la douleur que j'ai d'avoir si mal réussi dans l'ajustement de cette affaire, qui ne peut être interprétée par tout le monde que comme un effet de la volonté déterminée de V. M. de ne vouloir plus faire aucune justice à Monseigneur le Prince, ou à un défaut de la capacité du négociateur, personne ne pouvant croire que l'on puisse alléguer l'impuissance de cette monarchie en une si petite affaire, dans un temps de paix de quelques années et après l'arrivée de la flotte et des galions, S. A. étant assignée dessus plus tôt que pas un de ceux que l'on peut alléguer à V. M. Je suis forcé de lui dire que Monseigneur le Prince me commande de m'en retourner, puisque l'arrivée des galions a donné lieu à V. M. de se déterminer, et qu'un plus long séjour ici ne sauroit compenser ce qu'il risque de perdre par mon absence de Paris. Ce sont les propres mots qu'il me fait l'honneur de m'écrire, dont je ne me serois pas vanté, sans la crainte que j'ai que le flegme d'Espagne ne traite la résolution que je suis forcé de prendre d'une brusquerie françoise[1].

Gourville à Monsieur le Prince.

14 juillet 1670.

Notre émétique a tellement remué les humeurs, que tout est à craindre, et presque rien à espérer. Ce que je puis dire à V. A., pour sa consolation et pour la mienne, est qu'ils n'avoient

1. Chantilly, registre de la correspondance de Gourville en Espagne. — L'original, en espagnol, est aux Archives nationales, K 1398.

nulle envie de donner de l'argent, et que, par le tour qu'ils alloient prendre, je n'en aurois pu voir la fin....

M. le marquis de la Fuente, contant ce qui s'étoit passé au Conseil, a dit qu'on y avoit fort pesté contre moi, disant qu'il sembloit que j'étois venu ici pour la réformation de leur gouvernement, et que l'on n'avoit point accoutumé de parler à leur roi et à leur reine un tel langage comme celui qui étoit dans mon mémorial, et que j'avois encore moins de retenue dans mes discours; que je ne les menaçois pas moins que de leur prendre un poste dans la Franche-Comté ou en Flandres. Peñaranda, qui avoit dit une partie de tout ceci, ajouta que M. l'ambassadeur les menaçoit aussi par ses mémoriaux; et pourquoi venoit-on ici leur faire des menaces, puisqu'il étoit si aisé de leur prendre ce que l'on voudroit? et acheva en disant : « Qu'ils prennent ce qu'ils voudront, et qu'ils nous laissent en « repos.... »

Salcède, à ma prière, alla dire à Don Pedro Fernandez del Campo que les amis de Peñaranda publioient que c'étoit lui, Don Pedro, qui avoit rompu l'affaire de V. A., pour le charger de tous les événements. Celui-ci se récria que c'étoit plutôt ce *cornudo* de marquis de la Fuente qui faisoit courre ce bruit-là, et, s'excusant, dit qu'il n'étoit point le trésorier, et que c'étoient eux qui étoient cause que cela ne s'achevoit pas [1]....

M. de Bonsy à M. de Lionne.

29 septembre 1670.

Ayant fait dire à l'espion que le Roi n'avoit pas jugé à propos d'entrer dans ses propositions, mais que, pour pouvoir être ponctuellement averti, je me chargerois, en mon particulier, de lui donner ce que M. de Gourville lui donnoit, il répondit que, n'ayant plus entendu parler de rien, il avoit perdu le fil des choses, mais qu'il le reprendroit bientôt, et que je n'aurois pas regret à mon argent; que je pouvois juger qu'il en avoit besoin puisqu'il trahissoit son roi, sa patrie et le ministère, comme le ministre son confident, mais que la nécessité où se trouvoit

1. Chantilly, registre de la correspondance de Gourville en Espagne.

un de ses parents l'obligeoit à prendre ce seul chemin qu'il avoit pour l'assister, et que l'on revint avec de l'argent, et que l'on parleroit. Il envoya appeler hier le correspondant, par lequel lui ayant envoyé cent pistoles dans une jolie bourse, l'espion la prit pour soi et bailla tout l'argent à son parent, qui m'écrivit le billet ci-joint. M. de Gourville vous en pourra dire le nom. Le correspondant m'a dit qu'ils partageront, mais que l'espion a voulu que je crusse qu'il ne retenoit rien pour soi. *(Suivent des nouvelles données par l'espion.)*

Le billet est ainsi conçu :
« Con la confiansa que tengo de Doña Margarita, escribo a X^a estos renglones para asegurarle que deseo servir y desdoy empesare, como X^a lo esperimentara, y hare con mi parienta que haga lo mismo y creo que a de conoser X^a que soy muger de bien y de verdad. Guarde Dios X^a muchos años.
Serbidora de X^a[1]. »

Éclaircissements sur les droits de Monsieur le Duc à la succession de Bonne Sforza, reine de Pologne.

La reine Bonne Sforza, femme de Sigismond Ier, donna au roi Philippe II la somme de 330,000 écus pour la rente de 33,000 écus que le roi s'obligea à lui payer tous les ans. Cela se passa par un contrat qui fut fait le 15 juin 1556.

La même année, au 10 de septembre, elle prêta encore au même roi 100,000 écus, qui s'obligea de lui payer encore 10,000 écus de rente, de sorte que, pour la somme de 430,000 écus, elle s'acquit 43,000 écus de rente, à raison du denier 10. Voici comme ce bien est venu au roi Jean-Casimir :

Reine Bonne, mère de Sigismond-Auguste,
qui mourut sans enfants.
Son bien vint à ses trois sœurs, savoir :

Anne, femme d'Étienne Bathory, roi de Pologne, mourut sans enfants.	Catherine, femme de Jean, roi de Suède, mère de Sigismond III, roi de Pologne.	Isabelle, femme d'un prince de Brunswick, morte sans enfants.

1. Affaires étrangères, vol. *Espagne* 59, fol. 300.

Catherine et Isabelle firent cession de leurs droits sur ce bien à Anne, leur aînée, devant qu'elle fût reine de Pologne, et ensuite Anne redonna ce bien-là à Sigismond III, son neveu, l'an 1596.

Lequel eut deux femmes.

Il épousa en premières noces Anne d'Autriche, et eut un enfant, et en secondes Constance d'Autriche, et en eut quatre.

Enfant du premier lit.
Wladislas, mort sans enfants.

Enfants du second.

1	2	3	4
Jean-Casimir, qui est roi de Pologne d'aujourd'hui, qui s'est abdiqué de son royaume et qui a fait cession de ses droits sur ces biens de Naples à Monsieur le Duc.	Albert,	Charles,	Anne-Catherine, mariée au duc de Neubourg, morte sans enfants.
	tous deux morts sans enfants.		

Sigismond, en mourant, partagea ses biens et donna la moitié à Wladislas, son fils du premier lit, et l'autre moitié aux trois enfants mâles du second, c'est à savoir : Jean-Casimir, Albert et Charles, à la charge de l'usufruit pour leur mère. Ces trois princes cédèrent leurs droits à Anne-Catherine, leur sœur, duchesse de Neubourg, laquelle l'a redonné en mourant au duc de Neubourg, son mari.

Wladislas a cédé son droit en mourant à Jean-Casimir, lequel, par conséquent, et par là, et par droit naturel, est propriétaire de cette moitié. Il y a eu une grande difficulté sur l'autre moitié, le roi Jean-Casimir prétendant que, la cession faite à la duchesse de Neubourg étant une dot, et elle morte sans enfants, son droit doit lui revenir aussi bien que celui d'Albert et de Charles, morts aussi sans enfants, par droit successif, et qu'elle n'en a pas pu disposer.

Le duc de Neubourg prétend, au contraire, que cette cession étoit un don fait à la personne de lui, et que, quand il auroit été fait à elle, elle en pouvoit disposer.

Il étoit aisé de le savoir en voyant les pièces et faisant juger la question de droit; mais le roi de Pologne, en passant à Neubourg, a fait une transaction avec le duc, où il (le roi de Pologne) cède cette moitié en conteste à condition qu'il jouira, sa vie durant, du tiers de cette moitié : lequel tiers de la moitié, joint à l'autre moitié, fait les deux tiers dont le roi doit jouir, et n'a en propre que la moitié. Cependant, comme on n'a pas vu cette transaction, on pourra obliger le duc de Neubourg à en donner communication, et peut-être que l'on pourra la faire casser [1].

Mémoire des hardes et autres objets pour lesquels le sieur de Gourville, envoyé extraordinaire du sérénissime prince de Condé, a besoin d'un passeport.

Juillet 1670.

Premièrement, vaisselle d'argent :
54 assiettes ;
6 grandes assiettes ;
10 plats ;
3 grands plats ;
1 soupière ;
1 grande salière et quatre petites ;
2 plateaux pour enlever les assiettes (en françois, on les appelle porte-assiettes) ;
4 carafes ;
6 grands chandeliers ;
4 petits ;
1 paire de mouchettes avec leur garniture ;
18 cuillers ;
18 fourchettes ;
1 vinaigrier ;
1 sucrier ;
2 aiguières ;
1 plat pour la barbe, avec son pot à eau.
Toutes lesquelles choses portent les armes dudit sieur de Gourville.
4 carafes d'argent pour la route ;
1 corbeille plus légère ;

1. Chantilly, registre de la correspondance de Gourville en Espagne, fol. 46 v°.

30 ballots d'ambre;

90 paires de gants d'ambre;

18 ballots d'odeur de Portugal;

2 flacons de poudre de Portugal;

2 autres flacons de poudre que M. l'ambassadeur envoie à Sa Majesté très chrétienne;

Plus, 2 douzaines de paires de gants d'ambre qu'il envoie à la reine très chrétienne;

Plus, 18 ballots d'odeur de Portugal que M. l'ambassadeur envoie au roi très chrétien;

18 arrobes de chocolat[1];

6 cocos ou « gicaras » garnis de filigrane;

Plus, les vêtements du sieur de Gourville, le linge de sa table et de sa personne, et ceux de ses domestiques;

1 boîte de fard;

1 autre boîte de médicaments;

Quelques livres en espagnol.

Toutes lesquelles choses seront renfermées dans huit ou neuf coffres.

Plus, quelques valises dans lesquelles il y aura des vêtements et d'autres menus objets pour le voyage.

Un lit complet, avec ses matelas, couvertures et rideaux[2].

1. L'arrobe pèse 25 livres.
2. Arch. nat., K 1398, 12 juillet 1670.

APPENDICE X.

LA BATAILLE DE SENEFFE[1].

Gourville à M. de Louvois.

Au camp de Piéton, ce 13 août 1674.

Monseigneur,

J'espère partir mercredi matin et être samedi à Versailles et vous porter la relation du combat de Seneffe et la liste des blessés; mais, comme votre courrier, qui va partir dans le moment, fera assurément beaucoup plus de diligence que moi, j'ai cru vous devoir écrire qu'il y a trois mille prisonniers, sans compter près de deux cents officiers. Monseigneur le Prince envoie avec moi, dans un de ses carrosses, M. le duc d'Holstein, M. le comte de Solms et deux autres des plus considérables[2], que je laisserai à Reims jusques à ce que S. M. en ait ordonné[3]. Ils donnent leur parole par écrit que, quand même ils seroient pris par ceux de leur parti dans la route, ils ne laisseront pas de se rendre incessamment à Reims. Il fait conduire les autres officiers avec escorte. S. A. a permis à M. le comte de Nassau d'aller à Mons, pour se faire traiter d'un coup de mousquet qu'il a dans la cheville du pied, sur l'assurance qu'il donne par écrit de se rendre, aussitôt après sa guérison, au lieu qui lui sera marqué par S. M., et permet à M. le prince de Salm d'aller à Aix-la-Chapelle en donnant pareille assurance. M. le marquis d'Assentar, qui avoit été amené dans ce camp par des dragons sans s'être nommé, y mourut hier au matin, et son page, étant venu ici pour en apprendre des nouvelles avec un trompette, l'a

---

1. Ci-dessus, p. 80-81.
2. Dont le comte de Mérode.
3. Le 15 août, Louvois lui écrivit de les amener à Paris (Dépôt de la guerre, vol. 381, n° 162).

reconnu, et demandé le corps pour être mené à Mons. Monseigneur le Prince lui a fait donner un de ses chariots pour le mener.

Il y a plus de quatre mille chariots, carrosses et charrettes de pillées et en partie brûlées, et il y en a plus de cinq cents dans le camp. On a aussi brûlé quarante pontons et pris deux pièces de canon et deux mortiers. On compte l'armée des ennemis affoiblie, par cette journée, de neuf ou dix mille hommes. Voilà en substance ce que contiendra la relation, qui ne sera faite que demain, parce qu'on découvre à toute heure quelque chose de nouveau.

Gourville[1].

1. Dépôt de la guerre, vol. 400, n° 68.

APPENDICE XI.

DONATION DE SAINT-MAUR-DES-FOSSÉS[1].

Donation de l'usufruit de la baronnie de Saint-Maur-des-Fossés faite à Gourville par le prince de Condé.

[15 juillet 1680.]

Par-devant les notaires soussignés,.... furent présents très hauts, très excellents et très puissants princes Messeigneurs Louis, duc de Bourbon, prince de Condé, premier prince du sang, premier pair et grand maître de France, duc d'Enghien, Châteauroux et Montmorency, baron de Saint-Maurles-Fossés, et Henri-Jules de Bourbon, duc d'Enghien, prince du sang, pair et grand maître de France, gouverneur et lieutenant général pour le Roi en ses provinces de Bourgogne et Bresse, demeurant en leur hôtel à Paris, rue Neuve-Saint-Lambert, paroisse Saint-Sulpice, lesquels, désirant donner des marques de bonne volonté et de reconnoissance des services qui sont journellement rendus à LL. AA. SS. par Messire Jean Hérauld, seigneur de Gourville, ont, par ces présentes, fait donation, avec promesse de garantie, audit sieur de Gourville, demeurant en l'hôtel de LL. AA. SS., à ce présent et acceptant, de la jouissance, pendant la vie dudit sieur de Gourville, du château, parc et de tous les revenus de leur baronnie de Saint-Maur et ses dépendances, ensemble des meubles étant dans ledit château, desquels sera fait inventaire pour être rendus en l'état qu'ils seront après le décès dudit sieur de Gourville, pour jouir, par ledit sieur de Gourville, dès à présent, de ladite baronnie de Saint-Maur, de ses dépendances et de ses meubles, et commencer à recevoir le terme desdits revenus échus au jour de Saint-Jean-Baptiste 1678, auquel jour ont commencé les ouvrages ci-après mentionnés : à l'effet de quoi, pour en renouveler les baux et recevoir les revenus qui en écherront à l'ave-

---

1. Ci-dessus, p. 65.

nir, sa vie durant, comme dit est, LL. AA. SS. le subrogent en leurs droits, actions et privilèges. Cette donation faite pour les causes susdites, à la charge de, par ledit sieur de Gourville, payer les charges réelles et ordinaires de la baronnie et d'entretenir ledit château et ses dépendances ainsi qu'un usufruitier est tenu faire, et d'autant qu'il a été convenu verbalement entre LL. AA. SS. et ledit sieur de Gourville qu'il feroit faire de ses deniers des réparations, augmentations et embellissements dedans et dehors ledit château pour la somme de 240,000 livres, en considération de laquelle dépense LL. AA. SS. lui feroient payer par manière de pension l'intérêt au denier vingt desdites 240,000 livres, la vie durant dudit sieur de Gourville, et que, de ladite somme, il a déjà employé celle de 166,193 livres 13 sols 3 deniers auxdites réparations, augmentations et embellissements, savoir : 108,864 livres 2 deniers depuis le jour de Saint-Jean 1678 jusques au dernier décembre 1679, y compris 10,000 livres payées à Mme Barrillon pour la prétention d'un moulin qu'elle avoit au pont de Saint-Maur, et 59,329 livres 13 sols 1 denier depuis le 1er janvier jusques au dernier juin 1680, suivant deux états de recette et dépense faites par le sieur de Florensac, capitaine dudit château de Saint-Maur, que ledit sieur de Gourville a représentés à Leursdites AA. SS., qu'elles ont signés et approuvés, dont elles sont contentes : de manière qu'il ne reste plus à employer, pour consommer lesdites 240,000 livres, que 73,806 livres 6 sols 9 deniers, lesquels ledit sieur de Gourville fournira incessamment auxdites réparations, augmentations et embellissements. C'est pourquoi LL. AA. SS. ont promis solidairement audit sieur de Gourville de lui faire payer comptant par le sieur de la Nogerette, leur trésorier, la somme de 12,000 livres, pour l'intérêt, jusques au jour Saint-Jean-Baptiste dernier, desdites 166,393 livres 13 sols 3 deniers qu'il a avancés, et, du 1er du présent mois de juillet en avant, 12,000 livres de pension annuelle, la vie durant dudit sieur de Gourville, pour tenir lieu d'intérêts desdites 240,000 livres, et ce en deux payements égaux de 6,000 livres chacun esdits jour de Noël et Saint-Jean-Baptiste, le premier au jour de Noël prochain, le second au jour de Saint-Jean-Baptiste 1681, et ainsi continuer de six mois en six mois la vie durant dudit sieur de Gourville : le décès duquel étant arrivé, lesdites 12,000 livres de pension demeureront éteintes et amorties, et LL. AA. SS. seront entièrement quittes et déchargées desdites 240,000 livres. Et a été stipulé que, si LL. AA. SS. ou leurs ayants cause désiroient rentrer, du vivant dudit sieur de Gourville, en la jouissance de ladite terre, LL. AA. SS. ou leurs ayants cause le pourront faire nonobstant la présente donation, en remboursant préalablement ledit sieur de Gourville de ladite somme de 240,000 livres sur lesdits deux états et quittances qu'il rapportera des ouvriers. Bien entendu que, en ce cas, lesdites 12,000 livres de pension seront aussi éteintes.... Fait et passé en l'hôtel de LL. AA. SS., l'an mil six cent quatre-vingts, le quinzième jour de juillet, après midi. Et ont signé : LOUIS DE BOURBON; HENRI-JULES DE BOURBON; J. HÉRAULD DE GOURVILLE; NÉRA; LANGE[1].

1. Minutier du successeur du notaire Lange.

APPENDICE XII.

AMBASSADE EN ALLEMAGNE[1].

(1680-1681.)

Mémoire pour servir d'instruction au sieur de Gourville s'en allant pour le service du Roi à Hanovre.

[20 octobre 1680.]

L'estime particulière que le Roi a toujours eue pour M. l'évêque d'Osnabrück, duc d'Hanovre, ne laissant à S. M. aucun sujet de croire qu'il n'étoit pas aussi sensible aux assurances qu'elle lui en a fait donner depuis longtemps qu'elle a droit de l'attendre d'un prince assez éclairé pour bien connoître de quel avantage elle lui peut être et à toute sa maison, S. M. ne peut attribuer le peu d'empressement qu'il a témoigné jusques à présent à y répondre qu'à quelque manquement ou mésentendu dans les expressions qui lui ont été faites des véritables sentiments de S. M. Et, comme l'affection qu'elle a pour ce prince la porte à ne rien omettre pour lui en donner une parfaite connoissance et lui faire voir clairement à quel point ses intérêts se trouvent dans un attachement à ceux de S. M. et une étroite alliance avec sa couronne, elle a résolu, pour cet effet, de faire passer à Hanovre le sieur de Gourville, en qui, outre l'adresse, l'habileté et tout le zèle nécessaires pour le service de S. M., elle sait d'ailleurs que M. le duc d'Hanovre et toute sa maison prennent une entière confiance, et elle ne doute pas que ce prince n'ajoute d'autant plus de créance à ce qui lui sera dit de la part de S. M., par ledit sieur de Gourville, qu'elle lui donne pouvoir par cette instruction d'accorder à ce duc des preuves bien effectives, et telles qu'il peut raisonnablement désirer, de la considération que S. M. a pour lui et de l'estime singulière qu'elle en fait.

1. Ci-dessus, p. 87 et suivantes.

Ledit sieur de Gourville partira incessamment pour se rendre auprès du duc d'Hanovre, et, comme S. M. ne juge pas à propos qu'on sache qu'il y soit envoyé de sa part avant qu'il ait pu reconnoître dans quelle disposition ce prince est à présent, elle seroit bien aise qu'il pût trouver quelque prétexte de ce voyage, soit sur le désir qu'il a depuis longtemps d'aller remercier les princes de la maison de Brunswick des bons traitements qu'il en a reçus, et qui n'auroit été retardé que par la maladie de Monsieur le Prince, soit sur quelque autre motif qui servit à satisfaire la curiosité du public, même celle de la cour de Zell, où il pourra passer, en sorte qu'il ne découvre à personne le véritable sujet de son envoi.

Il est même nécessaire que, avant de parler de la part de S. M. au duc d'Hanovre, il ait un entretien particulier avec ce prince, dans lequel il lui feroit entendre que, le zèle qu'il a pour ses intérêts l'ayant porté à demander aux ministres de S. M. pourquoi, dans la conjoncture présente, où tous les princes de l'Europe semblent être en balance sur le parti qu'ils ont à prendre, ou de se joindre à S. M. pour le maintien des traités de paix, ou d'entrer dans les ligues que la maison d'Autriche s'efforce de former pour recommencer une guerre qui puisse relever sa puissance au préjudice des princes de l'Empire, S. M. n'avoit aucun ministre auprès dudit évêque d'Osnabrück pour aider le penchant que le mérite de ce prince fait présumer qu'il ait à préférer l'alliance de la France à toute autre, on lui avoit seulement répondu que la froideur avec laquelle il avoit reçu les premières propositions qui lui en avoient été faites donnoient lieu de croire qu'ils avoient pris d'autres engagements.

Après cette préparation, ledit sieur de Gourville lui fera entendre que l'affection qu'il a pour son service ne lui a pas permis de différer plus longtemps le dessein qu'il avoit fait, il y a longtemps, de le venir voir; d'autant plus que, si ledit prince n'étoit pas encore entré dans aucune liaison, et qu'il en voulût avoir avec S. M., ledit sieur de Gourville seroit très fâché qu'un autre que lui eût l'avantage d'avoir procuré à ce prince tous ceux qu'il peut espérer dans une bonne et durable union avec S. M.

Elle veut bien néanmoins laisser à la prudence dudit sieur de

Gourville de prendre tel autre biais qu'il jugera à propos pour donner un bon commencement à cette négociation.

Et pour l'instruire des intentions de S. M. sur les conditions qu'il pourra accorder, il saura premièrement que, comme S. M. veut maintenir la paix autant qu'il lui sera possible, l'objet de l'alliance qu'elle désire de faire avec ce prince est l'observation des traités de Münster et de Nimègue; qu'ainsi il ne sera obligé d'entrer en action que contre ceux qui entreprendront de les détruire et de prendre des quartiers dans les terres et pays de l'Empire qui ne leur appartiennent pas. Tant que ces cas n'arriveront point, ledit prince ne sera tenu qu'à une bonne correspondance, telle qu'elle a été établie avec le duc de Zell.

Et, quoique S. M. ait résolu de tenir secret le traité qui a été fait en son nom avec le duc de Zell, néanmoins elle en fait remettre une copie audit sieur de Gourville, afin qu'elle lui serve d'instruction pour celui qu'il a à faire avec ledit évêque d'Osnabrück. Que si ce prince veut convenir dès à présent des subsides que S. M. voudra bien lui accorder, lorsque ceux qui voudront troubler la paix de l'Empire obligeront S. M. de reprendre les armes, il saura premièrement dudit prince quel nombre de troupes il prétend entretenir en cas de guerre, envers et contre qui il est résolu de les employer, enfin quelle étendue ou quelles bornes il veut donner à ses engagements, et de quelles conditions raisonnables il se contentera.

Cependant, quoique S. M. pourroit facilement faire voir que les prétentions du feu duc d'Hanovre étoient très mal fondées, ou au moins qu'elles devoient être réduites à une somme très modique, néanmoins, si ledit sieur de Gourville fait un traité d'alliance avec l'évêque d'Osnabrück, elle veut bien, pour marquer davantage l'estime qu'elle fait de ce prince, entrer dès à présent en payement de ces prétendus subsides et continuer d'année à autre jusques à ce qu'ils soient entièrement acquittés. Pour cet effet, ledit sieur de Gourville peut convenir de 50,000 écus par an, qui seront remis ponctuellement à Hambourg dans les termes qu'il promettra.

S. M. permet aussi audit sieur de Gourville d'accorder en

outre audit prince une gratification annuelle ou subside de paix de 25,000 écus.

Et, afin de lui donner toutes les facilités possibles pour le succès de sa négociation, elle lui permet encore d'employer jusques à 8 ou 10,000 écus en gratifications, tant au baron de Platen qu'à celui des autres ministres qui aura le plus de crédit en cette cour, pour les encourager à donner au prince leur maître les conseils qui conviennent le plus à ses intérêts et à la satisfaction de S. M.

Quoiqu'elle ne juge pas à propos que ledit sieur de Gourville entre dans la discussion de tout ce qui regarde les réunions faites par les chambres de Metz et d'Alsace, néanmoins elle lui fait remettre une copie de la réponse qu'elle a résolu de faire à la diète de Ratisbonne, afin qu'il se puisse servir des raisonnements généraux qu'elle contient pour ôter toutes les impressions dont les emportements du feu Électeur Palatin ont préoccupé la plupart des princes d'Allemagne, et qu'il détruise, par le récit véritable de ce qui s'est passé à Nimègue, tous les obstacles que ces préventions lui pourroient faire trouver dans sa négociation.

S. M. ne limite point le temps que devra durer le traité que ledit sieur de Gourville fera avec l'évêque d'Osnabrück, et elle laisse à la disposition de ce prince de le fixer comme il le trouvera plus convenable à ses intérêts.

S. M. s'est déjà expliquée que ledit sieur de Gourville ne doit pas dire à la cour de Zell le véritable sujet de son voyage, ni même au marquis d'Arcy, auquel il se contentera de faire entendre, aussi bien qu'à M. le duc de Zell, que le but de son voyage n'est que de renouveler de bouche ses protestations de respects et de service à tous les princes de cette maison à présent que la convalescence de Monsieur le Prince lui permet cette absence. Il tâchera néanmoins de pénétrer quels peuvent être les sentiments du duc de Zell sur les affaires présentes, et principalement sur les propositions que le prince d'Orange peut faire tant à lui qu'aux princes ses voisins, et lui fera connoître que son zèle pour les intérêts de ce prince et de toute sa maison lui feroit souhaiter passionnément d'y pouvoir être utile et de pouvoir contribuer à affermir leur réunion par de nouveaux liens; mais il doit toucher cette matière si adroitement, qu'il laisse ce prince bien persuadé qu'elle ne fait pas le sujet de son voyage et qu'il n'entre dans aucune défiance de ce que ledit sieur de Gourville pourra traiter à Hanovre. Même, pour ne pas donner à ce prince, dans la suite de cette négociation, sujet de se plaindre que S. M. lui ait fait un secret d'une affaire dans laquelle il doit être d'autant moins suspect qu'il est de son intérêt de la faire réussir, ledit sieur de Gourville pourra lui faire connoître, quand il sera près de la conclure, que, ayant rendu compte au Roi de la bonne disposition dans laquelle il a trouvé l'évêque d'Osnabrück, S. M. a bien voulu lui envoyer le pouvoir de traiter avec ce prince, et qu'il croit ne pouvoir aussi rien faire qui soit plus agréable audit duc de Zell et à toute la maison de Brunswick.

Quoique S. M. ait réglé à 50,000 écus le payement annuel qu'elle donne pouvoir audit sieur de Gourville de promettre à l'évêque d'Osnabrück, à compte des subsides, néanmoins, si ce prince ne se contentoit pas de ce payement, elle veut bien lui accorder jusques à 200,000 livres par an : en sorte qu'en huit années la somme entière de 1,600,000 livres, qu'il prétend lui être due, soit entièrement acquittée; mais ledit sieur de Gourville n'usera de ce dernier pouvoir qu'au cas qu'il le juge absolument nécessaire pour donner la dernière main à ce traité.

Aussitôt qu'il sera bien éclairci des intentions dudit sieur évêque d'Osnabrück, il en rendra un compte exact à S. M. par l'envoi d'un courrier, et elle lui fera tenir par la même voie le pouvoir et les instructions nécessaires pour conclure et finir sa négociation d'une manière ou d'autre.

Mais, si les avances qu'il fera comme de lui-même audit duc d'Hanovre n'étoient pas favorablement reçues, et que, au contraire, ce prince lui parût éloigné de prendre des engagements avec S. M., il se gardera bien de faire connoître qu'il ait aucun ordre d'elle, et, sous prétexte de faire sa cour à ce prince, il y demeurera autant de temps qu'il sera nécessaire pour informer S. M. des sentiments dudit évêque d'Osnabrück, et pour attendre les ordres qu'elle lui donnera pour son retour[1].

---

1. Affaires étrangères, vol. *Hanovre* 17, fol. 311.

APPENDICE XII.

Addition à l'instruction donnée le 20ᵉ d'octobre au sieur de Gourville, nommé par le Roi pour aller auprès de l'évêque d'Osnabrück, duc d'Hanovre, en qualité d'envoyé extraordinaire de S. M.

[22 février 1681.]

Le voyage que le sieur de Gourville devoit faire, au mois d'octobre dernier, vers l'évêque d'Osnabrück ayant été interrompu par celui que ce prince fit pour lors à Venise, S. M., qui est avertie que ledit évêque d'Osnabrück doit retourner dans peu de jours à Hanovre, et de là se rendre à la partie de chasse qu'il a concertée avec le duc de Zell et le prince d'Orange au lieu d'Humelen, elle a jugé d'autant plus nécessaire de faire partir incessamment ledit sieur de Gourville, qu'elle est informée que le prince d'Orange espère s'assurer, dans cette entrevue, de toute la maison de Brunswick, et qu'il s'est même déjà vanté de l'attachement de tous ces princes à ses intérêts, sans exception même du duc de Zell.

C'est pour cet effet qu'elle ordonne audit sieur de Gourville de passer audit lieu de Zell et d'informer le duc de ce nom du sujet de son voyage en termes généraux, ainsi que le sieur de Gourville l'a proposé lui-même dans son mémoire[1], en sorte qu'il lui fasse connoître que, encore que le désir de donner à toute cette maison des marques de sa reconnoissance et de son attachement à leurs intérêts fasse le principal motif de son voyage, néanmoins S. M. ne désagréera pas qu'il voie si le duc d'Hanovre seroit disposé à prendre des mesures avec elle, parce qu'elle seroit très aise que ce prince entrât dans les mêmes sentiments que ledit duc de Zell, et que toute sa maison se réunit dans une même alliance avec S. M.

Il pourra parler dans ce même sens au marquis d'Arcy, auquel S. M. écrit en conformité.

Avant que de partir de cette cour, il est à propos que, dans la liberté que lui peut donner la familiarité qu'il a acquise avec le duc de Zell, il lui fasse entendre que S. M. a appris que le

---

1. Ce mémoire n'a pas été retrouvé aux Affaires étrangères.

prince d'Orange a dit que ledit duc de Zell et toute sa maison avoient déjà pris des engagements avec lui, mais que, outre que S. M. n'ait pas sujet de croire que les Provinces-Unies veuillent rien faire contre ses intérêts, elle est d'ailleurs trop persuadée de la fermeté du duc de Zell pour croire qu'il puisse prendre aucune liaison qui soit contraire à celle qu'il a avec S. M.

Il fera néanmoins, secrètement et avec adresse, de concert avec le marquis d'Arcy, tout ce qu'il lui sera possible pour découvrir quel engagement peut avoir été pris par le duc de Zell envers le prince d'Orange.

Pour ce qui regarde sa négociation avec le duc d'Hanovre, S. M. n'a point d'autre conduite à lui prescrire que celle dont elle s'est expliquée dans l'instruction du 20 d'octobre. Elle y fait seulement ajouter les traités qui ont été faits avec le duc d'Hanovre, qui lui donneront moyen de faire voir à l'évêque d'Osnabrück que, le feu duc d'Hanovre, son frère, ayant manqué au plus essentiel de ses engagements, qui étoit d'assister les Suédois et de se déclarer, S. M. pouvoit bien, sans manquer à la bonne foi desdits traités, se dispenser de payer les arrérages des subsides qui lui sont demandés aujourd'hui, mais qu'elle voudra bien se servir de ce prétexte pour donner à ce prince des marques plus singulières de son estime et de son amitié, lorsqu'il voudra entrer dans l'alliance de S. M.

Comme S. M. accorde audit évêque d'Osnabrück, sous le prétexte qui vient d'être dit, des conditions beaucoup plus avantageuses que celles qui sont énoncées dans le traité fait avec le duc de Zell, ledit sieur de Gourville doit aussi tâcher de porter ledit évêque d'Osnabrück à prendre des liaisons plus étroites avec S. M. que ne sont les engagements dans lesquels le duc de Zell, son frère, est entré ; et il est bon qu'il représente à ce prince que, l'Empereur se servant de toutes sortes de moyens et de prétextes pour former des ligues dans l'Empire contre S. M., elle se promet de l'affection que ledit évêque témoigne pour tout ce qui la regarde, et de l'amitié sincère dont elle lui a donné d'assez grands témoignages par cette alliance, qu'il s'obligera positivement à n'entrer dans aucun traité avec l'Empereur, ni avec aucun prince ou État qui soit dans les intérêts opposés à ceux de S. M., et qu'il ne les assistera directement ni indirectement contre elle, pour quelque cause ou sous quelque prétexte que ce puisse être.

Ledit sieur de Gourville doit aussi tâcher de retrancher du traité qui se fera avec l'évêque d'Osnabrück l'article 4e du traité fait avec le duc de Zell, comme assez inutile à l'évêque d'Osnabrück, et qui, embarrassant S. M. dans une garantie assez peu praticable, pourroit aussi donner prétexte, dans la suite du temps, à l'évêque d'Osnabrück, de ne pas satisfaire aux conditions auxquelles il se seroit obligé par ce traité[1].

Ledit sieur de Gourville accompagnera l'évêque d'Osnabrück au voyage d'Humelen, à moins que ce prince ne lui fasse connoître qu'il ne lui fera pas plaisir d'y venir : auquel cas il se conformera à ce que ledit évêque d'Osnabrück désirera de lui, et ne l'accompagnera pas effectivement dans ce voyage; mais il tâchera de lui faire trouver bon qu'il puisse s'y rendre pour lui faire sa cour, et à tous les princes de sa maison, pendant la durée de ce divertissement, et n'omettra rien pour s'y pouvoir trouver, afin que, s'il n'y peut faire de traité, il observe au moins tout ce qui s'y passera et en puisse rendre compte à S. M.

Elle lui permet de passer par Bruxelles et par la Haye, et de rendre au prince de Parme, dans cette première ville, et au prince d'Orange, dans l'autre, les civilités qui leur sont dues.

Si le prince d'Orange avoit quelque proposition à faire audit sieur de Gourville, il pourra l'écouter et lui dire qu'il n'est chargé d'aucun ordre de S. M. pour ce qui regarde ledit prince, mais qu'il rendra compte de ce qu'il voudra bien lui confier.

S. M. consent que, si ledit sieur de Gourville voit quelque apparence de réussir dans la négociation du mariage du second fils du duc d'Hanovre avec la princesse de Zell, il s'y emploie en sorte que les deux parties puissent être satisfaites de son entremise, en cas que M. d'Osnabrück prenne le parti du Roi.

Fait à Saint-Germain-en-Laye, le 22e jour de février 1684[2].

---

1. *En note* : « Cet article regarde la garantie des États du cercle de la Basse-Saxe. »

2. Affaires étrangères, vol. *Hanovre* 17, fol. 319.

*Lettre de Gourville au Roi sur l'état des affaires
dans les Pays-Bas espagnols*[1].

A Anvers, le 11 mars 1681.

Sire,

Bien que je sois persuadé que Votre Majesté est bien informée de l'état où sont les affaires de ce pays-ci, je ne laisserai pas de prendre la liberté de lui faire un récit de ce que j'en ai pu apprendre en passant.

Tout le monde y est persuadé des bonnes intentions de M. le prince de Parme; mais, comme sa santé n'est pas trop bonne, il se fait soulager dans une partie des choses que les autres gouverneurs avoient accoutumé de faire, et, pour cela, il a choisi le marquis de Quintano, qui est un Italien qui a assez d'esprit, mais pas beaucoup d'expérience, surtout dans les affaires de Flandres. Il donne des audiences publiques, et il est regardé à Bruxelles comme le premier ministre de M. le prince de Parme, sans caractère de Madrid. Votre Majesté n'aura pas de peine à croire que cela cause bien des jalousies.

Hier, M. le prince de Parme fixa le nombre des commis des finances à six, au lieu d'environ trente qu'ils étoient. Il a aussi réduit ceux de Bruges au nombre de deux, qui doivent faire leur résidence à Bruxelles. Il réduit encore le nombre des officiers de la Chambre des comptes et ceux du conseil de Brabant. Tous ces retranchements pourront monter environ à trente ou quarante mille écus de rente. Il a pareillement réduit les régiments anglois, écossois et irlandois qui étoient au service du roi catholique à une compagnie chacun, et a fait de grandes réformes dans les autres corps. Son intention est, à ce qu'on dit, de bien payer les troupes qui resteront sur pied, et je crois qu'il le feroit, s'il avoit de l'argent pour cela; mais il a trouvé les affaires en si grand désordre, que, bien qu'on lui ait envoyé 300,000 écus d'Espagne, qu'il a touchés, il n'est pas encore en état de songer à aucune réparation des places, ni d'y pouvoir mettre les munitions qui sont nécessaires dans celles qui en sont

---

1. Ci-dessus, p. 89, note 5.

fort dépourvues. Il a touché les derniers 100,000 écus de Suasso, qui est un Portugais fort riche, sur une lettre de M. le marquis de los Balbasès, qui a, en son particulier, un fonds considérable entre les mains de Suasso, et l'on m'a dit que les deux autres 100,000 écus avoient été fournis par la même voie, et que Suasso étoit remboursé des deux premières avances. Ainsi, selon toutes les apparences, M. de los Balbasès veut profiter des remises en s'assurant des remboursements en Espagne par le crédit de M. de Medina-Celi.

Les peuples de la province de Flandres proposent, comme ils ont fait de ma connoissance aux trois ou quatre derniers gouverneurs, de payer seize mille hommes de pied et deux mille huit cents chevaux ; mais tout le monde croit que cela ne s'exécutera pas mieux que par le passé, et l'on s'attend que le pays sera encore plus misérable qu'il n'a jamais été, et il semble que chacun est consolé des événements qui pourront arriver.

Il y a des gens qui proposent de faire un traité sur les biens usurpés par les ecclésiastiques, qui pourroit être assez considérable ; mais il y a tant de gens qui ont un intérêt contraire, que l'on croit que cette proposition n'aura pas plus de lieu avec M. le prince de Parme qu'avec M. de Villa-Hermosa, à qui elle fut faite, et qui fut empêchée par des pensions qui furent données aux subalternes par les mains de qui cela doit passer.

Je fis dire hier au matin par M. Agurto, à M. le prince de Parme, que j'aurois l'honneur de lui faire la révérence, s'il l'avoit agréable. Une heure après, étant chez M. le prince de Vaudémont, M. le prince de Parme m'envoya son capitaine des gardes pour me dire qu'il seroit bien aise que j'y allasse le soir à huit heures, et m'offrit un carrosse, dont je le remerciai en lui disant que je passois comme un particulier et que je n'étois chargé de rien dire à M. le prince de Parme de la part de Votre Majesté. Ce même capitaine des gardes ne laissa pas d'aller à mon logis, avec un carrosse, pour me mener à la cour, et, après m'y avoir attendu quelque temps, il apprit que j'étois avec M. le prince de Parme. La conversation fut assez longue, et, quelques-uns de mes amis m'ayant averti qu'il ne haïssoit pas les louanges, il me parut qu'il étoit fort content de tout ce que je lui dis, surtout de ce qu'on étoit bien persuadé en France que personne n'étoit si propre que lui à rétablir les Pays-Bas catholiques du mauvais état où l'on croyoit qu'il les avoit trouvés, mais que l'on espéroit aussi que les secours de Madrid seroient plus lents que l'on ne les lui avoit promis. Je lui parlai de la grandeur de son poste. Il me répondit qu'il le trouvoit fort beau, mais qu'il voudroit bien en pouvoir user comme il feroit d'une armée navale, parce qu'il se tiendroit dans les ports tant qu'il ne se trouveroit pas en état de résister à la puissance de la France, et éviteroit par là que l'on ne prît rien sur lui en détail, comme l'on faisoit depuis quelque temps dans le pays de Luxembourg. Je lui dis qu'il ne devoit regarder la dépossession de ces villages que comme il feroit la prise d'un brigantin, s'il étoit à couvert avec son armée dans un port, et louai fort sa prudence de remettre à un autre temps la décision des prétentions qu'a Votre Majesté dans le plat pays de Luxembourg, par les inconvénients qui en pourroient arriver, s'il en usoit autrement. Il me parut qu'il prendra le parti de ne rien donner volontairement, mais de laisser prendre.

En parlant de l'Angleterre, nous convînmes que personne ne pouvoit juger de la suite des affaires qui y sont commencées. Il ne me parut pas même qu'il conçoive de grandes espérances de ce côté-là.

Après avoir demandé pardon à Votre Majesté de la longueur de la première lettre que je me donne l'honneur de lui écrire, je prends la liberté de l'assurer de mes bonnes intentions.

Je suis, etc.

GOURVILLE[1].

[Ici se place la lettre du 18 mars 1681, que Gourville a insérée dans ses Mémoires, ci-dessus, p. 91-97.]

1. Affaires étrangères, vol. *Hanovre* 17, fol. 335.

APPENDICE XIII.

MISSION DE GOURVILLE A AIX-LA-CHAPELLE,

AUPRÈS DU DUC DE HANOVRE [1].

(1687.)

*M. de Croissy, secrétaire d'État des affaires étrangères,
à M. de Gourville.*

7 mars 1687.

J'ai fait voir au Roi le projet d'articles qui pourront composer le traité que vous savez, et S. M. m'a ordonné de dresser un mémoire instructif en conformité de ce qu'ils contiennent, sans néanmoins vouloir entrer en payement des arrérages des subsides prétendus, sinon lorsqu'on sera entré en action, et elle ne désire pas que, dans la lettre que vous écrirez, vous expliquiez à M. le duc d'Hanovre quelles sont les intentions de S. M., mais seulement que vous lui fassiez connoitre que, s'il désire effectivement d'entrer tout de bon dans l'alliance de S. M., sans y apporter des restrictions qui rendent son engagement inutile, vous espérez pouvoir faire affaire avec lui, mais que, si ce n'est que sur le même pied que ses ministres l'ont prétendu dans les conférences qu'ils ont eues avec M. de Rébenac, vous n'espéreriez pas un grand fruit du voyage qu'il veut bien faire à Aix-la-Chapelle. Au surplus, vous l'assurerez de l'estime particulière que S. M. a toujours eue pour sa personne et de la disposition où elle est de lui en donner des marques. Je vous en dirai davantage à notre première entrevue.

Je suis, etc....

Je voudrois bien vous pouvoir parler avant que vous écriviez à M. le duc d'Hanovre [2].

1. Ci-dessus, p. 123 et suiv.
2. Affaires étrangères, vol. *Hanovre* 24, fol. 314.

*Mémoire du Roi pour servir d'instruction
au sieur de Gourville.*

A Versailles, 10 avril 1687.

Le Roi ayant été informé par le sieur de Gourville du désir que M. le duc d'Hanovre lui témoigne avoir d'entrer dans l'alliance de S. M. et d'en conclure avec lui le traité à Aix-la-Chapelle, où ce prince se doit rendre dans quinze jours, S. M., qui a toujours eu une estime très particulière pour ledit duc d'Hanovre et une affection très sincère pour toute sa maison, a bien voulu permettre audit sieur de Gourville de se rendre audit lieu d'Aix-la-Chapelle, d'autant plus que, à présent que S. M. a donné des témoignages si authentiques du désir qu'elle a de maintenir une bonne correspondance avec l'Empereur et avec les princes et les États de l'Empire, elle s'assure que les ducs de Zell et d'Hanovre modéreront leurs demandes de subsides ordinaires, et se contenteront des marques que S. M. veut bien leur donner de l'estime qu'elle fait de leur alliance dans le temps que la sienne ne les doit plus obliger à des dépenses extraordinaires, et qu'elle veut bien, en cas d'action, proportionner les subsides au nombre de troupes qu'ils seront obligés d'entretenir.

C'est ce que ledit sieur de Gourville doit faire entendre d'abord au duc d'Hanovre, afin de le préparer à la réduction que S. M. prétend faire des subsides ordinaires, de la somme de dix-huit mille écus, à quoi ils montoient par le projet fait avec le sieur de Rébenac, à celle de douze mille écus, que S. M. croit devoir suffire et être très raisonnable dans la conjoncture présente.

Ledit sieur de Gourville emploiera toute son adresse à faire agréer au duc d'Hanovre les articles du traité d'alliance, en la manière qu'ils sont couchés dans le projet qui lui est remis entre les mains, et sans y rien changer....

Il n'y a pas d'apparence qu'il puisse trouver aucune difficulté dans les premier et second articles.

M. le duc d'Hanovre pourroit faire quelque difficulté sur le troisième, touchant la mort du roi d'Espagne, à moins qu'il ne soit porté à cet engagement par les motifs qui font le commencement de cet article, et ils serviront aussi de raison audit sieur de Gourville pour disposer le duc d'Hanovre à l'admettre. Mais, quelque répugnance qu'il y puisse trouver, S. M. ne veut pas qu'il s'en désiste, ni qu'il y souffre aucun changement essentiel....

Le quatrième est tout à l'avantage de la maison de Brunswick; mais, si le duc d'Hanovre désiroit y ajouter encore quelque obligation nouvelle, et qu'elle fût de quelque conséquence, le sieur de Gourville attendra de nouveaux ordres de S. M., qu'il recevra d'autant plus promptement sur ses lettres, que S. M. se trouvera pour lors à Luxembourg, et par conséquent fort près d'Aix.

Les cinquième, sixième et septième regardent l'obligation réciproque de secourir les alliés, et S. M. ne croit pas qu'il puisse être stipulé d'une autre manière, ne sachant pas même encore si le roi de Danemark agréera ce qui le touche....

Le dixième fera plus de peur au duc d'Hanovre, parce qu'il réduit les subsides ordinaires à douze mille écus; mais les motifs qui sont insérés au commencement de cet article doivent porter un prince aussi raisonnable qu'est le duc d'Hanovre à s'en contenter. Si ledit sieur de Gourville ne l'y pouvoit obliger, et que d'ailleurs ledit duc d'Hanovre eût admis tous les autres articles, en ce cas, S. M. lui permet de l'engager à entrer dès à présent en payement des prétendus arrérages de subsides du feu duc d'Hanovre, et de promettre, sous ce prétexte, une somme de deux mille écus par mois audit duc d'Hanovre, par un article secret, et même de s'étendre jusqu'à trois mille écus par mois, qui feront trente-six mille écus par an. Mais, si cette gratification particulière, qui doit être stipulée par un article secret, ne pouvoit disposer le duc d'Hanovre à se contenter du subside ordinaire de douze mille écus, tant pour lui que pour le duc de Zell, son frère, S. M. permet audit sieur de Gourville de l'augmenter, à toute extrémité, jusques à quinze mille écus par mois, non compris les trois mille écus qu'il accorde en particulier audit duc d'Hanovre, qui ne devront pas être doublés en temps de guerre....

Si ledit duc d'Hanovre accepte ce traité en l'état que S. M. l'a fait dresser, ledit sieur de Gourville n'apportera aucun retardement à le signer ; mais, s'il y trouve des difficultés insurmontables, il en rendra incessamment compte à S. M. par l'envoi d'un courrier, et attendra ses ordres à Aix-la-Chapelle avant que d'en partir.

Comme le concours des ministres des ducs de Zell et d'Hanovre est très nécessaire pour la conclusion dudit traité, S. M. veut bien que ledit sieur de Gourville distribue entre eux une somme de dix mille écus, à proportion du crédit qu'ils auront auprès de leurs maîtres[1]....

1. Affaires étrangères, vol. *Hanovre* 24, fol. 6.

APPENDICE XIV.

RÉTROCESSION DE SAINT-MAUR[1].

Gourville consent à céder au duc de Bourbon la jouissance du domaine de Saint-Maur, moyennant une pension viagère de 6,000 livres.

[30 juin 1697.]

Par-devant les notaires soussignés, gardes-notes au Châtelet de Paris, fut présent Mre Jean Hérauld, seigneur de Gourville, conseiller du Roi en ses conseils, demeurant au pavillon de l'hôtel de Condé, rue Neuve-Saint-Lambert, paroisse Saint-Sulpice ; lequel a, par ces présentes, remis, cédé et transporté à très haut, très excellent et puissant prince Mgr Louis, duc de Bourbon, prince du sang, pair et grand maitre de France, gouverneur et lieutenant général pour le Roi en ses provinces de Bourgogne et Bresse, demeurant en son hôtel à Paris, rue de Vaugirard, paroisse susdite, à ce présent et acceptant, l'usufruit et jouissance du revenu de la terre et baronnie de Saint-Maur-les-Fossés, appartenant audit sieur de Gourville pour lui avoir été donné par LL. AA. SS. feu Monseigneur le Prince et Monseigneur le Prince d'à présent, par acte du 15 juillet 1680 reçu par Lange, l'un des notaires soussignés, et son collègue, pour commencer par mondit seigneur le Duc ladite jouissance dudit revenu du premier jour de janvier dernier. En considération de quoi, et pour récompenser ledit sieur de Gourville dudit revenu, mondit seigneur le Duc lui a accordé et promis faire payer par le sieur son trésorier (*sic*) six mille livres de pension par chacun an, la vie durant dudit sieur de Gourville, laquelle pension aura cours dudit jour premier janvier dernier, et la première année en sera payée en un seul terme au dernier décembre prochain, et les années suivantes en deux termes, de six mois en six mois, jusqu'au décès dudit sieur de Gourville ; lequel décès

1. Ci-dessus, p. 65.

étant arrivé, ladite pension sera éteinte, et mondit seigneur le Duc en demeurera entièrement déchargé. Et, au moyen de ladite cession d'usufruit, mondit seigneur le Duc se charge de l'entretien dudit château de Saint-Maur et de toutes les autres charges dont ledit sieur de Gourville étoit tenu suivant ledit acte du 15 juillet 1680....

Fait et passé en l'hôtel de Condé, l'an mil six cent quatre-vingt-dix-sept, le dernier jour de juin, avant midi. Et ont signé : LOUIS DE BOURBON; J. HÉRAULD DE GOURVILLE; VERANY; LANGE[1].

1. Minutier du successeur du notaire Lange. — La donation du domaine de Saint-Maur, faite par Monsieur le Prince à son fils le duc de Bourbon, pour en jouir après la mort de Gourville, est du 4 juillet 1697. Elle existe en original dans le minutier ci-dessus ; elle est insérée dans les registres des Insinuations du Châtelet (Arch. nat., Y 269, fol. 377), et il s'en trouve un exemplaire imprimé dans le carton K 565, n° 68.

APPENDICE XV.

MORT ET SUCCESSION DE GOURVILLE.

(1703.)

Relation de la mort de M. de Gourville.

De Saint-Maur, ce jeudi 28 juin 1703.

M. de Gourville, sur la minuit, sentant une grande colique, appela son valet de chambre, qui fit chauffer des linges. Sa colique apaisée, pour témoigner qu'il se portoit bien, il se mit à chanter une chanson à sa manière, et renvoya son valet de chambre; mais, une heure après, il le rappela. « Je sens, dit-il, « que mon mal devient sérieux; faites venir du secours, appelez « mon neveu; je suis pressé. Mettez-moi dans mon fauteuil. » Plusieurs personnes entrent au bruit dans la chambre; on le met près du feu; on lui donne de l'eau de la reine de Hongrie. M. de Gourville, dont je tiens ce détail, prend la main de son oncle; il cherche son pouls; il ne le trouve point. Le mouvement des mains fait lever la tête à M. de Gourville. Il regarde son neveu sans rien dire; la tête retombe. Les médecins arrivent, et M. de Gourville meurt sur les quatre heures du matin. On l'a ouvert : on ne lui a trouvé aucune cause de mort. Il s'étoit beaucoup appliqué, depuis quelque temps, à revoir ses Mémoires; on croit que cette grande application d'un homme de quatre-vingt-deux ans[1] a précipité la mort.

M. de Gourville n'avoit aucune étude, mais beaucoup d'esprit, de bon sens et d'application, d'ordre et d'économie. Il étoit né pour gouverner un État. Ses amis disent qu'il avoit le mérite et le génie de feu M. Colbert, surintendant des finances. On sait qu'il a mis un grand ordre dans la maison de Monsieur le Prince, et fait valoir ses droits et revenus. M. de Gourville avoit été

---

1. Il avait soixante-dix-sept ans et onze mois.

dans les affaires et employé par M. Foucquet. On lui fit même son procès : il y a une requête terrible donnée contre lui par M. Talon.

M. de Gourville a fait des Mémoires qui courent depuis un an dans le monde. L'abbé de Caumartin les a vus et examinés, et son jugement est qu'ils sont mal arrangés et écrits sans style; que les faits en sont certains; que M. de Gourville n'y parle que des choses qu'il a vues ou traitées lui-même; qu'il fait l'histoire de sa vie et de sa fortune; qu'il rapporte des choses vraies, mais qui ne lui font point d'honneur ni à sa famille, comme d'un vol considérable qu'il fit en Flandres, accompagné de six bandits, chez un homme qui venoit de recevoir de l'argent, et dont il a depuis fait la restitution, même des intérêts.

Après cela, il n'y a pas lieu de croire que les héritiers de M. de Gourville veuillent donner ses Mémoires au public.

« Sire Jean Hérauld, seigneur de Gourville, conseiller du Roi « en tous ses conseils, surintendant des maison et affaires de Mon- « sieur le Prince, » voilà les qualités que l'on a données à M. de Gourville dans son billet d'enterrement. M. de Gourville a laissé vingt-cinq ou trente neveux ou petits-neveux ; il a fait son légataire universel M. Maret, intendant de la maison de Monsieur le Prince.

Il a donné, il y a plusieurs années, la terre de Gourville au fils de son frère, à la charge de porter le nom de Gourville.

Feu Monsieur le Prince avoit donné à vie à M. de Gourville la terre de Saint-Maur, à la charge de lui rembourser toutes les augmentations et améliorations qu'il pourroit y avoir faites, quand on la retireroit de ses mains. Monsieur le Duc d'aujourd'hui, qui n'aime point Chantilly, a retiré la terre de Saint-Maur, et, au lieu de la restitution des avances faites, qui montoient à plus de 400,000 francs, sur la terre de Saint-Maur, M. de Gourville s'est contenté de 20,000 livres de rente de pension viagère, à condition que le sieur de Gourville, son neveu, demeurera capitaine du château de Saint-Maur, avec une pension de 10,000 francs qui auroit cours après l'extinction de celle de 20,000 francs.

M. de Gourville, capitaine du château de Saint-Maur, âgé d'environ quarante-cinq ans, n'est point marié ; il a beaucoup d'esprit et de politesse. Il a été envoyé du Roi à Hanovre. Il fait une belle dépense; il joue avec Monsieur le Duc, avec M. le prince de Conti et avec tous les gens de sa cour; il mange avec Monsieur le Duc; il est de tous ses plaisirs. Il a plus de 25,000 livres de rente, dont la terre de Gourville fait partie.

M. Ranchin, secrétaire du Conseil, avoit une fort belle maison dans Saint-Maur. Monsieur le Duc l'a achetée et en a fait présent à M. de Gourville[1].

Acte mortuaire de Gourville.

Le 15e jour de juin 1703, a été fait le convoi et enterrement de Messire Jean Hérauld de Gourville, conseiller du Roi en ses conseils, surintendant des maison et affaires de S. A. S. Monseigneur le Prince, âgé de soixante-dix-huit ans, décédé le jour précédent, rue de Condé, au pavillon dudit hôtel. Et y ont assisté Messire François Hérauld de Gourville, ci-devant conseiller au parlement de Metz et envoyé extraordinaire de S. M. en Allemagne, son neveu, et Messire Maret, prêtre, doyen du chapitre du Bourgdieu en Berry, aussi son neveu, qui ont signé : F. Hérauld de Gourville; Maret[2].

Testament de Gourville.

[10 mars 1703.]

Aujourd'hui, au mandement de Messire Jean Hérauld, seigneur de Gourville, conseiller du Roi en son conseil d'État et privé, demeurant au pavillon de l'hôtel de Condé, sis rue Neuve-Saint-Lambert, paroisse Saint-Sulpice, les conseillers du Roi, notaires au Châtelet de Paris, soussignés, se sont transportés dans la chambre de l'appartement bas dudit pavillon, où ils l'ont trouvé dans un fauteuil, en santé de corps et d'esprit, ainsi qu'il est apparu auxdits notaires par ses paroles et maintien; lequel, considérant la certitude de la mort et l'incertitude de son

---

1. Arch. nat., MM 825 (manuscrits du P. Léonard), fol. 54.
2. Bibl. nat., ms. Nouv. acq. franç. 3618, n° 3799, et Jal, *Dictionnaire critique*, p. 649, d'après le registre des convois de la paroisse Saint-Sulpice.

heure, ne voulant en être prévenu sans avoir disposé selon ses dernières volontés, a fait son testament, qu'il a dicté et nommé auxdits notaires soussignés comme il ensuit :

Au nom de Dieu, Père, Fils et Saint-Esprit.

Recommande son âme à Dieu, le priant, par le mérite infini de la mort et passion de notre Sauveur et Rédempteur Jésus-Christ, son fils unique, lui vouloir pardonner ses péchés ; implorant à cette fin l'intercession de la très sainte Vierge Marie, mère de Dieu, et de tous les saints et saintes.

Désire son corps être mis dans un cercueil de plomb et enterré dans l'église de Saint-Sulpice, sa paroisse, sans aucune pompe ni cérémonie, et que son cœur soit mis dans une boite d'argent et porté dans la chapelle de la Charité de la Rochefoucauld, qu'il a fondée ;

Qu'il soit donné aux pauvres, le jour de son décès, cinq cents livres, une fois payées ;

Qu'il soit dit cinq cents messes pour le repos de son âme, le plus tôt que faire se pourra ;

Qu'il soit donné trois cent cinquante livres, une fois payées, à ladite paroisse, pour faire dire une messe tous les jours pendant l'année de son décès.

Veut qu'il soit donné une somme de six cents livres à deux ou trois pauvres artisans par l'avis de M. le curé de Saint-Sulpice et de M. Basset.

Donne et lègue à ladite Charité de la Rochefoucauld la somme de six mille livres, une fois payées, outre ce qu'il a donné en dernier lieu à ladite Charité au-dessus de la fondation, et ce qui a coûté pour l'augmentation des bâtiments.

Donne et lègue à Messire François Hérauld, seigneur de Gourville, son neveu, sa vaisselle d'argent en l'état qu'elle se trouvera lors de son décès, à la réserve de la bassinoire, du coquemar, du bassin, de trois palettes et deux petits flambeaux servant à sa garde-robe, qu'il donne à Mignot, son valet de chambre ;

Et aussi à la réserve de trois gobelets d'argent vermeil doré qui servent à l'office, que ledit testateur donne à Roze, son officier.

Donne et lègue à Messire François du Riou, seigneur de la

Mothe, son beau-frère, la somme de vingt mille livres, une fois payées : de laquelle somme ledit testateur veut appartenir, après le décès dudit sieur de la Mothe, dix mille livres aux petites-filles dudit sieur de la Mothe, filles du feu sieur de Riou, son fils, et cinq mille livres à chacun des deux de Saint-Vallier, et au profit l'un de l'autre en cas de mort, enfants de la défunte fille du sieur de la Mothe.

Donne et lègue à M. Maret, son neveu, capitaine de la Rochefoucauld, la somme de dix mille livres, une fois payées.

Donne et lègue à M. l'abbé Maret, son neveu, la somme de trois mille livres, une fois payées, lui ayant donné quelque chose d'ailleurs.

Il ne dit rien de son neveu de Saint-Projet, ayant payé pour lui une somme de dix à douze mille livres.

Donne et lègue à M. Maret de la Loge, son neveu, la somme de six mille livres, une fois payées.

Donne et lègue à Mme du Vivier, sa nièce, la somme de quatre mille livres, une fois payées, lui ayant déjà donné quelque chose : laquelle somme de quatre mille livres ledit sieur testateur substitue aux enfants de ladite dame du Vivier.

Donne et lègue à Mme de Fissac, sa nièce, pareille somme de quatre mille livres, une fois payées, lui ayant aussi donné quelque chose d'ailleurs : laquelle somme de quatre mille livres il substitue aussi aux enfants de ladite dame de Fissac.

Donne et lègue à M. de Saint-Laurent l'aîné, son petit-neveu, la somme de trois mille livres, une fois payées.

Donne et lègue à M. de la Nogerette et à dame Marie Masson, son épouse, nièce dudit sieur testateur, la somme de vingt mille livres, une fois payées : laquelle somme ledit sieur testateur veut passer et appartenir, après leur décès, à leur fille aînée Mme Foucher et à ses enfants.

Donne et lègue à Mme de Malbastit, et, à son défaut, à ses enfants, la somme de deux mille cinq cents livres, une fois payées.

Item, donne et lègue à ses petits-neveux du Roulle la somme de deux mille cinq cents livres, une fois payées.

Donne et lègue aux enfants du sieur Larcher, des Vieilles-

Vaures, la somme de trois cents livres, une fois payées, et à la nommée Le Riget, qui demeure à Lussac, et, à son défaut, à ses enfants, pareille somme de trois cents livres, une fois payées ;

A la nommée Boursault, demeurant à Montbron, et, à son défaut, à ses enfants, pareille somme de trois cents livres, une fois payées.

Lesquels trois derniers legs de trois cents livres chacun ledit sieur testateur veut être distribués par lesdits sieur et dame de la Nogerette de la manière et dans les temps qu'ils jugeront le plus à propos, comme ils ont fait ce que ledit sieur testateur a ci-devant donné à ceux à qui il fait lesdits legs de trois cents livres.

Donne et lègue au sieur Pasquet de Closlas, et, à son défaut, à son fils aîné, la somme de deux mille livres, une fois payées.

Donne et lègue au sieur Bernardin Martin, son ancien ami, la somme de cinq cents livres, une fois payées.

Donne et lègue aux sieurs de Belleville, Mignot, Roze, Leclerc et Gibé, ses domestiques, chacun la somme de cinq cents livres une fois payées, ou une pension de cent livres par an, la vie durant de chacun desdits domestiques qui préféreront ladite pension auxdites cinq cents livres, bien entendu à ceux desdits domestiques qui seront à son service le jour de son décès ; et à ses autres domestiques, chacun une année de leurs gages, outre celle dans laquelle il décédera, qu'il veut être payée en entier.

Et quant au surplus des biens dudit sieur testateur, ses legs particuliers acquittés, ledit sieur testateur ayant donné audit sieur de Gourville, son neveu, de quoi vivre honorablement, et le voyant dans le dessein de ne se point marier, il a estimé ne pouvoir mieux faire qu'en faisant, comme il fait par son présent testament, Messire Louis Maret, secrétaire des commandements de Monseigneur le Duc, son neveu, son légataire universel en tout ledit surplus de ses biens, à condition que, si ledit sieur Maret vient à décéder avant dame Geneviève de Sos, son épouse, elle jouisse, sa vie durant, de six cents livres de rente viagère sur ce qui reviendra audit sieur son époux dudit legs universel ; et ce, pour l'amitié particulière que ledit sieur testateur porte à ladite dame Maret.

Et pour exécuter le présent testament, ledit sieur testateur

APPENDICE XIV.   293

nomme Messire Louis de Mondyon[1], qu'il prie de vouloir se charger de ladite exécution, voulant qu'il soit, à cette fin, saisi de ses biens suivant la coutume, et donne et lègue audit sieur de Mondyon un diamant de trois mille livres.

Révoquant ledit sieur testateur tous autres testaments et codicilles qu'il pourroit avoir faits avant le présent, auquel seul il s'arrête, comme étant sa dernière volonté.

Ce fut ainsi fait, testé, dicté et nommé par ledit sieur testateur auxdits notaires soussignés, et à lui, par l'un d'iceux, l'autre présent, relu en ladite chambre dudit sieur testateur, l'an mil sept cent trois, le dixième de mars, avant midi. Et a signé la minute des présentes demeurée à Lange, notaire.

LANGE; DE SAVIGNY[2].

[16 juin 1703. — Acte de dépôt entre les mains du lieutenant civil Le Camus, par Jean Mignot, domestique de Gourville, d'un paquet cacheté, portant comme suscription : *Ceci est mon testament.* GOURVILLE[3].]

Inventaire après décès de Gourville[4].

L'an mil sept cent trois, le lundi trente, pénultième jour de juillet, deux heures de relevée, à la requête de Messire Louis de Mondyon, intendant des maison et affaires de feu S. A. S. Monseigneur le Prince,.... au nom et comme exécuteur du testament.... de feu Messire Jean Hérauld, seigneur de Gourville,.... et aussi à la requête de Messire Élie Maret, prêtre, doyen du chapitre du Bourgdieu, aumônier dudit feu sieur de Gourville,.... de Pierre Maret, sieur de Saint-Projet, conseiller secrétaire des commandements de S. A. S. Monseigneur le Duc,.... de François Maret, sieur de la Loge,.... et de Me Étienne Guyot, procureur au Châtelet,.... au nom et comme procureur de Messire Claude de Condé, chevalier, seigneur de Condé, capitaine au régiment de Beauce, à cause de dame Anne Hérauld de Gour-

---

1. Il était intendant de Monsieur le Prince dès 1681 (Arch. nat., Y 241, fol. 142 v°).
2. Minutier du successeur du notaire Lange.
3. *Ibidem.*
4. Cet inventaire étant fort long, nous n'en donnons qu'un résumé.

ville, son épouse,.... a été fait inventaire et description de tous et chacun les biens meubles, ustensiles, titres et papiers et autres effets délaissés par ledit feu sieur de Gourville, trouvés dans le pavillon de l'hôtel Condé, où il est décédé....

Dans la cave.

Deux demi-queues de vin de Bourgogne. . . . 100 liv.
Huit demi-muids de vin de Châteldon . . . . 280 liv.
Un demi-muids de vin blanc d'Auteuil . . . . 20 liv.
Une demi-queue de vin de Mareuil . . . . . 30 liv.
Deux autres pièces vides. [Le sieur Roze, officier, déclara que l'une avait été bue par les neveux de Gourville depuis son décès; l'autre s'était perdue par défaut de la futaille.]

Dans une autre cave.

Six voies de bois scié . . . . 54 liv.
Un quarteron de fagots. . . . . 26 s.

Dans la cuisine, au rez-de-chaussée dans la cour, derrière le pavillon.

Deux chenets, deux landiers, pelles, tenailles, lèchefrites, broches, tournebroche, grils, poêles, chaudrons, passoires, écumoires. . . . . 24 liv.
Une fontaine en cuivre rouge . . . . 30 liv.
Marmites, casseroles, poissonnière, coquemar en cuivre .
. . . . 60 liv.
Un mortier de marbre et son pilon . . . . . 5 liv.
Table, garde-manger, balance. . . . . . . 5 liv.

Dans une chambre au premier étage ayant vue sur l'hôtel de Condé.

Un bois de lit de chêne, garni seulement d'un tour de lit de tapisserie à pans, rideaux et soubassements doublés de tabis blanc . . . . 40 liv.

Un grand tableau peint sur toile, sans bordure, représentant Mars et Vénus; deux autres tableaux peints sur toile, servant de dessus de porte . . . . 6 liv.

Dans un grand salon ayant vue sur le jardin de l'hôtel de Condé.

Douze grands fauteuils de bois de noyer remplis de crin, couverts d'étoffe rouge appelée triple . . . . . 50 liv.

Six pièces.... de cuir doré faisant le tour en partie dudit salon . . . . 60 liv.

Une table de pierre de composition à bordure de bois violet, garnie de deux tiroirs, posée sur quatre pieds de bois doré, deux grands guéridons de bois de rapport dorés aux extrémités . .
. . . . 30 liv.

Un moyen miroir de glace, garni de sa bordure et chapiteau aussi de glace, orné de laque derrière . . . . . 10 liv.

Un grand tableau peint sur toile, représentant une Vénus et un satyre, copie du Titien. . . . . (*blanc.*)

Deux autres tableaux peints sur toile; l'un représente une Vénus et Adonis, et l'autre Andromède; un tableau aussi peint sur toile, représentant une fête de Bacchus . . . (*blanc.*)

Quatre grandes urnes de faïence . . . . . . 5 liv.

Une moyenne urne et deux bouteilles de porcelaine. 12 liv.

Dans une autre chambre à côté.

Une grille de fer à pommes dorées, pelle, pincette et tenaille.
. . . . 3 liv.

Une tenture de tapisserie à personnages, fabrique des Gobelins, contenant six pièces. . . . . 800 liv.

Un tableau peint sur toile, représentant Didon sur le bûcher..., et un rideau de taffetas vert . . . . (*blanc.*)

Deux autres tableaux, représentant Didon et Énée, et l'autre encore Énée et sa mère lui donnant des armes . . (*blanc.*)

Deux portières de tabis blanc avec bandes de tapisserie, doublées de serge grise. . . . . 20 liv.

Une table et deux guéridons de bois de rapport dorés aux extrémités . . . . 12 liv.

Un miroir en carré, en forme de lustre, avec son chapiteau aussi de glace, orné de plaques de cuivre doré et petites plaques d'argent . . . . 20 liv.

Deux bouteilles de porcelaine bleue, trois gobelets, deux soucoupes et six petites tasses de porcelaine . . . . 10 liv.

Table en écritoire de bois de cèdre dorée aux extrémités, avec son tiroir fermant à clef, garnie de son encrier et poudrier d'argent . . . . 30 liv.

Deux petits cabinets de plain pied . . . . . (*blanc.*)

Six fauteuils et six chaises de bois doré rempli de crin, couvert de toile et de leurs housses de taffetas rayé à fond blanc et vert, et environ seize aunes de tapisserie de pareil taffetas. 80 liv.

Quatre tableaux peints sur toile, de différentes représentations . . . . (*blanc.*)

Un vieux cabinet d'Allemagne, de bois de racine de noyer, avec bande de cuivre doré. . . . . 20 liv.

Deux rouleaux et une urne de porcelaine, dont partie cassée.
. . . . 10 liv.

Dans une petite salle d'entrée par bas, ayant vue
sur ledit hôtel de Condé.

Deux matelas, deux tables de sapin, une vieille chaise à porteurs, un paravent . . . . 22 liv.

Dans une salle suivante.

Deux tables ovales, six chaises de hêtre, douze aunes de tapisserie de toile. . . . . 54 liv. 10 s.

Deux tableaux peints sur toile servant de dessus de porte. .
. . . . 6 liv.

Dans une chambre suivante ayant vue sur ledit jardin dudit
hôtel de Condé, où est décédé ledit sieur de Gourville.

Une grille et une pelle de fer, avec une paire de tenailles et deux chenets aussi de fer à pommes de cuivre doré. 5 liv.

Une table garnie de son tiroir, et deux guéridons de bois à fleurs de rapport . . . . 12 liv.

Un moyen tableau représentant le Roi, peint sur toile, avec sa bordure de bois doré . . . . 10 liv.

Deux autres tableaux peints sur toile, l'un représentant une mer, et l'autre un paysage . . . . 8 liv.

Un autre tableau peint sur bois, représentant le David portant la tête de Goliath . . . . 20 liv.

Une pendule en marqueterie, faite par Joseph Baronneau, à répétition. . . . . 120 liv.

Un miroir en forme de lustre, garni de sa bordure et chapiteau aussi de glace, avec plaques d'argent et cuivre doré. 24 liv.

Deux cabinets en forme de cassette, l'un façon d'ébène, et l'autre de bois de violette. . . . . 40 liv.

Une table de bois de noyer sur laquelle est un corps de tiroir en forme de gradin; une autre table aussi de noyer. 12 liv.

Une couche à hauts piliers de bois de chêne, garni de son enfonçure; deux sommiers de crin, l'un couvert de toile et l'autre de coutil; un lit et un traversin, aussi de coutil; un matelas de laine couvert de futaine des deux côtés; quatre couvertures, l'une de satin couleur de citron, deux autres de flanelle, et une autre de couleur d'écarlate; le tour de ladite couche contenant quatre rideaux et deux bonnes-grâces, avec les pantes et soubassements, dossier et impériale, le tout de satin de la Chine brodé de soie de plusieurs couleurs, représentant plusieurs personnages et animaux; six fauteuils et six chaises de bois peint et doré, remplis de crin et couverts aussi de satin façon de la Chine, avec broderie aussi de soie de plusieurs couleurs; cinq pièces de tapisserie faisant le tour de ladite chambre, de même satin que lesdites chaises et fauteuils; deux portières, deux rideaux de fenêtres et une bande de toile façon coton peinte aussi en façon de la Chine; ladite couche ayant sa tringle tournante de fer poli, avec quatre pommes couvertes de même satin et quatre bouquets de plumes . . . . 800 liv.

Deux fauteuils de bois de noyer couverts de maroquin noir. . . . . 8 liv.

Dans une autre chambre suivante.

Un baromètre et thermomètre . . . . . . 3 liv.
Un moyen miroir de glace de Venise, garni de sa bordure de bois façon d'ébène, avec plaques de cuivre doré . . 20 liv.
Huit tableaux peints sur toile, représentant des portraits, dont la plus grande partie la maison de Condé, un autre tableau en estampe représentant M. le cardinal de Bonsy, avec leur bordure de bois doré . . . . 40 liv.
Trois fauteuils de commodité, avec leurs carreaux recouverts de triple rouge . . . . 20 liv.
Un lit de repos garni d'un sommier de crin, deux petits matelas de laine couverts de futaine, une couverture de laine blanche, une courtepointe de toile indienne et un traversin de coutil . . . . 20 liv.
Item, une tenture de tapisserie de brocatelle de Venise en six pièces. . . . . 40 liv.
Rideaux et chaises . . . . 28 liv.

Dans une chapelle à côté.

Quatre pièces de pareille tapisserie de brocatelle de Venise .
. . . . 24 liv.
Un tableau peint sur bois, représentant l'Adoration des trois rois, une croix et deux chandeliers de bois doré. . 6 liv.
Deux aubes de toile blanche et autres menus linges servant à la célébration de la sainte messe; une chasuble, étole, manipule et corporaux de satin, avec broderie de soie de plusieurs couleurs . . . . 20 liv.

Dans une grande salle à côté, servant à manger.

Deux tables en sapin, douze chaises, une cuvette de cuivre, etc. . . . . 38 liv.

Dans une chambre par bas, servant de garde-robe.

Une robe de damas couleur de noisette, une autre robe de

chambre doublée de taffetas . . . . 20 liv.
Douze chemises de toile fine . . . . 36 liv.

[Pas d'autres vêtements, ni de linge de corps.]

Dans un garde-meuble au troisième étage.

Tour de lit, rideaux, sièges, etc., en velours ciselé couleur noire et violette. . . . . 1,200 liv.
Une tenture de tapisserie de brocatelle de Venise en dix pièces. . . . . 600 liv.
Une tenture de tapisserie de damas jaune . . . 120 liv.
Deux pièces de tapisserie de Flandre à personnages. 150 liv.
Une autre pièce de tapisserie de Bruxelles . . . 150 liv.
Plusieurs pièces de cuir doré. . . . . 120 liv.

Ensuit la vaisselle d'argent étant dans l'office, représentée par ledit sieur Roze.

Premièrement, un grand bassin rond à laver les mains, un grand plat bordé pour le potage, deux autres moyens, deux autres suivants, six autres petits plats, deux assiettes plates, deux assiettes à ragoût, quatre assiettes potagères, quarante-huit autres assiettes de couvert, quatorze cuillers et quatorze fourchettes, une autre cuiller à olives; le tout d'argent, poinçon de Paris, pesant cent soixante-onze marcs cinq onces. . . .
. . . . 5,406 l. 3 s. 8 d.
Une petite marmite avec son couvercle, trois salières, un sucrier, six flambeaux, quatre flacons avec leur couvercle et une pompe, une aiguière, un autre petit flacon à mettre poivre, une écuelle couverte, une paire de mouchettes avec son porte-mouchettes . . . . 1,553 l. 17 s. 6 d.
Une cuiller, une fourchette et un manche de couteau, et trois gobelets d'argent vermeil doré . . . . . 87 l. 3 s. 8 d.
Quatorze manches de couteaux aussi d'argent, garnis de leurs lames . . . . 40 liv.

Ensuit la vaisselle d'argent qui est en la possession
dudit Mignot, et par lui représentée.

Un bassin à barbe, un coquemar, trois petites assiettes à saigner, une écritoire garnie de son encrier, poudrier et sonnette, une bassinoire, un calice avec sa patène, et soixante-quatorze jetons, le tout d'argent . . . . 946 l. 8 s. 9 d.
Deux chandeliers carrés . . . . 116 liv.
En plats, assiettes et autres ustensiles d'étain fin, cent soixante-dix livres. . . . . 127 l. 10 s.
Deux moyens plats d'étain commun . . . . . 30 s.

Ensuit le linge représenté par la demoiselle de Belleville, demeurant audit pavillon de l'hôtel de Condé.

Quarante draps de toile ouvrée. . . . . . . 60 liv.
Dix douzaines de serviettes de toile de Venise . . 60 liv.
Dix-huit nappes de pareille toile . . . . . . 50 liv.
Six douzaines de serviettes et cinq nappes de toile damassée
. . . . 50 liv.
Quarante douzaines d'autres serviettes de toile ouvrée de Caen, dont la plus grande partie élimée . . . . 150 liv.
Vingt nappes de même toile . . . . 12 liv.
Onze draps de toile d'Hollande élimés . . . 80 liv.

Dans un petit cabinet au second étage, sur le derrière.

Huit tomes de livres in-folio des *Cérémonies observées aux mariages des rois, Pompes funèbres*..... et autres reliés et couverts de veau . . . . 12 liv.
Trente autres volumes in-quarto, aussi reliés et couverts de veau, dont l'*Explication de l'Apocalypse*, l'*Histoire de Constantin*, *Histoire de Louis XI*[1], et autres . . . . . 36 liv.
Cent quatre autres volumes de livres in-octavo, reliés et couverts de veau, traitant de différents sujets, histoires et matières
. . . . 40 liv.

1. Sans doute celle de Varillas, publiée en 1685.

Il s'est trouvé, dans l'un desdits coffres d'Angleterre étant dans la chambre où ledit sieur de Gourville est décédé, cinq louis d'or, neuf écus blancs et un quart, le tout de vieilles espèces.

En procédant, le sieur Mignot a représenté auxdites parties un sac de mille livres, qu'il a déclaré lui avoir été mis ès mains lors de l'apposition des scellés.

Ensuivent les titres.

Quarante-six liasses de titres et pièces, dont les principaux sont :

Onze pièces de provisions d'offices et titres honorifiques, notamment celles de secrétaire du Roi, d'intendant de Monsieur le Prince, de conseiller d'État;

Les arrêts de décharge et les lettres patentes rendus en sa faveur en 1683, 1690, 1693 et 1694[1];

Des quittances de prêts faits à Mme de Saint-Loup (1667, six mille livres), à M. de la Rochefoucauld (1681, quatre-vingt-dix mille livres), à la comtesse de Gramont[2] (1703, trois mille livres);

Une certaine quantité de pièces relatives à ses affaires de finances du temps de Foucquet;

Le bail de sa maison du quai de Nesle[3] fait au marquis de Puyzieulx et à l'évêque de Soissons, son frère, moyennant un loyer de deux mille livres et cent cinquante bouteilles de vin de Sillery par an (1694);

La vente de sa maison de Fontainebleau à la marquise de Villequier (1700);

Le don de la terre de Saint-Maur fait au sieur de Gourville par le prince de Condé (1680), et sa rétrocession au duc de Bourbon (1697)[4];

L'acte de fondation de la Charité de la Rochefoucauld (1685)[5];

1. Voyez ci-dessus, appendice VII, p. 210-214.
2. Élisabeth Hamilton.
3. Ci-dessus, t. I, p. 162.
4. Ci-dessus, appendices XI, p. 267, et XIV, p. 285.
5. Ci-dessus, p. 145-148.

Des dons aux Incurables (1677, vingt-quatre mille livres, moyennant deux mille livres de rente viagère), à l'Hôtel-Dieu de Paris (1685, vingt-cinq mille livres en deux fois, moyennant deux mille cinq cents livres de rente viagère), à son neveu Louis Maret (1698, trente mille livres, moyennant quinze cents livres de rente);

Des actes d'une cession de deux mille livres de rente sur la Ville faite en trois fois différentes à Gourville par Mlles de la Rochefoucauld (1er mars 1703);

Une quittance de quatre-vingt-cinq mille livres (1676), somme que Gourville avait été condamné à payer à M. de Fieubet par sentence du Châtelet du 23 mars 1663;

Enfin, les registres des dépenses de sa maison pour 1701 et 1702 [1].

1. Minutier du successeur du notaire Lange.

TABLE DES CHAPITRES

DU SECOND VOLUME.

Pages

Chapitre XIV. — Mon voyage d'Espagne. Le roi y tombe malade à l'extrémité. Je fais résoudre les grands à faire M. le duc d'Anjou qui vivoit alors roi d'Espagne. Je finis les affaires de Monsieur le Prince.   1

Chapitre XV. — Mon retour à Paris. Je fais des mémoires de l'état où étoient les affaires de Monsieur le Prince, qui étoient en grand désordre. J'entreprends de les accommoder, et enfin j'en viens à bout   32

Chapitre XVI. — Comme le Roi déclare la guerre aux Hollandois. Monsieur le Prince est blessé au Tolhuys et mené à Arnheim, où je me rendis auprès de lui. Je fais avec le Roi l'accommodement de M. de Marcin et l'établissement de son fils. J'entreprends l'embellissement de Saint-Maur. M. Foucquet, ayant été mis en liberté, m'écrit et me prie de remettre à sa famille environ cent mille livres que j'avois prêtées à sa femme. La bataille de Seneffe. M. le maréchal de Créquy est pris dans Trèves par MM. les ducs de Zell et de Hanovre ; j'obtiens sa liberté pour cinquante mille livres. Je fais le traité de M. de Lionne avec M. Colbert, qui donne deux cent mille livres pour avoir le département de la marine   56

Chapitre XVII. — Le Roi m'envoie en Allemagne pour tâcher de rompre l'assemblée qui se devoit faire au Humelen, ou de m'y trouver. J'eus une grande conversation avec M. le prince d'Orange à la Haye, dont je rendis compte au Roi par une lettre qui est ici transcrite. M. le duc de Hanovre, au lieu d'aller à l'assemblée, s'en va à Wiesbaden pour prendre des eaux, où je l'accompagne.   87

Chapitre XVIII. — Monsieur le Prince donne un placet au Roi par l'avis de M. Colbert. J'obtiens un arrêt et des lettres patentes. M. Colbert meurt. M. le duc de Créquy vient dire à Monsieur le Prince que le Roi m'avoit nommé pour cet emploi; mais M. le Peletier fut fait contrôleur général, en suite de quoi j'eus de grandes traverses (je parle de M. le Peletier). Mort de Monsieur le Prince . . 109

Chapitre XIX. — Mon voyage à Aix-la-Chapelle, où étoit M. le duc de Hanovre. La guerre de Savoie. L'affaire de la Monnoie. La vaisselle d'argent. M. de Pontchartrain est fait contrôleur général. Le Roi m'accorde un nouvel arrêt et de nouvelles lettres patentes par une bonté toute extraordinaire. Je les fais enregistrer à la Chambre des comptes. 123

Chapitre XX. — Je me représente comment je suis venu en l'état où je me trouve. Visite que j'eus du milord Portland de la part du roi d'Angleterre. Comment je me suis aperçu que ma mémoire étoit revenue. Je me suis remis dans mon train ordinaire, et me trouve heureux 140

Chapitre XXI. — Portrait de Messieurs les ministres . . 151

TABLE ALPHABÉTIQUE

DES NOMS PROPRES.

A

Agen (la ville d'), I, 59, 60, 72, 81, 91.
Agurto (M. de). Voyez Gastanaga (le marquis de).
Aix (l'archevêché d'), I, 106.
Aix-la-Chapelle (la ville d'), II, 123-125.
Albe (Antoine Alvarez de Tolède, duc d'), II, 5, 17.
Albret (César-Phébus, maréchal d'), I, 171.
Aldenhoven (le village d'), II, 128.
Alet (l'évêque d'). Voyez Pavillon (N.).
Allemagne (l'), I, 237, 241 ; II, 81, 82.
— (l'empereur d'), II, 13. Voyez Léopold.
Allemands (les), II, 16, 74.
Allier (l'), rivière, I, 68.
Alsace (l'), II, 95.
Amboise (la ville d'), I, 35.
Amérique (l'). Voyez Indes occidentales (les).
Amiens (la ville d'), I, 172.
Amsterdam (la ville d'), I, 206, 207 ; II, 57.
Angers (la ville d'), I, 186, 188.
Anglais (les), II, 58.
Angleterre (l'), I, 151, 207, 209, 211-214, 227-229, 233, 241 ; II, 13, 58, 96, 122.
— (les rois d'). Voyez Charles II, Guillaume III, Jacques II.
— (le parlement d'), I, 212, 213.

Angoulême (la ville d'), I, 7, 37, 47, 48, 50, 207.
Angoumois (l'), I, 20, 36, 37, 40, 43, 44, 87, 90, 178, 191, 199, 200 ; II, 84.
Anjou (Philippe de France, duc d'), II, 17, 33.
Anne d'Autriche, reine de France, I, 50, 102, 182, 183, 235.
Anvers (la ville d'), I, 138, 207, 215, 220 ; II, 31, 58, 89.
Aragon (Pascal d'Aragon de Cardone, cardinal d'), archevêque de Tolède, II, 4, 22-25.
Archiduc (l'). Voyez Juan d'Autriche (Don).
Arcy (René Martel, marquis d'), II, 101, 102.
Arenberg (Philippe-François de Ligne, prince d'), I, 205, 208, 214, 215, 217, 219, 224 ; II, 88.
— (Marie-Henriette de Vergy de Cusance, princesse d'), II, 88.
Arlington (Henri Bennett, lord), I, 212 ; II, 58.
Arnheim (la ville d'), II, 57, 59.
Arpajon. Voyez Châtres.
Arras (la ville d'), I, 107, 112.
Arschot (Charles-Eugène de Ligne, duc d'), I, 208, 215, 217, 219, 224.
Arsenal (le mail de l'), à Paris, I, 24, 25.
Artagnan (Charles de Batz de

Castelmore, comte d'), I, 186.
Asnières (le château d'), I, 252.
Aspremont (François de la Mothe-Villebert, comte d'), I, 32-33.
Aubocq (le village d'), II, 57, 58.
Augustin (saint), I, 132.
Aumont (Anne d'), dame Foucquet, I, 188.
Aumont. Voyez Villequier.
Autun (l'évêque d'). Voyez Roquette (Gabriel de).
Auvergne (Frédéric de la Tour, comte d'), II, 90, 92.
Auxonnettes (le village d'), I, 57.
Avare (l'), comédie de Molière, I, 220.
Avaux (Jean-Jacques de Mesmes, comte d'), I, 168-169.
— (Jean-Antoine de Mesmes, comte d'), II, 90, 94.
Aytona (Guillaume-Raymond de Moncade, marquis d'), II, 3, 4, 11-13, 18, 22-26.
— (la marquise d'), II, 11.

B

Bacharach (la ville de), I, 205-206.
Bachelerie (Antoine de Loyac, sieur de la), I, 123, 124.
Bâle (la ville de), I, 205.
Balthasar de Gacheo (Jean), dit le colonel Balthasar, I, 216, 217, 231-233 ; II, 47.
— (Madeleine de Brignac, dame), I, 232.
Bar (Guy de), I, 26-28, 172, 173.
Barbezières (Geoffroy de la Roche-Chémerault, sieur de), I, 137-141.
— (Madeleine Bertrand de la Bazinière, dame de), I, 140-141.
Barbezieux (Louis-François-Marie le Tellier, marquis de), II, 160.
Barèges (les eaux de), I, 264.
Barentin (Jacques-Honoré), I, 181.

Bartet (Isaac), II, 111.
Bastille (la), I, 44, 79, 86-88, 123-127, 137, 138, 161, 197, 210.
Baugency (la ville de), I, 57.
Bauquemare (le président Charles de), I, 18.
Bauyn (Prosper), II, 118, 119.
Bavière (Maximilien-Emmanuel, électeur de), II, 143.
— (Maximilien-Henri de), électeur de Cologne, II, 126.
— (Joseph-Ferdinand-Léopold, prince électoral de), II, 143.
— (Anne de Gonzague, princesse palatine de), I, 238, 242, 252, 254 ; II, 5, 35.
— (Bénédicte de). Voyez Hanovre (la duchesse de).
Bâville (Nicolas de Lamoignon, marquis de), II, 85, 86.
— (Anne-Louise Bonnin de Chalusset, marquise de), II, 86.
— (la terre de), II, 85.
Bayers (Louis-Antoine de la Rochefoucauld, marquis de), II, 1.
— (Louis-François de la Rochefoucauld-), II, 1-3, 14, 20, 29.
Bayonne (la ville de), I, 261 ; II, 13, 30.
Bazinière (Macé Bertrand, sieur de la), I, 167-171.
— (Madeleine Bertrand de la), I, 140-141.
— (l'hôtel de la), à Paris, I, 171.
Beaufort (le duc de), I, 28, 60.
Beauregard (François de Brignac, sieur de), I, 216, 217, 232.
Bec d'Allier (le), I, 68.
Béchameil (Louis), II, 50, 118.
Belle-Isle (l'île de), I, 173, 174, 183.
Belleville (le sieur), II, 149.
Bennett (Henri), lord Arlington. Voyez Arlington.
Bentinck (Jean-Guillaume, baron de). Voyez Portland (le comte de).
Bercenay (M. de), I, 11, 19, 61, 62.

Berg-op-Zoom (la ville de), I, 257.
Bernage (Louis de), II, 147.
Bernouin (le sieur), I, 90.
Berquigny (M. de), I, 16.
Berry (le), II, 53.
Berryer (Louis), I, 195, 196, 200, 201; II, 50.
Besançon (la ville de), I, 205, 208.
Bezons (Claude Bazin de), I, 116.
Binche (la prévôté de), II, 27, 29.
Biron (François de Gontaut, marquis de), I, 63.
Blainville (Jules-Armand Colbert, marquis de), II, 121.
Blaye (le gouvernement de), I, 53.
Bléneau (le combat de), I, 73-74.
Bocaud (Pierre), II, 37.
Boé (le village de), I, 59.
Bonsy (Pierre, cardinal de), archevêque de Toulouse, II, 13-15, 17, 18, 20, 22, 29, 30, 33.
Bordeaux (la ville de). La Fronde à Bordeaux, siège de cette ville, paix et amnistie, I, 80, 85, 86, 88-105. — Citée, I, 20, 22, 34, 35, 43, 44, 47, 51, 56, 57, 114, 115, 153, 157, 201; II, 47, 48, 67.
— (la généralité de), I, 248, 250.
Boreel (Jacques), II, 100.
Boucherat (le chancelier), II, 138, 162.
Bouillon (Godefroy-Maurice de la Tour, duc de), I, 20, 22, 45, 46, 52-54, 57, 58; II, 67, 68.
Bourbon (Louis de Bourbon-Condé, duc de), II, 52.
— (Louise-Françoise, légitimée de France, duchesse de), II, 119.
Bourget (le village du), II, 62.
Bourgogne (les États de), I, 202.
Bournonville (Alexandre-Hippolyte-Balthasar, duc de), I, 224.
Boxtel (le bourg de), II, 59.
Boylesve (Claude de), I, 181.

Braconne (la forêt de), I, 201.
Braine-le-Comte (le bourg de), II, 88.
Brancas (Charles, comte de), I, 157, 158, 161; II, 155.
Breda (la ville et les conférences de), I, 226, 227, 230, 259.
Brême (la ville de), I, 230.
Bretagne (la), II, 53, 55, 163.
Breteuil (Louis le Tonnellier de), I, 141.
Brezé (Urbain de Maillé, maréchal de), I, 21.
— (Armand de Maillé, duc de), II, 45.
Briare (le canal de), I, 73.
Brie-Comte-Robert (la ville de), I, 18.
Brienne (Louise de Béon, comtesse de), I, 76.
Briord (Gabriel, comte de), II, 80.
Brouage (le gouvernement de), I, 53; II, 47.
Brouettes (la campagne des), II, 40-41.
Bruges (le canal de), I, 8-9.
Brunswick (les princes de la maison de), I, 204, 231, 235, 237; II, 93, 94, 96, 100, 123, 125. Voyez Hanovre, Osnabrück, Zell.
— (Frédéric-Auguste de), I, 239.
— (Georges-Louis de), roi d'Angleterre, I, 239. Voyez Hanovre.
Bruxelles (la ville de). Gourville s'y réfugie; son séjour dans cette ville, I, 207-209, 213-226. — Citée, I, 81, 83, 204, 205, 244, 245, 249, 252; II, 3, 4, 12, 14, 33, 34, 58, 59, 88, 89, 115, 132.
Buckingham (Georges Villiers, duc de), I, 212.
Buisson (Nicolas de Heudebert du), II, 136, 138.
Burin (le sieur), I, 81, 82.
Bussière (La). Voyez Tabouret.
Bussy (Roger de Rabutin, comte de), I, 70.

C

Cadix (la ville de), II, 17.
Cahuzac (le bourg de), I, 64, 199.
Caillet de Chamlot (Jacques), I, 254, 255.
Calahorra (la ville de), II, 31.
Calvimont (Catherine de Queux, dame de), I, 106.
Cambrai (la ville de), I, 139-140, 207, 246.
Campagnac (la demoiselle de), I, 133-134.
Canardière (la), à Chantilly, II, 39.
Canaries (le vin des), I, 210.
Candalle (Louis-Charles-Gaston de Nogaret de la Vallette, duc de), I, 89-93, 96-102, 105, 112.
Caracène (Louis-François de Benavidès, marquis de), I, 208, 214, 215, 217; II, 23.
— (Catherine Ponce de Léon, marquise de), II, 4.
Cardonnière (Balthasar, marquis de la), II, 77.
Carnelle (la capitainerie de), II, 114.
Cassel (la bataille de). Voyez Montcassel.
Castel-Rodrigo (François, marquis de), I, 216, 217, 221, 224-226, 245; II, 3, 18, 22-24, 26, 28, 60, 61.
Castellon-d'Ampurias (la ville de), I, 114.
Catalogne (la), I, 111-114, 116, 117; II, 6, 12, 32.
Cerdagne (la), I, 113.
Chaise (François d'Aix, comte de la), II, 107.
Châlons-sur-Marne (la ville de), II, 81.
Chambre aux deniers (la charge de maître de la), II, 118.
Chambre des comptes de Paris (la), II, 113-115, 139.
Chambre de justice (la), I, 153-155, 198, 201; II, 54.
Chambres de réunion (les), II, 95.

Chamilly (Nicolas Bouton, comte de), I, 46, 54.
Chamlot (M. de). Voyez Caillet de Chamlot.
Champagne (le régiment de), I, 58.
Champagne (le vin de), II, 81.
Champniers (François Guy, seigneur de), II, 2, 3, 14, 20, 29.
Champs (le P. de), II, 120, 121.
Chantilly (le château et la terre de), I, 20, 26, 203, 234, 246, 250, 252; II, 37-40, 42, 51 119.
— (le canal de), II, 50-51.
Chanut (Pierre), I, 160, 174.
Charente (la), rivière, II, 84.
Charenton (le pont de), I, 56.
Charité (la ville de la), I, 70.
Charité (une), hôpital, II, 145.
Charleroi (la ville de), I, 225; II, 74.
Charles II, roi d'Angleterre, I, 211-213, 228-230, 258, 259; II, 58, 59.
Charles II, roi d'Espagne, I, 225, 253; II, 2, 12, 16-21, 24-26, 30, 33, 143.
Charles XI, roi de Suède, I, 242.
Charlestown (la ville de), II, 124.
Charleville (la ville de), II, 124.
Charlus (le château de), I, 67.
Charolais (le), II, 27, 29, 34.
Charost (Armand de Béthune, comte, puis duc de), I, 188.
— (Marie Foucquet, comtesse, puis duchesse de), I, 188.
Châteauneuf (Charles de l'Aubespine, marquis de), I, 48-50.
Châteauneuf (Balthasar Phélypeaux, marquis de), II, 118, 119.
Châteaurenard (le bourg de), I, 73.
Châtelain (Claude), I, 152.
Châtellerault (la porte de), à Poitiers, I, 47.
Chatham (la ville de), en Angleterre, I, 227.
Châtillon (Isabelle de Montmorency, duchesse de), I, 113.
Châtillon-sur-Loing (le bourg de), I, 71.

DES NOMS PROPRES. 309

Châtres (le bourg de), aujourd'hui Arpajon, I, 51.
Chaulnes (Charles d'Albert, duc de), II, 168.
Chaumont (Hugues, comte de), I, 10-11.
Chaunai (le bourg de), I, 47.
Chauveau (Dominique), I, 241, 242, 244, 246, 260; II, 2, 3, 121.
Chavagnac (Gaspard, comte de), I, 61, 67, 91.
Chavigny (Léon Bouthillier, comte de), I, 34-35, 71-73, 77.
— (l'hôtel de), à Paris, I, 71.
Chaville (la terre de), II, 114, 159.
Chémerault (Charles, comte de), I, 137-139; II, 115.
— Voyez Barbezières.
Cheval de bronze (le), à Paris, I, 51.
Chevreuse (Marie de Rohan, duchesse de), I, 183.
— (l'hôtel de), à Paris, I, 40, 42.
Choiseul (Gilbert de), évêque de Cominges, I, 118.
Chouppes (Aymar de), I, 91.
Christiern V, roi de Danemark, II, 124, 125.
Christine, reine de Suède, I, 119-121, 242.
Clerc (le sieur), II, 150.
Clérambault (Philippe de Palluau, maréchal de), I, 169, 174, 175, 185, 211; II, 80.
Clérembault (René Gilier, marquis de), I, 36; II, 108.
— (Marie-Gilonne Gilier, demoiselle de), II, 108.
Clermontois (le), II, 49, 53.
Coadjuteur (Monsieur le). Voyez Retz (le cardinal de).
Coigneux (le président le), I, 121-122.
Colbert (Jean-Baptiste), ministre. Son mémoire contre Fouquet, I, 153-156; force Gourville à porter cinq cent mille livres à l'Epargne et l'empêche de les recouvrer, 191, 195;

Colbert (suite).
lui fait faire son procès, 200; veut forcer Gourville à payer ce qu'il doit au Roi, 207, 247, 248, 250; l'autorise à rester en France, 251, 252, 254; s'oppose à son voyage en Espagne, 253; Monsieur le Duc intercède auprès de lui en faveur de Gourville, 259; devient secrétaire d'Etat de la marine, II, 86, 87; vise à devenir premier ministre, 156; son hostilité envers le chancelier le Tellier, 113; ses relations avec Gourville, 52; sa mort, 110; son portrait, 164-165. — Cité, I, 145, 158, 188, 190, 212; II, 18, 33, 41, 42, 44, 53-55, 62, 109, 115, 135, 154, 158, 168, 169.
— (l'hôtel), à Paris, I, 248.
Cologne (l'électeur de). Voyez Bavière (Maximilien-Henri de).
— (la ville de), I, 206.
Cominges (Gaston-Jean-Baptiste, comte de), I, 128.
— (l'évêque de). Voyez Choiseul (Gilbert de).
Compiègne (la ville de), II, 40, 62.
Condé (Louis de Bourbon, prince de), dit Monsieur le Prince. Son arrestation (1650), I, 19; complot pour le délivrer, 23-28; sort de prison, 33; premiers rapports avec Gourville, 34; fait enlever le coadjuteur, 35-44; envoie Gourville au duc de Bouillon, 45-46, 52-54, 57-58; combat de Miradoux, entrée à Agen, 58-60; voyage d'Agen à la Loire, 60-71; combat de Bléneau, 73-74; attaque de Saint-Denis, 75-77; négociations avec Mazarin, 77-78; combat du faubourg Saint-Antoine, 78-79; s'en va à Stenay, 80; se retire à Bruxelles, 81; La Rochefoucauld se sépare de lui,

Condé (le Grand) (suite). 83-84; siège d'Arras, 107-111; secourt Valenciennes, 128-129; secourt Cambrai, 139, 140; son retour à la cour, conversation avec Gourville, 163-167; offre asile à Gourville en Bourgogne, 202-203; fait charger Gourville d'une négociation en Hanovre, 233; l'envoie à Hambourg, 241-242; demande à Colbert d'accorder une entrevue à Gourville, 248-249; obtient qu'il puisse rester à Paris, 251-252; ses affaires en Espagne; y envoie Gourville, 256, 260; II, 11, 18, 19, 22-29; reçoit le Roi à Chantilly, 37-40; prend part à la campagne de 1672, est blessé, 57-59; bataille de Seneffe, 74-81; va remplacer Turenne en Allemagne, 81; ses affaires embrouillées, en confie la gestion à Gourville, 34-37, 45-48, 50-51; démêlés avec Rose, 42-45; donne à Gourville la terre de Saint-Maur, 63, 65; sa mort, son testament, ses obsèques, 119-122; son caractère violent, 76, 80; souffre les observations de Gourville, 80. — Cité, I, 18, 48-50, 55, 93, 95-98, 102, 104, 138, 139, 160, 176, 177, 192, 203, 204, 215, 225, 234, 238, 242, 246, 250, 257-259; II, 2, 5, 14, 15, 31-34, 42, 49, 52, 53, 60, 70, 73, 74, 99, 109, 111-115, 137, 159.

Condé (Henri-Jules de Bourbon, duc d'Enghien, puis prince de), dit Monsieur le Duc et Monsieur le Prince. Donne à souper à Gourville, I, 249; obtient de Colbert que Gourville reste à Paris, 251-252; charge Gourville de ses affaires en Espagne, 252-256; intercède pour lui auprès de Colbert, 259; achète la terre de Senonches, II, 34-35; s'occupe de la réception du Roi à Chantilly, 38-40; confie la gestion de ses affaires à Gourville, 49, 52; ses démêlés avec le président Rose, 42-45; son imagination, 38, 50; ses dépenses exagérées, 50-51. — Cité, I, 20, 22, 23, 26, 93, 97, 98, 166, 234, 250; II, 32, 33, 64, 65, 73-75, 79, 112, 121.

Condé (Louis de Bourbon-). Voyez Bourbon (le duc de).

Condé (Charlotte-Marguerite de Montmorency, princesse de), I, 20, 21, 24, 25, 27.

— (Claire-Clémence de Maillé-Brezé, princesse de), I, 20, 97-99; II, 137.

— (Anne de Bavière, duchesse d'Enghien, puis princesse de), I, 238, 242, 255; II, 34.

— (l'hôtel de), à Paris, I, 34, 133.

— (le régiment d'infanterie de), I, 93, 98.

Conseil d'État (le), II, 112, 156, 158, 168.

Conseil des finances (le), II, 131.

Conti (Armand de Bourbon, prince de). Devient chef de la Fronde; son évasion de Saint-Germain, I, 15-18; son arrestation, 19; commande à Bordeaux pendant la Fronde; négociations pour la paix, 89, 91, 93-98, 105, 106; commande en Catalogne, 111-116; lettre au duc de la Rochefoucauld à propos de Gourville, 112-113; réception qu'il fait à celui-ci, 114-115; va tenir les États de Languedoc, 116-119; son portrait, 115. — Cité, I, 44, 80, 122, 123; II, 47.

— (François-Louis de Bourbon, prince de), II, 56, 115, 120.

— (Anne-Marie Martinozzi, princesse de), I, 106, 116, 119-122.

— (l'hôtel de), à Paris, II, 56.

Coquille (Claude), I, 248.

Cosnac (Daniel de), I, 93-95, 105, 106.
Courbevoie (le village de), I, 87, 88.
Cours-la-Reine (le), à Paris, I, 42.
Courson (la terre de), II, 85, 86.
Courtenvaux (Michel-François le Tellier, marquis de), II, 160.
Courtin (Honoré), I, 226-227.
Courtrai (la ville de), I, 8.
Coye (la terre de), II, 42, 43.
Craft (Guillaume, comte), I, 212.
Creil (le bourg de), I, 246.
Créquy (Charles III, duc de), II, 56, 111, 112.
— (François, maréchal de), II, 82, 83.
— (l'hôtel de), à Paris, II, 56.
Croissy (Antoine Foucquet, sieur de), I, 55.
— (Charles Colbert, marquis de), II, 40, 41, 91, 101, 106, 166, 168, 169, 173-174.
— (Françoise Béraud, marquise de), II, 174.

D

Dalmas (M.), I, 27.
Dammartin-en-Goëlle (la terre de), II, 37.
Damvillers (le bourg de), I, 35, 36, 40, 42-44, 80-84.
Danemark (le), I, 229.
— (le roi de). Voyez Christiern V.
Dauphine (Marie-Anne de Bavière, dite Madame la), II, 168.
Dauphiné (le), I, 195.
— (le gouvernement de), II, 108.
Desmaretz (Nicolas), II, 158.
Dijckweldt (Éverard de Wreede de), II, 91, 92, 100.
Dieppe (la ville de), I, 20.
Dijon (la ville de), I, 202, 203, 234.
Dognon (Louis Foucault, comte du), I, 53.
Dôle (la ville de), I, 202.
Dordogne (la), rivière, I, 65.
Douvres (la ville de), I, 209, 213.
Dropt (le), rivière, I, 62.
Duc (Monsieur le). Voyez Condé (H.-J. de Bourbon, duc d'Enghien et prince de).
Duchesse (Madame la). Voyez Condé (A. de Bavière, duchesse d'Enghien, puis princesse de).
Dumont (Jean), I, 202-203.
Dunkerque (la ville de), II, 40, 41.
Duras (Jacques-Henri de Durfort, maréchal de), I, 18.
Duretête (Christophe), I, 91, 102-105.

E

Èbre (l'), fleuve, II, 31.
Empereur (l'). Voyez Léopold.
Empire (l'), I, 236, 237; II, 104.
Enghien (le duc d'). Voyez Condé (H.-J. de Bourbon, prince de).
— (le régiment d'infanterie d'), I, 93, 98.
Épargne (l'), II, 115, 116.
— (les trésoriers de l'), I, 148.
Ermitage (Henri de Saunières, sieur de l'), I, 196; II, 116.
— (le vin de l'), I, 196.
Espagne (l'). Voyage de Gourville; description du pays; situation politique, II, 1-32.
— Citée, I, 90, 110, 111, 139, 201, 203, 223, 233, 235, 252, 254, 256, 259; II, 33, 50, 52, 54, 89, 143.
— (les rois d'), II, 7, 10. Voyez Charles II, Philippe IV.
Espagnet (M. d'), I, 110.
Espagnols (les), I, 79, 80, 83-85, 99, 110, 139, 140, 166, 214, 215, 236; II, 8, 19, 32, 60, 62, 96, 98.
Estrades (Godefroy, comte d'), I, 90-92, 97, 100-102, 223, 224; II, 156.
Estrées (François-Annibal III, marquis d'), II, 30.
Étampes (la ville d'), I, 51.

États-Généraux de Hollande (les), I, 227, 231, 233, 257; II, 94-96, 100.
Europe (l'), II, 94.

F

Fabert (Abraham de), I, 32.
Farnèse (Alexandre), prince de Parme, II, 89.
Fayette (René-Armand, comte de la), II, 70.
— (Marie-Madeleine Pioche de la Vergne, comtesse de la), II, 63-66, 69-71.
Fère (la ville de la), I, 126; II, 73.
Fernan-Nuñez (François Guttierez de los Rios, comte de), II, 10, 11, 17, 20, 28.
Fernandez del Campo (Pierre), II, 26, 28.
Ferté-Senneterre (Henri, maréchal de la), I, 129, 164; II, 84.
Ferté-Senneterre (Madeleine d'Angennes, maréchale de la), I, 176.
Feuillade (François III d'Aubusson, maréchal-duc de la), II, 82, 107, 108.
— (Louis d'Aubusson, duc de la), II, 108.
— (Paul d'Aubusson, chevalier de la), I, 12.
Fieubet (Gaspard de), I, 179-182, 184.
Filles de Sainte-Marie (le couvent des), à Saint-Denis, I, 76.
Flamarens (Antoine-Agésilan de Grossoles, marquis de), I, 55, 56, 78-79.
Flandre (la), I, 98, 233; II, 15, 25, 29, 62, 75, 167.
Fontainebleau (le château de), I, 179-181, 190; II, 109, 119, 155, 159.
Fontenay (Claude de Nocé, seigneur de), I, 164.
Fort-César (le), près Bordeaux, I, 90.
Foucquet (Nicolas). Ses premiers rapports avec Gourville, I, 121-122, 137; l'envoie vers Mazarin, 141; peu disposé à faire entrer Gourville dans les affaires de finance, 142-144; disgrâce de son commis de Lorme, 145-148; ses procédés financiers, 148-149; on lui donne ombrage de Gourville, 149-152; mémoire de Colbert contre lui, 153-156; il envoie Gourville vers Mazarin, 156-157; ses craintes de disgrâce; Gourville le sauve une seconde fois, 157-160; il rentre en grâce auprès de Mazarin, 161; charge Gourville de distribuer de l'argent, 162; son jeu, 168-171, 174-175; il lit à Gourville son projet de défense, 171-173; il le charge de vendre sa charge de procureur général, 179-182; présages de sa chute; Gourville l'en avertit, 182-185; son arrestation, 185-188; son procès, 154-155, 189-191, 195, 200, 207, 208; est mis en liberté, et écrit à Gourville, II, 72, 73; son portrait, 155-158.
— Cité, I, 123, 126, 129, 163, 166, 177, 178, 200, 211, 213; II, 50, 67, 83.
Foucquet (Basile, abbé), I, 125, 126, 145, 146, 149, 161, 162.
— (Gilles), I, 188.
— (Marie-Madeleine de Castille, dame), I, 168, 171, 185, 186, 193, 200; II, 73.
— (Anne d'Aumont, dame), I, 188.
Fourilles (J.-J. de Chaumejan, chevalier de), II, 78.
Français (les), I, 221, 229, 239; II, 2, 8, 41, 130.
France (la), I, 45, 71, 83-85, 93, 97, 111, 164, 208, 211-213, 225, 228, 229, 233, 237, 242, 243; II, 5, 8, 13, 17, 41, 43, 60, 91, 99, 122, 130, 132, 133, 135, 153, 157.
Francfort (la ville de), II, 105.

DES NOMS PROPRES. 313

Franche-Comté (la), I, 140, 202, 204.
Francœur (le caporal), I, 23-28.
Fresneda (le P. François-Xavier de), II, 15.
Frette (MM. de la), I, 208, 214, 218-219.
Fuensaldaña (Louis Perez de Vivero, comte de), I, 83, 139.
Fuente (Gaspard Tello de Guzman, marquis de la), II, 5, 19, 20, 23, 26, 27.
— (la marquise de la), II, 19, 20, 23.
Fürstenberg (le cardinal de), évêque de Strasbourg, II, 124.
— (Antoine-Égon, prince de), II, 126, 127.
— (François-Christophe, comte de), I, 217.
— (Marie de Ligny, princesse de), II, 124.
— (Charlotte-Catherine de Wallenrod, comtesse de la Marck, puis de), II, 124.
Fuye (François de la), I, 215, 216.
— (Mme de la), I, 215, 216.

G

Gamarra (Estevan de), I, 223, 243.
Gardes de la porte (la charge de capitaine des), II, 107.
Garonne (la), rivière, I, 90, 94, 99.
Gastanaga (Antoine de Agurto, marquis de), II, 89.
Gaucourt (Joseph-Charles, comte de), I, 75.
Gênes (la ville de), I, 220.
Génois (les), II, 11.
Gestard (le sieur), I, 173.
Ghent (le baron de), I, 244-245.
Gibé (le sieur), II, 150.
Gien (la ville de), I, 57.
Girardin (François), I, 137-139.
Giraud (le cordelier), I, 211.
Goisnel (le sieur), I, 255.
Gondrin (Louis de Pardaillan de), archevêque de Sens, I, 136.
Gonzague (Vespasien de), II, 5.
Gourville (Jean Hérauld, seigneur de). Sa naissance, I, 6; sa famille, 7, 8; II, 149; son nom de Gourville, I, 49; ses débuts chez un procureur, 7; il entre au service de l'abbé de la Rochefoucauld, puis du prince de Marcillac, 7; on le croit malade de la poitrine, 8;
1646. Fait la campagne; son aventure avec le comte de Chaumont, I, 8-13; il est atteint de rhumatisme, 10;
1647. Secrétaire du prince de Marcillac, I, 13; entre en relations avec Hémery et procure de l'argent à son maître, 13-14;
1649. Lieutenant d'une compagnie de bourgeois sous la Fronde, I, 15; va chercher Marcillac à Saint-Germain, 15-18; est fait prisonnier, 19;
1650. Accompagne Mme de Longueville à Dieppe; revient à Chantilly, I, 20; ménage la paix avec Mazarin, 22; son complot pour délivrer les princes, 23-28;
1651. Ses voyages à Stenay, I, 29-32; il est emprisonné à Sedan, 32-33; va au-devant des princes à leur sortie de prison, 33; relations avec le grand Condé; il tombe malade, 34; tentative d'enlèvement du coadjuteur, 35-45; il vole un receveur des tailles, 37-39; envoyé par Condé au duc de Bouillon, 46-47; arrêté à Chaunai, 47; entrevue avec Châteauneuf, 48-50; gagne Paris, 51-52; voit M. de Bouillon, 52-54; réussit à sortir de Paris, 55-57; rend compte au prince de sa mission, 57-58;
1652. Passage de la Garonne, I, 59; voyage d'Agen à la

Gourville (suite).

Loire avec Condé, 60-71 ; envoyé vers Chavigny, 71-73 ; combat de Bléneau, 73-74 ; attaque de Saint-Denis, 75-77 ; négociations avec Mazarin, 77-78 ; combat du faubourg Saint-Antoine, 78-79 ; se retire à Damvillers, 80-81 ;

1653. Fait enlever Burin, I, 81-82 ; dégage la Rochefoucauld d'avec Condé et le réconcilie avec la cour, 83-88 ; envoyé à Bordeaux par Mazarin ; prend part à la conclusion de la paix, 88-106 ;

1654. Siège d'Arras, I, 107-110 ; lettre du prince de Conti à M. de la Rochefoucauld, à son sujet, 111-113 ;

1655. Va en Catalogne, réception que lui fait le prince de Conti, I, 114-115 ; achète une charge de commissaire des vivres, 115-116 ; son rôle aux États de Languedoc, 117-119 ;

1656. Son logement au Petit-Bourbon, I, 119 ; voit Christine de Suède lors de son voyage à Paris, 120-121 ; commence à être connu de Foucquet, 121 ; corrompt le président le Coigneux, 121-122 ; est enfermé à la Bastille, 122-125 ; mis en liberté, 126 ; voit Mazarin à la Fère, 126-128 ; le cardinal l'envoie à Paris, 129 ; ses relations avec Langlade et Mme de Saint-Loup, 129-136 ;

1657. Foucquet l'engage à acheter la charge de prévôt de l'Ile-de-France, opposition de Mazarin ; il obtient le traité des tailles de Guyenne, I, 137, 141-145 ; il s'occupe de la rançon de Girardin, 137-139 ;

1658. Contribue à la disgrâce de M. de Lorme, I, 145-148 ; commencement de sa fortune, 149 ; il est desservi auprès de Foucquet, 149-152 ;

Gourville (suite).

1659. Paye les dettes de M. de la Rochefoucauld, et devient secrétaire du Conseil, I, 152-153 ; copie avec Foucquet le mémoire de Colbert contre le surintendant, 153-154 ; sa mission à Saint-Jean-de-Luz auprès de Mazarin, 156-157 ; sauve une seconde fois Foucquet, 157-160 ; se raccommode avec l'abbé Foucquet, 161-162 ; Foucquet le charge de ses distributions d'argent, 162 ; il est fait conseiller d'État, 175 ;

1660. Conversation à Tain avec le grand Condé ; il la rapporte à Mazarin, I, 163-167 ; Foucquet lui lit son projet de défense, 171-173 ; son jeu, 167-171, 174-175 ; il joue avec le Roi, 176-177, 191 ;

1661. Sa rencontre avec Mazarin mourant, I, 177-178 ; arrange les affaires de la Rochefoucauld et lui prête de l'argent, 178 ; vend la charge de procureur général de Foucquet, 179-182 ; avertit Foucquet de la cabale formée contre lui, 183-184 ; met ordre à ses propres affaires, 185 ; arrestation de Foucquet, 185-188 ; revient à Paris avec M. de Lionne ; le scellé mis chez lui, 189 ; procès de Foucquet ; Gourville se retire en Angoumois, 190-193 ; Colbert le force à porter cinq cent mille livres à l'Épargne, 191, 195 ;

1662. Mesures prises contre lui, I, 195-196 ; son séjour et sa vie à la Rochefoucauld, 193-194, 196-197 ; prête de l'argent à Mme Foucquet, 186, 193, 200 ; voyage à Paris, chez le philosophe Neuré, 197-199 ; achète la terre de Cahuzac, rembourse Langlade et prête de l'argent au duc de la Rochefoucauld, 199-200 ;

DES NOMS PROPRES.   315

Gourville (suite).
1663. On lui fait son procès, I, 200-202; son exécution en effigie, 203; se rend secrètement en Bourgogne, 201-203; voyage à Paris, 203-204; sa générosité envers les Guénegaud, 204; retourne en Franche-Comté et passe aux Pays-Bas, 204-208; voyage en Angleterre, 209-214;

1664-1665. Retour à Bruxelles, voyages à Anvers et à la Haye, 214-221, 223-224; il est connu des princes de Brunswick, 216-218, et du prince d'Orange, 219-220, 223-224;

1666. Voyage à Paris, I, 225-226;

1667. Va à Breda avec Courtin; conseils qu'il donne à lord Hollys, 226-230; voyage en Hanovre et mission auprès des princes de Brunswick, 230-237;

1668. Négocie le mariage du duc Jean-Frédéric, I, 237-238; voyage à la Haye avec l'évêque d'Osnabrück; il ne peut conclure un traité, 239-241; voyage à Hambourg, 241-242; ne peut obtenir de venir à Paris, 241-243; retourne aux Pays-Bas, 244-246; conversation avec le prince d'Orange sur M. de Witt, 244; arrive incognito à Chantilly, où Condé le reçoit, 246-247; entrevue avec Colbert, 248; souper que lui donne Monsieur le Duc, 249; repart pour l'exil, 250-251; est autorisé à rester pour le mariage du duc de Hanovre, 251;

1669. Condé le charge de ses affaires et se décide à l'envoyer en Espagne, I, 254-256; tableau qu'il fait à Lionne des troupes hollandaises, 256-258; nouvelle entrevue avec Colbert, 259; départ pour l'Espagne, 260-261; il renou-

Gourville (suite).
velle les baux des fermes de M. de la Rochefoucauld, 261;

1670. Voyage en Espagne, négociations politiques et financières; description du pays, II, 1-32; propose l'échange des Pays-Bas, 11-12; offre un fils de France en cas de mort du roi d'Espagne, 16-18; voyage à Bruxelles, 34;

1671. S'occupe des affaires de la maison de Condé, II, 34-37, 45-48, 50, 51, 53; obtient des lettres d'abolition, I, 203-204; II, 37-38; fait enterrer Vatel et supplée à son absence, 39-40; vend sa charge de secrétaire du Conseil, 49-50; décide M. de Lionne à vendre la secrétairerie de la marine à Colbert, 86-87;

1672. Va trouver Condé blessé en Hollande, II, 57-59; raccommode Marcin avec M. de Castel-Rodrigo, puis le fait passer au service de la France, 60-63;

1673. Campagne de 1673, II, 73-74; Monsieur le Prince lui donne Saint-Maur; démêlés avec Mme de la Fayette et travaux à Saint-Maur, 63-67; il tombe malade, 74;

1674. Bataille de Seneffe; il rapporte les drapeaux, II, 74-81;

1675. Obtient du duc de Brunswick une diminution de la rançon du maréchal de Créquy, II, 82-84;

1676. Voyage en Angoumois avec le prince de Marcillac, II, 84-85;

1680. Abandonne à M. de Vaux ses créances sur Foucquet, II, 72-73; mortification qu'on lui donne à propos du mariage de M. de la Rocheguyon avec Mlle de Louvois, 69-71;

1681. Mission en Hanovre,

Gourville (suite).

II, 87-88, 101-106; son passage aux Pays-Bas, 88-89; séjour en Hollande; conversations avec le prince d'Orange, 90-101; lettre au Roi, 91-97; reçoit dix mille livres pour son voyage, 106;

1683. Obtient un arrêt d'abolition, II, 109-110; ne peut parvenir à le faire enregistrer, 113-114; sa réponse insolente au Chancelier, 114-115; manque d'être fait contrôleur général, 110-112;

1685. Procès avec Bauyn, II, 118-119; fonde la Charité de la Rochefoucauld, 145-148;

1686. Mort, testament et obsèques du grand Condé, II, 119-123;

1687-1688. Mission à Aix-la-Chapelle, II, 123-129; veut convertir le duc de Hanovre au catholicisme, 125-128; conseils à Louvois à propos de la Savoie, 129-131;

1689-1690. S'occupe de la réforme des monnaies, II, 131-136;

1696. Grave maladie, I, 4-5; II, 140-141; conduite de ses amis, 152;

1698. Son esprit revient, II, 145; visites que lui font le comte de Schulenbourg et Milord Portland, 141-143;

1702. Manière dont se passent ses journées, II, 151; sa gaieté et sa résignation, 148; dernière visite au Roi, I, 5-6; fait faire son épitaphe et fonde un service à la Rochefoucauld, II, 147-148;

Bienveillance de Louis XIV pour lui; obtient les entrées de la chambre, II, 106-107; sa familiarité avec Condé, 80; ses relations avec le chancelier le Tellier, II, 159-162; rapports avec Louvois, son

Gourville (suite).

influence sur lui, conseils qu'il lui donne, 51-52, 157-162, 173; intimité avec Colbert, 51-52; rapports avec Pomponne, 167-172; avec le Peletier, 119; avec Croissy, 173-174; services qu'il rend à Mme du Plessis-Guénegaud et à ses enfants, 54-56; relations avec Langlade, qui veut lui faire épouser sa sœur, 67; démêlés avec le président Rose, 41-45; sa liaison avec les Lamoignon, 85-86; son estime pour le prince d'Orange, 101;

Sa corpulence, I, 197; sa santé et ses maladies, I, 4-5, 8, 10, 34; II, 74, 140-145;

Ses domestiques, II, 149-150;

Il forme le projet d'écrire ses Mémoires, I, 6; II, 148; lettre sur ses Mémoires, I, 2-3.

Gourville (François Hérauld de), II, 125, 149.
— Voyez Hérauld.

Gramont (le maréchal de), I, 8, 10, 165-167.

Grand-Pré (le village de), I, 31.

Grands d'Espagne (les), II, 15-18.

Grange-le-Roi (le village de la), I, 82.

Grave (Henri, marquis de), II, 155.

Gray (la ville de), I, 204.

Groot (M. de), I, 252.

Grosbois (le village de), I, 18.

Gueldre (le duché de), II, 98.

Guénegaud (Gabriel de), II, 55.
— (Roger de), II, 55.
— Voyez Plancy, Plessis-Guénegaud.
— (l'hôtel de), à Paris, I, 162.
— (la rue), à Paris, I, 204.

Guiche (Armand de Gramont, comte de), I, 197, 227.

Guillaume III, roi d'Angleterre, II, 142, 143. Voyez Orange

(Guillaume-Henri, prince d').
Guilleragues (Gabriel-Joseph de la Vergne, vicomte de), I, 93-95, 105, 106.
Guipe (M. de), I, 47, 50.
Guitaud (Guillaume de Pechpeyrou, comte de), I, 61, 76, 87, 203, 234.
Guyenne (la), I, 117-119, 130, 142-144, 191, 195, 196, 248; II, 8, 46, 67, 70, 115, 116, 118.

H

Hallatte (la capitainerie d'), II, 114.
Hambourg (la ville de), I, 241, 242; II, 125.
Hamilton (Françoise Jennings, comtesse), puis duchesse de Tyrconnell, II, 122.
Hanovre (Georges-Guillaume de Brunswick, duc de), puis duc de Zell, I, 216-218. Voyez Zell (le duc de).
— (Jean-Frédéric de Brunswick, duc de), I, 218, 237, 238, 251, 252; II, 82, 83.
— (Ernest-Auguste de Brunswick, évêque d'Osnabrück, puis duc de), II, 87, 93, 101-107, 123-129. Voyez Osnabrück (l'évêque d').
— (Georges-Louis de Brunswick, duc de), II, 102.
— (Bénédicte de Bavière, duchesse de), I, 238, 252; II, 83.
— (Sophie, palatine de Bavière, duchesse d'Osnabrück, puis de), II, 103, 105, 124, 127-129.
— (Sophie-Dorothée de Brunswick, duchesse de), II, 102.
— (Sophie-Charlotte, princesse de), II, 127.
— (le duché de), I, 217, 218; II, 102.
— (la ville de), II, 102, 104, 105, 125.
Harcourt (Henri de Lorraine, comte d'), I, 58, 59.
Harlay (Achille II de), I, 182; II, 37.

Harlay (Achille III de), I, 203-204; II, 110, 112.
Haro (Louis de), I, 210.
Hauterive (François de l'Aubespine, marquis d'), I, 227; II, 1.
Havre (la ville du), I, 33.
Haye (la ville de la), I, 207, 217, 219, 223, 230, 240, 244; II, 40, 90, 91, 99, 100, 156.
Hémery (Michel Particelli, sieur d'), I, 13.
— (l'hôtel d'), à Paris, I, 188.
Henri IV (la statue du roi), sur le Pont-Neuf, I, 51.
Henriette de France, reine d'Angleterre, I, 211.
Hérauld (Pierre), I, 7.
— (Élie), I, 7, 8, 30.
— (Souveraine Mesturas, femme), I, 7.
Hervart (Barthélemy), I, 141, 146-148, 167-170, 174-175.
Hilaire (Mlle), I, 249.
Hildesheim (l'évêché d'), II, 126, 127.
Hocquincourt (Charles de Monchy, maréchal d'), I, 73-74.
Hollandais (les), 1, 3, 230-233, 241, 256, 257; II, 6, 74, 75, 96, 98.
Hollande (la), I, 3, 20, 221, 224, 227, 228, 231, 237, 240-242, 256, 257, 259; II, 13, 40, 41, 57, 58, 60, 73, 91, 94.
Hollys (Denzel, lord), I, 227-230, 259; II, 58.
Holstein (Joachim-Ernest II, duc de), II, 79, 81.
Hôpital général (la loterie de l'), I, 8.
Hospital (François, maréchal de l'), I, 32, 33.
Hotman (Vincent), I, 154-155, 250.
Humelen (le château de), II, 87, 91-93, 97, 103, 104.
Humières (Louis de Crevant, maréchal d'), I, 107-109.

I

Ile-de-France (la charge de pré-

vôt de l'), I, 137, 141, 142, 196.
Indes occidentales (les), II, 7, 8, 11, 17.
Italie (l'), II, 130.

J

Jacques II, roi d'Angleterre, II, 122. Voyez York (le duc d').
Jacquier (François), I, 116.
Jars (François de Rochechouart, commandeur de), I, 177.
Jermyn (Henri, lord), I, 211, 212.
Jésuites (l'église des), à Paris, I, 79.
Jollivet (Mlle), II, 19, 23, 27.
Joyeuse (Louis de Lorraine, duc de), I, 109.
Juan d'Autriche (don), bâtard de Philippe IV, I, 110, 253; II, 18.
Junte de régence (la), en Espagne, II, 3-5, 13, 18, 22, 26, 27, 29, 33, 34.

L

Lagny (Jean-Baptiste de), I, 84.
— (Mme de), I, 84.
Laigues (Geoffroy, marquis de), I, 183.
Lamoignon (Guillaume de), I, 129, 203, 204; II, 37, 85.
— (Chrétien-François de), II, 85.
Langlade (Jacques de), I, 129-136, 191, 199-200; II, 67-71.
Langlade (Mlle de), II, 67, 68.
Languedoc (le), I, 117-119; II, 12.
— (les États de), I, 117-119.
Launay-Gravé (Françoise Godet des Marais, dame de), puis marquise de Piennes, I, 168.
Lauzun (Antoine-Nompar de Caumont, duc de), II, 107.
Lectoure (la ville de), I, 7.
Lenet (Pierre), I, 89, 91-100; II, 47, 48.
Léopold, empereur d'Allemagne, I, 237.
Lépine (le sieur), I, 160-161, 213.
Lévis (Gaston-Jean-Baptiste, marquis de), I, 61, 67, 69.
Liancourt (la maison de), I, 12.
— (Roger du Plessis, sieur de), duc de la Rocheguyon, I, 85-87, 135, 178, 251.
— (Jeanne de Schonberg, dame de), I, 135, 251.
— (le château de), I, 251.
— (l'hôtel de), à Paris, I, 79.
Liège (la ville de), II, 124.
— (le pays de), I, 83.
Lieusaint (le village de), I, 56.
Lignières (la terre de), en Berry, II, 35.
Lille (la ville de), I, 233.
Limeuil (le château de), en Périgord, II, 67.
Limoges (la ville de), I, 186, 193.
— (la généralité de), II, 147.
Lionne (Hugues de). Fait partie du Conseil à la mort de Mazarin, I, 178; reçoit de l'argent de Foucquet, 189; craint d'être compris dans le procès du surintendant, 188-189; lettres à Gourville au sujet des princes de Brunswick, 234-236, 239-243; propose au Roi d'envoyer Gourville en Espagne, 253; conversation avec Gourville à propos des troupes hollandaises, 256-258; donne à Gourville des instructions pour l'Espagne, 259-260; Gourville lui envoie un mémoire sur l'état de ce pays, II, 10-11, 33; ses dépêches à M. de Bonsy au sujet de la succession de Charles II d'Espagne, 17-18; est mêlé aux différends de Gourville et du président Rose, 44-45; cède la marine à Colbert, 86-87; sa mort, 166; son portrait, 163. — Cité, I, 233, 249; II, 41.
Lissy (le château de), en Brie, I, 59.
Loches (la ville de), I, 51.

Loire (la), I, 57, 68-70.
Londres (la ville de), I, 211-213, 224; II, 40, 58, 122.
Longjumeau (le bourg de), I, 29.
Longueville (le duc de), I, 19.
— (Anne de Bourbon-Condé, duchesse de), I, 16, 20, 80, 89, 96-98, 113.
Lorge (Guy-Aldonce de Durfort, maréchal de), I, 18.
Lorme (Jacques Amproux de), I, 145-149.
Lormont (le bourg de), près Bordeaux, I, 100.
Lorraine (Charles IV, duc de), I, 79-80, 110.
Louis XIV, roi de France. Lettre sur ses amours, I, 198; refuse à Gourville la permission de revenir à Paris, 243; siège de Marsal, II, 34; séjour à Chantilly en 1671, 37-40; campagne des Brouettes, 40-41; guerre de Hollande, 57-59; lettre que lui écrit Gourville sur son entrevue avec le prince d'Orange, 91-97; accorde à Gourville son amnistie définitive, 137-138; sa bienveillance pour Gourville, 106-107; lui demande de ses nouvelles, I, 5-6; sa statue de la place des Victoires, II, 108. — Cité, I, 3, 14, 25, 41, 45, 49, 70, 72, 77, 79, 86, 87, 98, 99, 102, 104, 111, 112, 117, 119, 126, 128, 137, 139, 141-143, 148, 149, 153, 155, 157-159, 161, 164, 166, 167, 179, 183-185, 187, 191, 200, 204, 212, 221, 226-229, 231-233, 235-238, 241, 248, 251-254, 259; II, 12, 14, 30, 31, 41, 43, 46, 52, 53, 57, 59, 62, 63, 73, 74, 80, 81, 87, 88, 90, 98, 101, 102, 105, 106, 108-113, 117, 119, 120, 123, 125, 129-131, 134-136, 139, 141, 145-147, 151, 153-158, 160, 162-172.
Louvain (la ville de), I, 217; II, 60.
Louvois (le marquis de). Son voyage de 1680, II, 70, 71; veut faire nommer Gourville contrôleur général, 110; guerre de 1688, 129-131; il parle à Gourville de la réforme des monnaies, 131-134, 136; ne contribue pas à la chute de Pomponne, 170-172; ses relations avec Gourville, 44, 159-162; son portrait, 172-173.
— Cité, II, 31, 32, 41-43, 51-53, 62, 73, 74, 81, 101, 106, 109, 115, 157-159, 166-168.
Louvre (le palais du), I, 41, 102, 151.
— (le guichet du), I, 40.
Lünebourg (la ville de), I, 231, 242.
Lusignan (le bourg de), I, 21, 22, 57.
Luxembourg (le maréchal de), II, 76, 81, 99.
— (le palais du), I, 72, 78, 79; II, 149.
Lyon (la ville de), I, 163.
Lyonnois (le sieur), I, 52.
Lyra y Castillo (Manuel-François de), II, 3.

M

Mâcon (la ville de), I, 192.
Madame. Voyez Orléans (la duchesse d').
Mademoiselle (la Grande). Voyez Montpensier (Mlle de).
Madrid (la ville de), I, 34, 251, 253, 259-261; II, 1, 2, 7-9, 11, 13, 14, 16-21, 29, 31-34, 62.
Mai du Palais (le), à Paris, I, 203.
Maisons (René de Longueil, président de), I, 15, 55.
— (Pierre de Longueil, abbé de), I, 14-15.
Mançanarès (le), rivière, II, 21, 22.
Manchon (Dominique), II, 116.
Manis (le sieur), II, 132.
Marcillac (François VI de la Rochefoucauld, prince de). Prend Gourville à son service, I, 7-8; fait la campagne de

1646; y est blessé, 8-13 ; achète le gouvernement de Poitou, 13; Gourville lui procure de l'argent, 14; suit Louis XIV à Saint-Germain, 14; s'échappe de Saint-Germain et prend part à la Fronde, 15-19 ; blessé (1649),19 ; accompagne Mme de Longueville à Dieppe et se retire en Angoumois, 20 ; son logement à Paris, 15, 20 ; son capitaine des gardes, 11 ; mort de son père, 21. Voyez Rochefoucauld (François VI, duc de la).

Marcillac (François VII de la Rochefoucauld, prince de). Épouse Mlle de la Rocheguyon, I, 12, 83 ; accompagne Condé d'Agen à la Loire, 61-68 ; à l'attaque de Saint-Denis, 76 ; emprunte de l'argent à Gourville, 178. — Cité, 186. Voyez Rochefoucauld (François VII, duc de la).

— (Henri-Achille de la Rochefoucauld, abbé de), II, 123, 124.

— (Jeanne-Charlotte du Plessis-Liancourt, princesse de), I, 12, 83, 194, 207, 261.

Marcin (Jean-Gaspard-Ferdinand, comte de), I, 53, 89, 91-100, 222-223 ; II, 58-63.

— (Ferdinand, comte de), II, 61, 62.

Marck (la comtesse de la). Voyez Fürstenberg (la comtesse de).

Mardyck (la ville de), I, 11.

Marie-Anne d'Autriche, reine d'Espagne, II, 3, 4, 30.

Marie-Thérèse d'Autriche, reine de France, I, 170, 198.

Marmande (la ville de), I, 62.

Marsal (la ville de), II, 34.

Martin (Bernardin), II, 14, 15.

Martinozzi (Anne-Marie). Voyez Conti (la princesse de).

Marzelière (Mlle de la), I, 240.

Masselin (Martin), II, 133, 134.

Matha (Charles de Bourdeille, comte de), I, 96.

Mathière (le sieur), I, 37-39, 45.

Mauny (François d'Estampes, marquis de), I, 10-11.

Maupeou (René de), II, 72.

Maures d'Espagne (les), II, 7.

Mayence (la ville de), I, 206 ; II, 103.

Mazarin (le cardinal). Première entrevue avec Gourville, I, 85-88; l'envoie à Bordeaux, 88-90, 93, 101-106 ; l'envoie au siège d'Arras, 107-110 ; le fait mettre à la Bastille, 122-125 ; autorise son élargissement et a une entrevue avec lui à la Fère, 126-128 ; refuse de le faire prévôt de l'Ile-de-France et le pousse dans les finances, 141-145 ; voyage de Saint-Jean-de-Luz, 153 ; mémoire que Colbert lui envoie contre Foucquet, 153-156, 190 ; Gourville disculpe le surintendant auprès de lui, 156-157 ; ses soupçons contre Foucquet, second entretien de Gourville avec le cardinal, 157-160 ; il se raccommode avec Foucquet, 161; Gourville lui rapporte sa conversation avec Monsieur le Prince, 165-167 ; dernière maladie et mort, 177-178 ; son portrait, II, 153-155. — Cité, I, 19, 22, 23, 25, 26, 33, 54, 58, 77, 79, 84, 85, 112-115, 117, 119-121, 137-139, 152, 155, 163, 164, 171, 210 ; II, 155, 156, 164.

— (Armand-Charles de la Meilleraye, duc), I, 172.

Meilleraye (Charles II de la Porte, maréchal de la), I, 22, 148, 172.

Melin (Madeleine-Adrienne de Gamarra, marquise de), I, 223, 243.

Mello (le château de), I, 27.

Melun (la ville de), I, 26.

Merlou. Voyez Mello.

Metz (la ville de), I, 141 ; II, 95.

Meudon (le village et le château de), I, 17 ; II, 52, 159.

DES NOMS PROPRES.

Mignot (le sieur), II, 150.
Milan (la ville de), II, 8.
Milly (le village de), I, 57.
Miradoux (le bourg de), I, 58.
Modave (la terre de), dans le pays de Liège, II, 62.
Molé de Champlâtreux (Louis), II, 117.
Molière (J.-B. Poquelin, dit), I, 220.
Molina (Antoine-François de Tobar y Paz, comte de), II, 3, 5.
— (Marie de), I, 198.
Mons (la ville de), II, 88.
Monseigneur (Louis, dauphin de France, dit), II, 169.
Monsieur. Voyez Orléans (le duc d').
Monsieur le Prince. Voyez Condé (le prince de).
Mont (M. du), I, 21, 22.
Montal (Charles de Montsaulnin, comte du), II, 77.
Montauban (la généralité de), I, 248, 250.
Montausier (Charles de Sainte-Maure, duc de), I, 47-51.
— (le régiment de), I, 48.
Montbas (François Barton, vicomte de), I, 9.
— (Jean Barton, comte de), I, 219, 223, 230, 231, 258; II, 60.
Montcassel (la bataille de), II, 99.
Montecuculli (Raymond de), II, 82.
Monterey (Jean-Dominique de Haro y Guzman, comte de), II, 28, 29, 33, 34, 58, 75, 89.
Montespan (la marquise de), II, 106.
Montesson (Charles, comte de), I, 101, 103.
Montignac (le bourg de), II, 84.
Montmorency (la terre de), II, 37.
— (l'étang de), II, 36, 37.
Montpellier (la ville de), I, 216.
Montpensier (Mlle de), dite la Grande Mademoiselle, I, 79, 120, 121.
Montpouillan (Armand de Caumont, marquis de), II, 92.
Montreuil-Bellay (le bourg de), I, 98.
Montrond (le château de), I, 21.
Morfontaine (le château de), I, 122.
Mothe (Charles Guillaud de la), I, 81, 82, 201-207.
— (François du Riou, sieur de la), I, 201, 203; II, 3, 10, 48.
Munich (la ville de), II, 168.
Münster (le pays de), II, 87.
— (la paix de), I, 235.

N

Nantes (la ville de), I, 129, 154, 183-185.
Naples (le royaume de), II, 8, 12.
Nassau. Voyez Orange.
— (le régiment de), II, 77.
Nassau-Siegen (Georges-Frédéric, prince de), II, 78.
Navailles (Philippe de Montault, maréchal de), II, 76.
Navarre (la), II, 31.
Nemours (Amédée de Savoie, duc de), I, 60, 74.
Neuré (Antoine de), I, 197-198.
Nevers (l'hôtel de), à Paris, I, 162; II, 167.
Nicolay (Nicolas), II, 113, 114, 138.
— (Jean-Aymard), II, 138.
Nieppe (la forêt de), II, 27, 29.
Nimègue (la paix de), II, 99.
Niort (la ville de), I, 14.
Nogent (Nicolas Bautru, comte de), I, 176.
Nogerette (Pierre Tissier ou Texier, sieur de la), II, 1-3.
Noirmoutier (Louis de la Trémoïlle, marquis de), I, 15-18.
Normandie (la), I, 211.
Notre-Dame de Paris (l'église), I, 28; II, 81.
Notre-Dame du Lac (la promenade de), à Bruxelles, II, 89.

O

Odijck (Guillaume-Adrien), seigneur d'), I, 219; II, 99, 100.
Oldenbourg (le comté d'), II, 129.
Orange (Guillaume X de Nassau, prince d'), I, 8.
— (Guillaume-Henri de Nassau, prince d'). Conversation qu'il a avec Gourville à propos de Jean de Witt, I, 244; bataille de Seneffe, II, 74 ; conversations avec Gourville en 1681, 90-101 ; il se disculpe de la mort des frères de Witt, 98 ; estime que Gourville a pour lui, 101. — Cité, I, 3, 8, 219, 223, 230, 247; II, 60, 79, 87, 88, 100, 103, 166. Voyez Guillaume III, roi d'Angleterre.
Oratoire (l'église de l'), à Paris, I, 133.
Orléans (Gaston, duc d'), dit Monsieur, I, 10, 11, 35, 56, 60, 69, 72, 75, 164.
— (Élisabeth-Charlotte de Bavière, duchesse d'), dite Madame, II, 83.
— (la ville d'), I, 35, 40, 185, 189.
— (la forêt d'), I, 211.
Ormée (l'), à Bordeaux, I, 91.
Ormesson (Olivier le Fèvre d'), II, 83.
Osnabrück (Ernest-Auguste de Brunswick, évêque d'), puis duc de Hanovre, I, 230-241, 243, 244. Voyez Hanovre (le duc de).
— (Sophie de Bavière, duchesse d'), I, 239-240, 244. Voyez Hanovre (la duchesse de).
— (l'évêché d'), II, 126.
Ostende (la ville d'), I, 209, 213.
Ouches (Gabriel de la Béraudière des), I, 10.

P

Pachau (Louis), II, 139.
Palais (le), à Paris, I, 203.
Palais-Royal (le), à Paris, I, 19.
Palatine (la princesse). Voyez Bavière (Anne de Gonzague, princesse palatine de).
Pallavicini (M.), banquier à Anvers, I, 216, 220.
Palluau (M. de). Voyez Clérambault (le maréchal de).
Pampelune (la ville de), II, 30, 31.
Paris (la ville de), I, 7, 13-15, 17-19, 27, 31-34, 36, 37, 39, 40, 44, 46, 50-53, 56, 59, 71, 72, 75, 79, 81-84, 86-88, 101, 106-108, 113, 115, 116, 119, 122, 129, 134, 136, 142, 143, 148, 156, 157, 159, 161-163, 167, 169, 173, 174, 177, 178, 180, 185, 187, 188, 192, 194, 197, 199, 200, 202-204, 207, 211-214, 218, 220, 225, 233, 237, 241, 243, 245, 246, 250-252; II, 2, 19, 30, 31, 34, 37, 40, 45, 46, 54, 58, 59, 64, 74, 79, 85, 89, 99, 105, 110, 119, 120, 131, 133, 135, 169, 173.
Parisiens (les), I, 75, 76, 79.
Parlement de Paris (le), I, 15, 121, 122, 203; II, 38, 48, 53, 85.
Parme (le prince de). Voyez Farnèse (Alexandre).
Paul (saint), I, 133.
Pavillon (Nicolas), évêque d'Alet, I, 118.
Pays-Bas espagnols (les), I, 208, 215, 216, 235, 236; II, 8, 11-13, 17, 27, 28, 59, 74, 79.
Pecquet (Jean), I, 188.
Peletier (Claude le). Est fait contrôleur général, II, 110, 112; s'oppose à l'amnistie de Gourville, 113-117, 134, 135; lui demande conseil pour la réforme des monnaies, 131 ; fait nommer Pontchartrain contrôleur général, 136; son portrait, 162-163; ses relations amicales avec Gourville, 117, 119. — Cité, 161.
— (Louis le), II, 162.

Peletier de Souzy (Michel le), I, 227.
Pellissari (Claude), I, 146, 147, 174, 175.
— (Georges), I, 146.
Pellisson (Paul), I, 187.
Pellot (Claude), I, 154-155; II, 118.
Peñaranda (Gaspard de Bracamonte, comte de), II, 5, 22-26, 28.
Pergain (le village de), I, 59.
Périgord (le), I, 133; II, 67.
Perpignan (la ville de), II, 13.
Perrault (Jean, président), I, 254.
Perrière (le village de la), dép. Côte-d'Or, I, 202-203.
Petit-Bourbon (l'hôtel du), à Paris, I, 119.
Pezénas (la ville de), I, 98, 106, 116-118.
Philippe IV, roi d'Espagne, II, 5.
Picardie (la), I, 115.
Piémont (le), II, 130.
Piennes (la marquise de). Voyez Launay-Gravé (Mme de).
Piéton (le camp de), II, 74.
Plancy (Henri de Guénegaud, marquis de), II, 55, 56.
Plante (Jacques Lesueur, sieur de la), I, 39.
Platen (le baron de), I, 235, 236; II, 129.
Plessis-Bellière (Suzanne de Bruc, marquise du), I, 157, 180, 181, 189, 210, 214; II, 155, 156.
Plessis-Guénegaud (Henri du), I, 162, 204; II, 54-56.
— (Isabelle de Choiseul, dame du), I, 162, 185, 204; II, 54-56, 83.
Poitiers (la ville de), I, 47, 49.
Poitou (le), I, 14, 200, 240; II, 68, 70.
— (le gouvernement de), I, 13.
Polastron (Antoine de), I, 164.

Pologne (la), I, 241.
— (Louise-Marie de Gonzague, reine de), I, 242; II, 34.
Poméranie (la), I, 230.
Pomereu (Denise de Bordeaux, présidente de), I, 43.
Pomponne (Simon Arnauld, marquis de), II, 40, 41, 138, 139, 167-172.
— (Nicolas-Simon Arnauld, marquis de), II, 171.
— (Antoine-Joseph Arnauld de), II, 171.
— (Henri-Charles Arnauld, abbé de), II, 139.
— (le château de), II, 168, 170, 171.
Poncet (Pierre), sieur d'Ablis, II, 110.
Pontchartrain (Louis Phélypeaux de), II, 117, 136, 138, 163, 165-166.
Ponthierry (le village de), I, 57.
Portland (Jean-Guillaume, baron de Bentinck et comte de), II, 103, 142, 143.
Portugal (le), I, 128, 223, 256; II, 6, 32.
Prince (Monsieur le). Voyez Condé (le prince de).
Princes (les), I, 38, 39, 91, 98, 100, 105.
Princesse (Madame la). Voyez Condé (la princesse de).
Priou (le procureur), II, 56.
Protestants (les), II, 157.
Provence (la), I, 153.
Pussort (Henri), I, 154-155.
Puycerda (la ville de), I, 113.
Puyrobert (Jacques Guy, seigneur de), II, 2.
Puyzieulx (Charlotte d'Estampes-Valençay, marquise de), I, 33.

Q

Quinçay (Armand, abbé de), II, 84.

R

Raincy (la terre du), II, 35.

324 TABLE ALPHABÉTIQUE

Rauzan (Frédéric-Maurice de Durfort, comte de), I, 18, 19.
Ravière (Charles), II, 36.
Raymond (Mlle), I, 249.
Reims (la ville de), I, 36, 40, 44 ; II, 81.
— (l'archevêque de). Voyez Tellier (Ch.-Maur. le).
Reine (le régiment de la), II, 76.
Retz (Henri de Gondi, duc de), I, 9.
— (Paul de Gondi, coadjuteur de Paris, cardinal de). Tentative de Gourville pour l'enlever, I, 35-45 ; tâche de faire arrêter Gourville, 52, 55-56 ; s'évade du château de Nantes, 129. — Cité, I, 28, 46, 51, 72, 81, 82, 216.
Rhin (le), I, 205-206.
— (la Ligue du), I, 236.
— (le vin du), II, 105.
Rhodes (Louise de Lorraine, dame de), I, 42.
Rhône (le), I, 163.
Richelieu (le cardinal de), I, 7, 29 ; II, 154.
— (Armand-Jean de Vignerot, duc de), I, 171.
Ricouart (Antoine de), I, 169.
Ricous (Gaspard de), I, 83, 85.
— (Jean de), I, 85.
Rios y Guzman (Martin Lopez de los), II, 11, 20, 28.
Rochecorbon (M. de la), I, 40.
Rochefort (H.-L. d'Aloigny, maréchal de), II, 76, 77.
— (le sieur), I, 61, 62.
— (la ville de), II, 87.
Rochefoucauld (la maison de la), I, 21, 37, 152.
— (François V, duc de la), I, 13, 21.
— (François VI, duc de la). Voyez Marcillac (le prince de). Mort de son père ; il marche sur Saumur, I, 21-22 ; mène la princesse de Condé à Bordeaux, 22 ; va au-devant des princes, 33 ; prend part au voyage d'Agen à la Loire, 61-71 ; à l'attaque de Saint-Denis, 76 ; blessé au combat du faubourg Saint-Antoine, 78-79 ; se retire à Damvillers, 80 ; se sépare de Condé et se réconcilie avec la cour, 82-88 ; lettre que lui écrit le prince de Conti à propos de Gourville, 111-113 ; Gourville paye ses dettes, arrange ses affaires et lui prête de l'argent, 152, 178 ; il est nommé chevalier de l'Ordre, 192, 194 ; vend à Gourville la terre de Cahuzac, 199 ; devient impotent, 261 ; on le brouille avec Gourville, II, 69, 71 ; sa mort, 71. — Cité, I, 34, 36, 44, 46, 52, 53, 56, 58, 60, 89, 90, 92-94, 101, 106, 115, 132, 133, 151, 198, 203, 212 ; II, 51, 63, 66, 67.
Rochefoucauld (Louis, abbé de la), évêque de Lectoure, I, 7, 13.
— (François VII, duc de la), II, 84, 85. Voyez Marcillac (le prince de).
— (Mlles de la), I, 111, 112, 194 ; II, 123, 124.
— (Gabrielle-Marie de la), abbesse de Soissons, II, 124.
— (la ville et le château de la), I, 6, 7, 21, 29, 36, 38, 41, 125, 192, 193, 195, 197, 199 ; II, 84, 145-147.
Rocheguyon (Henri-Roger du Plessis-Liancourt, comte de la), I, 12.
— (François VIII de la Rochefoucauld, duc de la), I, 207 ; II, 51, 71.
— (Marie-Charlotte le Tellier de Louvois, duchesse de la), II, 51, 71.
— (Mlle de la). Voyez Marcillac (Jeanne-Charlotte du Plessis-Liancourt, princesse de).
— Voyez Liancourt.
Roi (le régiment du), I, 9.
Rome (la ville de), II, 163.
Roquefort (le village de), I, 59.

DES NOMS PROPRES. 325

Roquette (Gabriel de), évêque d'Autun, II, 49.
Rose (le président Toussaint), I, 126 ; II, 41-45.
— (le sieur), I, 115-116.
Rotterdam (la ville de), II, 90.
Roucy (François II de la Rochefoucauld-Roye, comte de), I, 199.
Rouen (la ville de), I, 20.
Rouillé du Coudray (Hilaire), II, 138, 139.
Roule (le village du), près Paris, I, 41.
Roussillon (le), II, 12.
Roze (le sieur), II, 150.
Rue (Louis de la), I, 246, 247.
Rueil (la paix de), I, 19.

S

Sablé (Madeleine de Souvré, marquise de), II, 69.
Sablière (Antoine de Rambouillet, sieur de la), I, 255.
Sagonne (Philippe de l'Aubespine, comte de), II, 1-3, 14, 20, 29.
Saint-Antoine (le faubourg), à Paris, I, 78.
— (la porte), à Paris, I, 79, 134.
Saint-Claud-sur-le-Son (le village de), I, 39, 199.
Saint-Denis (la ville de), I, 75-77, 110.
— (la bataille de), II, 99.
Saint-Esprit (l'ordre du), I, 192.
Saint-Eustache (l'église), à Paris, I, 56.
Saint-Évremond (Charles de Marquetel de Saint-Denis, sieur de), I, 210-212, 227.
Saint-Germain (le faubourg), à Paris, I, 17.
Saint-Germain-en-Laye (le château de), I, 15, 16, 77 ; II, 51, 106.
Saint-Gervais (l'église), à Paris, II, 162.
Saint-Honoré (le faubourg), à Paris, I, 15.

Saint-James (le parc de), à Londres, I, 213.
Saint-Jean-de-Luz (la ville de), I, 153, 156, 160.
Saint-Jean-Pied-de-Port (la ville de), II, 31.
Saint-Loup (Henri-Louis le Page, sieur de), II, 1, 3, 14, 20, 29.
— (Diane de Chasteignier de la Rochepozay, dame de), I, 130-136.
Saint-Luc (François d'Espinay, marquis de), I, 58.
Saint-Malo (la ville de), II, 133.
Saint-Mandé (le village de), I, 133, 168, 171, 173.
Saint-Mard (Alexandre de Piédefer, baron de), II, 35, 36.
Saint-Maur-des-Fossés (le château et la terre de), II, 56, 63-67, 106, 119, 150.
Saint-Maurice (M. de), I, 147.
Saint-Pol (Charles-Paris d'Orléans-Longueville, comte de), I, 249.
Saint-Thomas-du-Louvre (la rue), à Paris, I, 40, 249.
Sainte-Croix (le marquis de). Voyez Santa-Cruz.
Sainte-Maure (Claude, comte de), I, 47-50.
Sainte-Menehould (la ville de), I, 29.
Saintes (la ville de), I, 200.
Saintonge (la), I, 171.
Salcède (Louis de), I, 221 ; II, 14, 15, 18.
Salm (Charles-Théodore-Othon, prince de), II, 79.
Santa-Cruz (Alvare de Bazan, marquis de), I, 90, 99.
Saragosse (la ville de), I, 253.
Sarrasin (Jean-François), I, 93-95, 105, 106.
Saumur (la ville de), I, 21, 57.
Saval (Pierre), I, 209.
Savoie (Victor-Amédée II, duc de), II, 129, 130.
Sceaux (le château de), II, 52.
Schulenbourg (Mathias-Jean, comte de), II, 140-141.

Sedan (la ville de), I, 32.
Séguier (le chancelier), I, 129, 154, 175, 189.
Seine (la), I, 57, 170.
Seneffe (la bataille de), II, 74-81.
— (le village de), II, 77.
Senonches (la terre de), II, 35.
Sens (l'archevêque de). Voyez Gondrin (L. de).
Scrizay (Jacques de), I, 13, 29.
Servien (Abel), II, 155.
Sèvres (le village de), I, 197.
Seyron (Jean de), II, 44.
Sicile (la), II, 8.
Sillery (Louis Brûlart, marquis de), I, 19, 80-82, 220; II, 42, 84.
— (Marie-Catherine de la Rochefoucauld, marquise de), I, 197.
— (les demoiselles de), I, 197.
— (l'hôtel de), à Paris, I, 162.
— (le château de), II, 124.
Soissons (Olympe Mancini, comtesse de), I, 176.
— (l'abbesse de). Voyez Rochefoucauld (Gabrielle-Marie de la).
Solms (Frédéric-Magnus, comte de), II, 79.
Souches (Louis Rattuit, comte de), II, 74.
Souvré (Jacques, commandeur de), I, 249.
Spinola (Augustin), II, 3.
Stenay (la ville de), I, 20, 29, 31, 33, 46, 54, 80, 93, 97, 98, 102, 140, 141.
Stockholm (la ville de), II, 167.
Stoppa (M.), I, 147.
Strasbourg (la ville de), I, 205-206.
— (l'évêque de). Voyez Fürstenberg (le cardinal de).
Suède (la), I, 229, 233, 241, 242; II, 125.
— (le roi de). Voyez Charles XI.
— (la reine de). Voyez Christine.
Suédois (les), I, 230, 231.

Suisse (la), I, 205.
Suisses (les troupes), I, 75, 76; II, 39, 41, 79.
Sully-sur-Loire (le bourg de), I, 69.
Sulzbach (les eaux de), II, 105.
Suresnes (le village de), I, 256.

T

Tabouret (Martin), I, 37; II, 45, 46, 115, 116.
Tabouret de la Bussière (Nicolas), I, 195; II, 115, 116.
Tain (le bourg de), I, 163.
Talon (Denis), I, 154.
Tamise (la), I, 212.
Tellier (le chancelier le). Sa conduite à l'égard de Foucquet, I, 187, 188; fait nommer Claude le Peletier contrôleur général, II, 110, 112; s'oppose à l'amnistie de Gourville, 113, 114, 135; son hostilité à l'égard de Colbert, 113; se sert de Gourville pour donner des conseils à Louvois, 159-162; sa mort et ses obsèques, 162; son portrait, 158-162. — Cité, I, 87, 88, 158, 160, 178, 189, 191, 194; II, 33, 42, 44, 156, 164, 174.
— (Charles-Maurice le), archevêque de Reims, II, 59, 160, 161.
Tilladet (Jean-Baptiste de Cassagnet, marquis de), II, 161.
Tillier (Jacques le), II, 132.
Tolède (l'archevêque de). Voyez Aragon (le cardinal d').
Tolhuys (le passage de), II, 57.
Torcy (Jean-Baptiste Colbert, marquis de), II, 174.
Toulon (la ville de), I, 165.
Toulouse (la ville de), I, 157, 161.
— (l'archevêque de). Voyez Bonsy (le cardinal de).
Tour (M. de la), I, 25.
Tournay (la ville de), II, 73, 74.
Trésignies (le château de), II, 78.

Trésor royal (le), II, 118.
Trèves (la ville de), II, 82.
Tréville (Henri-Joseph de Peyre, comte de), II, 71.
Turenne (le maréchal de). Il se sépare de Condé, I, 52-54; combat de Bléneau, 74; combat du faubourg Saint-Antoine, 78; fait lever le siège d'Arras, 107-110; siège de Cambrai, 139-140; est averti de la disgrâce de Foucquet, 185, 186; sa mort, II, 81; sa simplicité à l'armée, I, 108, 109. — Cité, I, 46, 253; II, 42, 59.
— (le château de), I, 20.
Turin (la ville de), II, 129, 130.
Turny (le village de), II, 115.
Tyrconnell (Françoise Jennings, comtesse Hamilton, puis duchesse de), II, 122.

U

Ursel (François Schetz, comte d'), I, 115; II, 57-58, 88.
— (Honorine-Marie-Dorothée de Hornes, comtesse d'), I, 115.
Utrecht (la ville d'), I, 206.

V

Valence (l'évêché de), I, 106.
Valenciennes (la ville de), I, 129, 139; II, 84, 98.
Valentinay (Louis Bernin de), II, 116.
Vallery (le bourg de), II, 122.
Vallot (Antoine), I, 127.
Vardes (François-René du Bec-Crespin, marquis de), I, 167, 176, 197-198.
Varennes-en-Argonne (le bourg de), II, 53.
Vatel (François Wattel ou), I, 151, 213; II, 39-40.
Vaux (Louis-Nicolas Foucquet, comte de), II, 73.

Vaux (le château de), I, 174; II, 155.
Vendôme (César, duc de), I, 89, 90, 100, 101, 106.
Venise (la ville de), I, 217.
— (la banque de), I, 220.
— (les points de), I, 169.
Vénizy (le village de), II, 115.
Veragua (Pierre-Nuño de Portugal-Colomb, duc de), I, 222, 223; II, 3, 5, 17, 30.
Verdun (la ville de), I, 82.
Versailles (la ville et le château de), I, 5; II, 106, 119, 159, 163, 170, 171, 173.
Verteuil (le bourg de), I, 21, 101, 106, 260-261; II, 84.
Victoires (la place des), à Paris, II, 108.
Vienne (la ville de), en Dauphiné, I, 164.
— (la ville de), en Autriche, I, 234.
Villacerf (Jean-Baptiste Colbert, seigneur de), I, 144, 158, 160.
Villars (Pierre, marquis de), I, 114, 116.
Villefagnan (le village de), I, 47, 101.
Villeneuve-Saint-Georges (le village de), I, 80.
Villequier (Louis-Marie-Victor d'Aumont, marquis de), I, 192.
Villeroy (François de Neufville, maréchal de), II, 78.
Villeroy (Nicolas de Neufville, maréchal de), I, 166, 183, 191.
Villiers (l'abbé de), I, 227.
Villiers-Courtin (M. de), I, 216.
Villoutreys (Pierre de), I, 104.
Vincennes (le château et le parc de), I, 23, 25-27, 78, 173, 177, 179.
Vittoria (la ville de), II, 30.
Vivienne (la rue), à Paris, I, 248.
Vrillière (Louis Phélypeaux de la), I, 103.

W

Waldeck (Georges - Frédéric, comte, puis prince de), I, 237, 239, 240 ; II, 75, 81, 104.
Warin (Jean), II, 132.
Wavre (le village de), près Bruxelles, I, 205.
Wiesbaden (les eaux de), II, 103-105.
Willemstad (la ville de), II, 90.
Witt (Jean de), I, 224, 228-231, 239, 244-245, 258 ; II, 58, 98.
— (Corneille de), I, 227, 228 ; II, 98.
Wrangel (Charles - Gustave, comte), I, 242.
Wrec (M. de), I, 242.

Y

Yenne (Philippe de la Baume, marquis d'), I, 140, 204.
York (Jacques, duc d'), plus tard Jacques II, roi d'Angleterre, I, 211.

Z

Zélande (la province de), II, 100.
Zell (Christian-Louis de Brunswick, duc de), I, 218.
— (Georges-Guillaume de Brunswick, duc de Hanovre, puis de), I, 216-218, 230-244 ; II, 82, 83, 87, 101, 102, 125, 141, 142.
— (Éléonore d'Olbreuse, duchesse de), I, 244 ; II, 102, 142.
— (le duché de), I, 218 ; II, 102.
— (la ville de), II, 101, 104.

TABLE DES APPENDICES.

	Pages
I. — Acte de baptême de Gourville	179
II. — Tentative d'évasion des princes	180
III. — Commission de commissaire général des vivres à l'armée de Catalogne en faveur du sieur de Gourville.	183
IV. — Les États de Languedoc en 1655.	185
V. — Les intrigues dans la maison du prince de Conti	187
V bis. — Affaires de finances de Gourville	191
VI. — Acte d'acquisition de la terre de Gourville en Poitou par Jean Hérauld-Gourville	195
VII. — Le procès de Gourville et ses suites.	198
VIII. — Mission de Gourville en Allemagne (1667-1668)	215
IX. — Mission de Gourville en Espagne	222
X. — La bataille de Seneffe	265
XI. — Donation de Saint-Maur-des-Fossés	267
XII. — Ambassade en Allemagne (1680-1681).	270
XIII. — Mission de Gourville à Aix-la-Chapelle auprès du duc de Hanovre (1687)	281
XIV. — Rétrocession de Saint-Maur	285
XV. — Mort et succession de Gourville	287

ADDITIONS ET CORRECTIONS.

Tome I.

Page v, ligne 3 : *Au lieu de* de sa maîtresse, *lisez :* de la maîtresse de celui-ci.

Page LII, fin de la note 5 de la page LI : *Au lieu de* contient, au folio 21, un état, *lisez :* contient, au folio 21, la mention d'un état, *et ajoutez :* Cet état doit exister dans les archives du château de Chantilly.

Page XCII : *Ajoutez à la liste des amis de Gourville :* Gabriel de Roquette, évêque d'Autun ; une lettre que Gourville lui adressa, le 27 septembre 1680, a passé en 1876 dans le catalogue de la vente Rathery.

Page CI, ligne 6 : *Ajoutez en note :* Louis Maret fut inhumé, le 24 avril 1724, dans l'église des Dominicains, où il avait fait construire la chapelle Saint-Louis (Bibl. nat., ms. Nouv. acq. franç. 3620, n° 6053).

Ibidem, note 4 : *Ajoutez :* Une pièce conservée aux Archives nationales, carton TT 261, mentionne comme parent de Gourville le sieur Pasquet, habitant de la Rochefoucauld et gendre du sieur de Villemandy, médecin au même lieu. Tous deux sont signalés comme anciens religionnaires et mauvais convertis. Le même personnage est désigné dans le testament de Gourville sous le nom de Pasquet de Closlas, et un sieur de Villemandy, sans doute le père de celui dont il s'agit ici, avait signé l'acte de baptême de Gourville.

Page 1, note 2 : *Ajoutez :* Le P. Léonard (Arch. nat., MM 825, fol. 53) dit aussi que Gourville a laissé « plusieurs mémoires et écrits de politique et d'histoire fort curieux. »

Page 35, note 2 : *Ajoutez en tête :* Léon Bouthillier, comte de Chavigny, avait succédé à son père comme secrétaire d'État en 1632. Il était ministre d'État depuis 1643, et mourut en octobre 1652. Il avait été congédié, etc.

Page 54, ligne 20 : *Ajoutez en note :* Nicolas Bouton, comte de Chamilly, né en 1598, lieutenant-colonel du régiment d'Enghien

ADDITIONS ET CORRECTIONS.   331

en 1638, gouverneur de Stenay et de la Capelle pour le prince de Condé, mourut en 1662. C'est le père du maréchal de Chamilly.

Page 55, note 1 : *Au lieu de* p. 14, *lisez* : p. 15.

Page 64, lignes 3 et 8, et note 1 : *Au lieu de* Cahusac, *lisez* : Cahuzac.

Page 82, note 3 : *Ajoutez* : *Gazette,* p. 224.

Page 115, note 1 : *Ajoutez* : et *Histoire de France pendant le ministère de Mazarin,* t. II, p. 400-402 et 404.

Page 130, note 1 : *Modifiez la note de la manière suivante* : C'était Diane de Chasteignier de la Rochepozay, fille de Jean de Chasteignier et de Diane de Fronsecq, marquise de la Rochepozay. Elle épousa Nicolas le Page par contrat du 7 mai 1643 ; deux ans plus tard, le 5 février 1645, elle acheta la terre de Saint-Loup en Poitou, des héritiers de Pierre de Marennes, docteur en médecine à Paris, et en prit le nom. Le 20 mai 1651, la séparation de biens fut prononcée entre elle et son mari (Arch. nat., M 497). Ses galanteries, *etc., comme dans la note.* En 1667, Gourville lui prêta six mille livres moyennant une constitution de trois cents livres de rente (Inventaire après décès de Gourville).

Page 198, ligne 16 : *Ajoutez en note* : Cette pendule doit être celle qui est mentionnée dans l'inventaire après décès de Gourville comme se trouvant dans sa chambre à coucher, et qui fut estimée 120 livres.

Page 205, note 2 : *Ajoutez* : Voyez sa notice dans Gachard, *Études et notices historiques concernant l'histoire des Pays-Bas,* t. II, p. 179-185.

Page 208, note 2 : *Ajoutez* : Voyez sa notice dans Gachard, *Études et notices,* etc., t. II, p. 186.

Page 223, note 2, fin : *Modifiez ainsi* : Sa fille s'appelait Madeleine-Adrienne de Gamarra y Contreras ; ce fut en 1660 qu'elle épousa Don Philibert de Sotomayor, *etc.*

Page 261, ligne 3 : *Enlevez* la, *après* la Rochefoucauld.

TOME II.

Page 5, ligne 2, commissaire : *Ajoutez en note* : Les propositions des ambassadeurs étaient confiées à l'examen d'un commissaire désigné spécialement à cet effet ; ce commissaire était toujours conseiller d'État : Mis de Villars, *Mémoires de la cour d'Espagne,* publiés par M. Morel-Fatio (1894), p. 26.

ADDITIONS ET CORRECTIONS.

Page 72, note 1, ligne 12 : *Au lieu de* Notes sur Foucquet, *lisez :* Mémoires sur Foucquet.

Page 78, note 5 : *Ajoutez :* Mgr le duc d'Aumale a longuement parlé du chevalier de Fourilles dans son récit de la bataille de Seneffe : *Histoire des princes de Condé,* t. VII.

Page 89, ligne 3 : *Au lieu de* Wilhemstadt, *lisez :* Willemstad.

Page 210, *Arrêt du Conseil d'État,* etc. : *Ajoutez en note :* Ci-dessus, p. 110.

Page 212, *Arrêt du Conseil, confirmatif,* etc. : *Ajoutez en note :* Ci-dessus, p. 138.

Page 213, *Lettres de jussion à la Chambre des comptes* : *Ajoutez en note :* Ci-dessus, p. 139.

Page 215, Mission de Gourville en Allemagne : *Ajoutez en note :* Ci-dessus, t. I, p. 233 et suiv.

Page 222, Mission de Gourville en Espagne : *Ajoutez en note :* Ci-dessus, p. 1 et suiv.

Page 230, *État auquel j'ai trouvé,* etc. : *Ajoutez en note :* Ci-dessus, p. 10.

Nogent-le-Rotrou, imprimerie DAUPELEY-GOUVERNEUR.

Ouvrages publiés par la Société de l'Histoire de France
depuis sa fondation en 1834.

In-octavo à 9 francs le volume, 7 francs pour les Membres de la Société.

Ouvrages épuisés.

L'Ystoire de li Normant. 1 vol.
Lettres de Mazarin. 1 vol.
Villehardouin. 1 vol.
Histoire des Ducs de Normandie. 1 vol.
Beaumanoir. Coutumes de Beauvoisis. 2 vol.
Mémoires de Coligny-Saligny. 1 vol.
Mémoires et Lettres de Marguerite de Valois. 1 vol.
Comptes de l'argenterie des rois de France au XIVe s. 1 v.
Mémoires de Daniel de Cosnac. 2 vol.
Journal d'un Bourgeois de Paris sous François Ier. 1 v.
Chroniques des comtes d'Anjou. 1 vol.
Éphéméride de La Huguerye. 1 vol.

Ouvrages épuisés en partie.

Grégoire de Tours. Histoire ecclésiast. des Francs. 4 v.
Œuvres d'Eginhard. 2 vol.
Barbier. Journal du règne de Louis XV. 4 vol.
Mémoires de Ph. de Commynes. 3 vol.
Registres de l'Hôtel de Ville de Paris pendant la Fronde. 3 vol.
Procès de Jeanne d'Arc. 5 v.
Histoire de Charles VII et de Louis XI, par Th. Basin. 4 vol.
Grégoire de Tours. Œuvres diverses. 4 vol.
Chroniques de Monstrelet. 6 vol.
Chroniques de J. de Wavrin. 3 vol.
Journal et Mémoires du marquis d'Argenson. 9 vol.
Œuvres de Brantôme. 11 v.
Commentaires et Lettres de Blaise de Monluc. 5 vol.

Ouvrages non épuisés.

Mém. de Pierre de Fenin. 1 v.
Orderic Vital. 5 vol.
Correspondance de Maximilien et de Marguerite. 2 v.

Lettres de Marguerite d'Angoulême. 2 vol.
Chronique de Guillaume de Nangis. 2 vol.
Richer. Hist. des Francs. 2 v.
Le Nain de Tillemont. Vie de saint Louis. 6 vol.
Bibliographie des Mazarinades. 3 vol.
Choix de Mazarinades. 2 vol.
Mém. de Mathieu Molé. 4 v.
Miracles de S. Benoît. 1 vol.
Chronique des Valois. 1 vol.
Mém. de Beauvais-Nangis. 1 v.
Chronique de Mathieu d'Escouchy. 3 vol.
Choix de pièces inédites relatives au règne de Charles VI. 2 vol.
Comptes de l'hôtel des Rois de France. 1 vol.
Rouleaux des morts. 1 vol.
Œuvres de Suger. 1 vol.
Joinville. Hist. de saint Louis. 1 vol.
Mém. et corresp. de Mme du Plessis-Mornay. 2 vol.
Chroniques des églises d'Anjou. 1 vol.
Introduction aux chroniques des comtes d'Anjou. 1 vol.
Chroniques de J. Froissart. T. I à IX. 11 vol.
Chroniques d'Ernoul et de Bernard le Trésorier. 1 v.
Annales de S.-Bertin et de S.-Vaast d'Arras. 1 vol.
Mém. de Bassompierre. 4 vol.
Histoire de Béarn et de Navarre. 1 vol.
Chroniques de Saint-Martial de Limoges. 1 vol.
Nouveau recueil de comptes de l'argenterie. 1 vol.
Chanson de la croisade contre les Albigeois. 2 vol.
Chronique du duc Louis II de Bourbon. 1 vol.
Chronique de Le Fèvre de Saint-Remy. 2 vol.
Récits d'un ménestrel de Reims au XIIIe siècle. 1 v.
Lettres d'Antoine de Bourbon et de Jeanne d'Albret. 1 vol.
Mém. de La Huguerye. 3 vol.
Anecdotes et apologues d'Étienne de Bourbon. 1 vol.

Extraits des auteurs grecs concern. la géographie et l'hist. des Gaules. 6 vol.
Histoire de Bayart. 1 vol.
Mémoires de N. Goulas. 3 v.
Gestes des évêques de Cambrai. 1 vol.
Les Établissements de saint Louis. 4 vol.
Chronique normande du XIVe s. 1 vol.
Relation de Spanheim. 1 vol.
Œuvres de Rigord et de Guillaume le Breton. 2 v.
Mém. d'Ol. de la Marche. 4 v.
Lettres de Louis XI. T. I à IV.
Mémoires de Villars. T. I à V.
Notices et documents, 1884. 1 v.
Journal de Nic. de Baye. 2 v.
La Règle du Temple. 1 vol.
Hist. univ. d'Agr. d'Aubigné. T. I à VII.
Le Jouvencel. 2 vol.
Chroniques de Louis XII, par Jean d'Auton. T. I, II et III.
Chronique d'Arthur de Richemont. 1 vol.
Chronographia Regum Francorum. T. I et II.
L'Histoire de Guillaume le Maréchal. T. I et II.
Mémoires de Du Plessis-Besançon. 1 vol.
Hist. de Gaston IV de Foix. T. I.
Mémoires de Gourville. 2 vol.
Journal de Jean de Roye. T. I.

SOUS PRESSE :

Chron. de J. Froissart. T. X.
Lettres de Louis XI. T. V.
Chroniques de Louis XII, par Jean d'Auton. T. IV.
Brantôme, sa vie et ses écrits.
Mémoires de Villars. T. VI.
Chronographia Regum Francorum. T. III.
Hist. univ. d'Agr. d'Aubigné. T. VIII.
Hist. de Gaston IV de Foix. T. II.
Richardi Scoti Chronicon. T. I.
L'Histoire de Guillaume le Maréchal. T. III.
Journal de Jean de Roye. T. II.

BULLETINS, ANNUAIRES ET ANNUAIRES-BULLETINS (1834-1893),
In-18 et in-8°, à 3 et 5 francs.
(Pour la liste détaillée, voir à la fin de l'Annuaire-Bulletin de chaque année.)

Nogent-le-Rotrou, imprimerie Daupeley-Gouverneur.

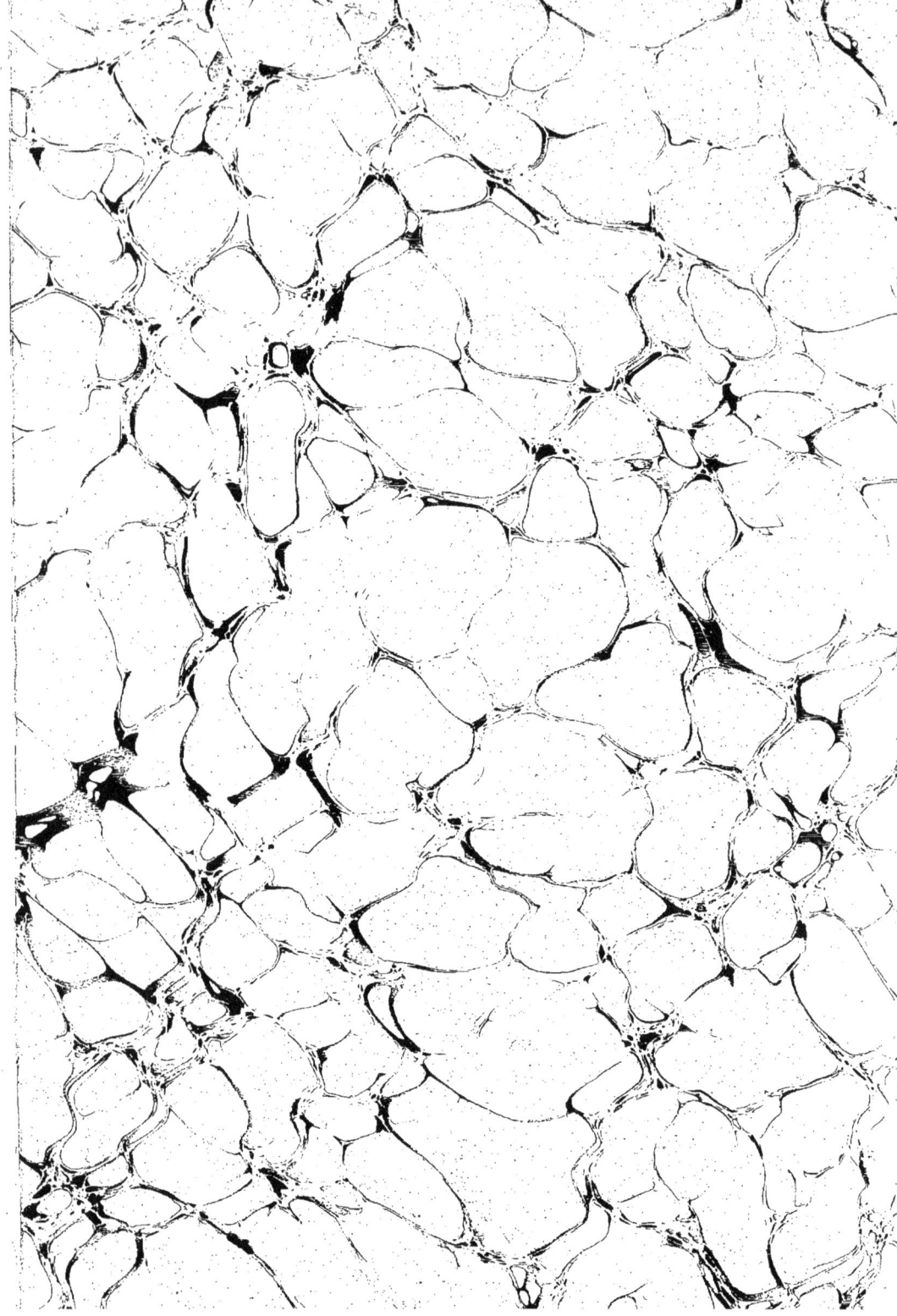

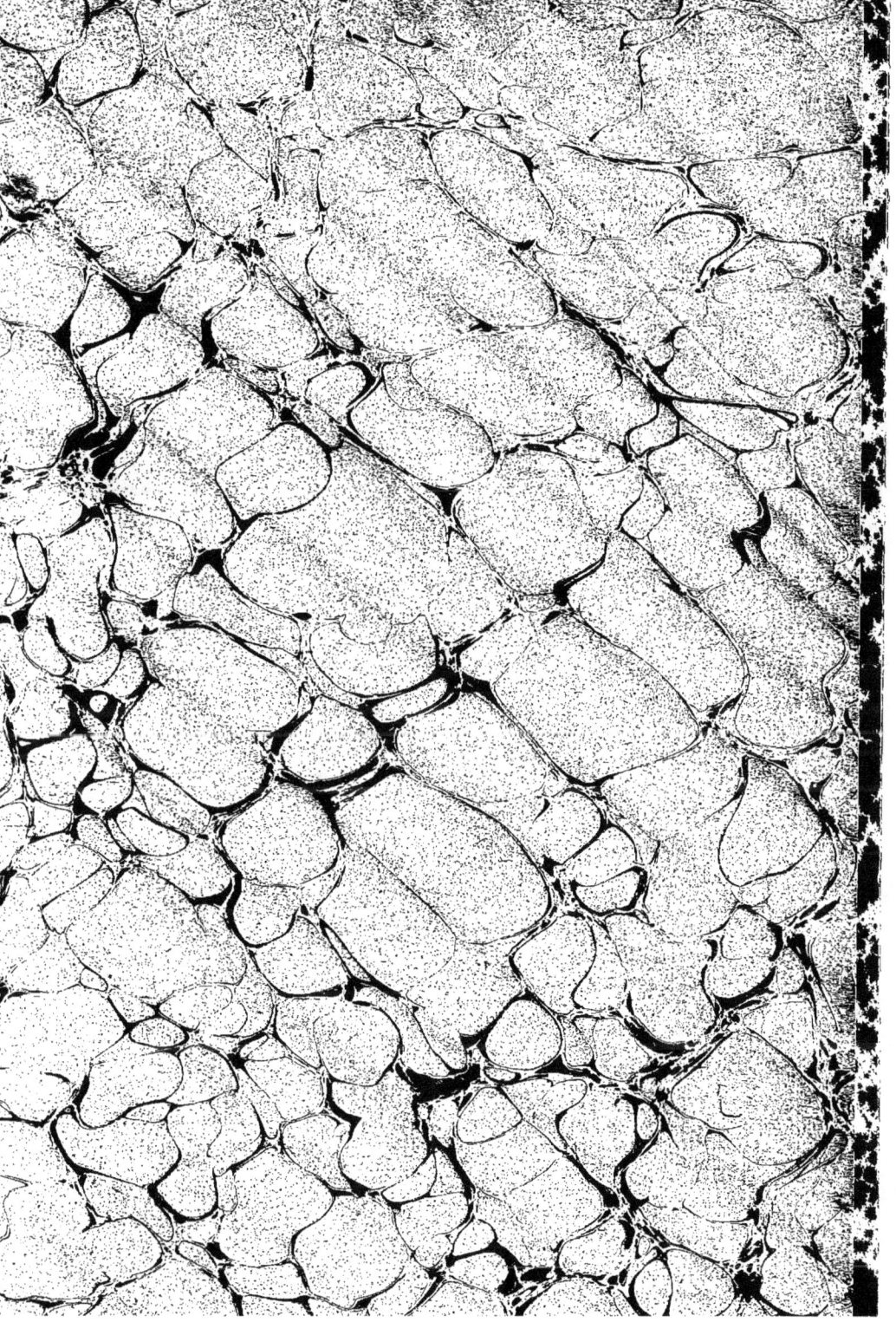

www.ingramcontent.com/pod-product-compliance
Lightning Source LLC
Chambersburg PA
CBHW070853170426
43202CB00012B/2051